马克思主义中国化与统一战线丛书

文化自信

中华文明的当代价值和世界意义

于铭松 等◎著

人民出版社

编者说明

　　中央社会主义学院是中国共产党领导的统一战线性质的高等政治学院，是民主党派和无党派人士的联合党校，是统一战线人才教育培养的主阵地，是开展党的统一战线工作的重要部门，是党和国家干部教育培训体系的重要组成部分。坚持社会主义办学方向，充分发挥统一战线人才培养基地、理论研究基地、方针政策宣传基地作用，是中央社会主义学院的神圣职责和光荣使命。

　　近年来，为深入学习习近平新时代中国特色社会主义思想，贯彻落实习近平总书记致中央社院建院 60 周年贺信精神，中央社院坚持"社院姓社"，突出政治培训，相继开展了模块化教学、"十个讲清楚"教培项目、"共识教育"核心课程建设等一系列教学改革，持续探索建立教育培训新机制。2019 年下半年，学院党组进一步组织实施"马克思主义中国化与统一战线"学科建设，策划了第一批项目 30 余个，并明确要求，这批项目要以习近平新时代中国特色社会主义思想为指导，贯彻落实习近平总书记关于加强和改进统一战线工作的重要思想，贯彻落实《中国共产党统一战线工作条例》《社会主义学院工作条例》精神，努力构建"四个自信"的学理体系，突出"以学术讲政治、以文化育共识"的教改思路与导向，体现鲜明的统战特色和社院特点。

　　时任党组书记、第一副院长潘岳对这批项目高度重视，亲自参与项目策划、审定内容大纲，还多次关心、督促项目进展。院党组副书记、副院长赵凡为项目建设倾注了大量心血，多次协调项目的审读和出版事宜。在项目建设的领导组织实施过程中，袁莎、朱沛丰、徐永全、徐绍刚等院领导班子其他成员给予了大力支持和全力保障，原院党组成员、教务长吴剑平也发挥了重要作用。在院党组的坚强领导下，在教务部、科研部、行管部、机关党委等有关部门的大力支持配合下，经过马克思主义理论教研部、统战理论教研部、中华文化教研部相关教师的艰苦努力，项目陆续完成研发，最终形成了这批文稿。在项目研发过程中，中央党校、中国社会科学院、清华大学、中国人民大学、浙江大学等多家单位的学界同仁给予了大力支持和帮助。"中央社院统一战线高端智库"为项目的前期研发提供了资金支持。值得指出的是，本批项目的出版单位人民出版社是中央社院的战略合作单位。在人民出版社领导的关心支持和多位编辑老师的辛勤付出下，项目才得以尽早地呈现给广大读者。

在项目即将出版之际，谨向所有为项目研发出版做出贡献的单位和同志表示衷心的感谢。同时，由于水平有限、经验不足，文稿中难免存在不够周全和妥当之处，还恳请读者朋友批评指正，以便再版时修订。

中央社会主义学院教材编审委员会办公室

2021 年 8 月 16 日

目 录
CONTENTS >>>>>>>>>

引　言

　　自文明的曙光初照神州，中华各民族的祖先就在这片古老而辽阔的土地上繁衍生息。经过五千多年的迁徙、演化和融合，创造了独具特色、灿烂辉煌的中华文化：影响深远的诸子学说，浩如烟海的历史典籍，气象万千的诗词歌赋，匠心独运的书画雕塑，泽被后世的四大发明……这些都令世人推崇备至，惊叹不已。中华文化具有海纳百川、地承万物的气魄，历来以博大的胸襟面向世界，因兼容并蓄而丰富多彩，因推陈出新而永葆活力，因特色鲜明而远播四方。

　　经过"长时段的连续性与伟大的转型"，形成了独具特质、具有强韧生命力的中华文明。中华文明作为一种具有典范意义的世界性的文明形态，包含着多重意涵，具有内在的特质，明显地区别于其他的文明形态，使之成为世界上绵延至今的古老文明。中华文明以其独特的价值理念和智慧，为人类文明进步作出了不可磨灭的贡献。在当代，这一理念可以为培育政治共同体、民族共同体、文化共同体，构建人类命运共同体，提供有力的价值支撑。

　　近来，西方某些势力，借新冠疫情，对中国进行了空前的责难和诋毁；国内也有人，在批判封建主义、专制主义、宗法主义、家族主义、天下主义的旗号下，完全漠视中华文明的核心价值历史的合理性、本土的合宜性和现代化的建设性意义。本研究对内有助于人们了解国家治理能力和

1

治理体系现代化的文明基础，理解中国文明型国家建构、超大型国家有效治理的历史文化根柢；对外有助于帮助西方世界了解中华文明与西方文明的差异，理解中国抗击疫情的逻辑，构建人类命运共同体。

第 一 部 分

总论：文化自信的根柢

　　文化自信是一个国家、一个民族、一个政党对自身文化价值的充分肯定，对自身文化生命力的坚定信念。习近平总书记指出："没有高度的文化自信，没有文化的繁荣兴盛，就没有中华民族伟大复兴。"① 文化自信的根柢何在？文化自信源于"古"而成于"今"：文化自信是从中华文明从未中断的历史传承中积淀下来的；文化自信是在革命文化和马克思主义中国化的过程中确立起来的；文化自信是在社会主义先进文化的建设过程中确立起来的中华文明一定会为推进人类文明交流互鉴、构建人类命运共同体作出重要贡献。

---

① 《习近平谈治国理政》第三卷，外文出版社 2020 年版，第 32 页。

第 一 章

文化、文明与中华文明

在展开本研究之前，首先应该厘清文化、文明与中华文明的内涵等问题。

第一节　文化的内涵、要素、特征、功能

文化是个复杂的问题。从学术的角度看，文化是一个内涵极其宽泛和复杂的概念，在不同的学科和语境下，往往对文化有不同的阐释。

一、文化界说

文化新说纷呈的情况，说明了文化问题的复杂性以及人们对文化认识的不断扩大和深入。对于文化含义的认识涉及文化本义、文化定义的其他阐释以及广义和狭义文化说三方面内容。

（一）文化本义

"文化"一词，在《周易·贲卦·象辞》①有"刚柔交错，天文也；文明以止，人文也。观乎天文，以察时变；观乎人文，以化成天下。"这

---

① 《文言》和《象》都属于流传下来的对《易经》权威解释（《易传》）。《文言》是对《乾》《坤》两卦的解释。《象》分别解释了六十四卦的卦辞。

里出现"文"与"化"，但尚未连成一词，到了汉朝刘向的《说苑》就连成了一个词："凡武之兴，为不服也；文化不改，然后加诛"（《说苑·指武》），"文化内辑，武功外悠。"（西晋束皙：《补亡诗·由仪》）"设神理以景俗，敷文化以柔道。"（南齐王融：《三月三日曲水诗序》）凡此种种，皆以武力征服与文治教化相对应，这里的"文化"与"武治"相对而言，所以，《易传》的"人文化成"主要指以"文治教化"，也可以引申为以德治天下。这里的文化与文明在同等意义上使用，体现出本义上的精神性、伦理性的特点。

"文化"一词，在英文和法文中均作 Culture，德文作 Kultur，它们的词义均源于拉丁文 Colere，本义为耕作和植物培育，后来引申到精神领域，有化育人类心灵、智慧、情操、风尚之义。日本学者译介此词时，借用古代汉语中表示文治教化的"文化"一词作译，后经中国留日学生引入中国，成为现代汉语中表示新文化概念的一个外来词。

（二）文化定义的其他阐释

文化是一个内涵极其宽泛和复杂的概念，在不同的学科和语境下，往往对文化进行不同的阐释。

最早给文化下比较全面而且系统的定义是被称为"人类学之父"的英国人类学家爱德华·泰勒，他在《原始文化》一书中说："文化或文明从一种广泛的人种学的意义上是一个复杂体，它包括知识、信仰、道德、法律、习俗以及其他所有人作为社会成员获得的一切能力和习惯。"[1] 泰勒的经典定义，引起人们的关注，它对中国文化的研究也有深刻的影响，可是因为他没有把"语言"这一很重要的文化载体列进去，这一定义也备受质疑。

美国人类学家克鲁伯（Alfred Louis Kroeber）和克鲁柯亨（Clyde K. Kluckholn）的文化定义为现代西方许多学者所接受。"文化存在于各种内隐的和外显的模式之中，借助符号的运用得以学习与传播，并构成人类群

---

[1] ［英］爱德华·泰勒：《原始文化》，连树声译，上海文艺出版社 2005 年版，第 1 页。

体的特殊成就，这些成就包括他们制造物品的各种具体式样，文化的基本要素是传统（通过历史衍生和由选择得到的）思想观念和价值，其中尤以价值观最为重要。"① 这一定义不是通俗易懂的类型，比较理论化，不过其中"符号"、"传统"和"价值观"三个概念对解释和理解文化确实很有价值。

之后，关于文化又有许多新的定义，所以有人统计，到目前，已出现的文化定义有二百余种或上千种。这种新说纷呈的情况，说明了文化定义的复杂性和人们对文化认识的不断扩大和深入。正如台湾学者殷海光先生指出："在那些定义中，任何一个定义只说到文化的一个或若干个层面或要点。这也就是说，在那些定义中，没有任何一个足以一举无遗地将文化的实有内容囊括而尽。之所以如此，原因之一，是文化的实有内容太复杂了，复杂到非目前的语言技术所能用少数的表达方式提挈出来。"②

（三）广义和狭义文化说

文化这个概念有广义和狭义文化之分。有人认为，广义的文化是与自然对立的概念，它是人类社会活动中创造并保存的内容之总和。具体来说，凡是把社会物质现象和精神现象作为文化涵盖对象的文化定义即为广义文化说。如"文化，是人类社会所特有的现象，是以人的活动方式以及由人的活动所创造的物质产品和精神产品为其内容的系统。人类活动作用于自然界，产生了物质文化；作用于社会，产生了制度文化；作用于人身，产生了精神文化"。

狭义文化论者认为，广义文化论的涵盖面过宽，以致包含全部社会生活，文化与社会、文化与人类历史无别，因而失去文化本身的特点。因此，他们主张把文化概念的外延限定在精神领域。把文化涵盖对象限定在精神现象和精神活动方面的文化定义，通称为狭义文化说。在我国，较为

---

① A. L., Kroeber etc. Culture, A Critical Review of Concapts and Dofintions, Harvard University Press, 1952. 转引自张敦福主编：《现代社会学教程》（第2版），高等教育出版社 2007年版，第99页。

② 殷海光：《中国文化的展望》，台湾桂冠图书公司1988年版。

流行的狭义文化定义是：（文化）特指精神财富，如文学、艺术、教育、科学等。（文化）专指社会意识形态以及与之相适应的制度和组织机构。

二、文化要素

无论怎样给文化下定义，我们总是可以确定文化的要素，大致说来，文化主要包括以下五个要素：

第一，精神要素即精神文化。精神文化是人的精神现象和精神活动的结晶。如文学、艺术、教育、科学、哲学、宗教等，还包括以民风民俗形态出现的行为文化，以及以价值观念、伦理道德、审美情趣、思维方式等构成的文化核心部分，其中尤以价值观念最为重要，是精神文化的核心。精神文化是文化要素中最有活力的部分，是人类创造活动的动力。没有精神文化，人类便无法与动物相区别。

第二，语言和符号。两者具有相同的性质即表意性，在人类的交往活动中，二者都起着沟通的作用。语言和符号是文化积淀和存贮的手段，人类只有借助语言和符号才能沟通，只有沟通和互动才能创造文化，而文化的各个方面也只有通过语言和符号才能反映和传授。能够使用语言和符号从事生产和社会活动，创造出丰富多彩的文化，是人类特有的属性。

第三，规范体系。规范是人们行为的准则，有约定俗成的如风俗等，也有明文规定的如法律条文、群体组织的规章制度等。各种规范之间互相联系，互相渗透，互为补充，共同调整着人们的各种社会关系。规范规定了人们活动的方向、方法和式样，规定语言和符号使用的对象和方法。规范是人类为了满足需要而设立或自然形成的，是价值观念的具体化。规范体系具有外显性，了解一个社会或群体的文化，往往是先从认识规范开始的。

第四，社会关系和社会组织。社会关系是上述各文化要素产生的基础，生产关系是各种社会关系的基础。在生产关系的基础上，又发生各种各样的社会关系。这些社会关系既是文化的一部分，又是创造文化的基础。社会关系的确定，要有组织保障。社会组织是实现社会关系的实体。

一个社会要建立诸多社会组织来保证各种社会关系的实现和运行。家庭、工厂、公司、学校、教会、政府、军队等都是保证各种社会关系运行的实体。社会组织既包括物质因素又包括精神因素。社会关系和社会组织紧密相连，成为文化的一个重要组成部分。

第五，物质文化。由物化的知识力量构成，是人的物质生产活动及其产品的总和，是可感知的、具有物质实体的文化事物。经过人类改造的自然环境和由人创造出来的一切物品，如工具、器皿、服饰、建筑物、水坝、公园等，都是文化的有形部分。在它们上面凝聚着人的观念需求和能力。

三、文化特征

文化是由人类进化过程中衍生出来或创造出来的。自然存在物不是文化，只有经过人类有意无意加工制作出来的东西才是文化。例如，水不是文化，水库才是文化；石头不是文化，石器才是文化等。

文化是后天习得的。文化不是先天的遗传本能，而是后天习得的经验和知识。例如，男男女女不是文化，"男女授受不亲"或男女恋爱才是文化，前者是遗传的，后者是习得的。文化的一切方面，从语言、习惯、风俗、道德一直到科学知识、技术等都是后天学习得到的。

文化是共有的。文化是人类共同创造的社会性产物，它必须为一个社会或群体的全体成员共同接受和遵循，才能成为文化。纯属个人私有的东西，如个人的怪癖等，不为社会成员所理解和接受，则不是文化。

文化是一个连续不断的动态过程。文化既是一定社会、一定时代的产物，是一份社会遗产，又是一个连续不断的积累过程。每一代人都出生在一定的文化环境之中，并且自然地从上一代人那里继承了传统文化。同时，每一代人都根据自己的经验和需要对传统文化加以改造，在传统文化中注入新的内容，抛弃那些过时的不合需要的部分。

文化具有民族性和特定的阶级性。一般文化是从抽象意义上讲的，现实社会只有具体的文化，如古希腊文化、古罗马文化、中国古代文化、中国现代文化等。具体文化受到诸多条件的制约，其中最主要的是受自然环境和人们的社会物质生活条件的制约。如有石头，才有石器文化；有茶树，才有饮茶文化；有客厅和闲暇时间，才会有欧洲贵族的沙龙文化。文化具有时代性、地区性、民族性和阶级性。自从民族形成以后，文化往往是以民族的形式出现的。一个民族使用共同的语言，遵守共同的风俗习惯，养成共同的心理素质和性格，此即民族文化的表现。在分裂为阶级的社会中，由于各阶级所处的物质生活条件不同，社会地位不同，因而他们的价值观、信仰、习惯和生活方式也不同，出现了各阶级之间的文化差异。①

　　总之，文化是由各种元素组成的一个复杂的体系。这个体系中的各部分在功能上互相依存，在结构上互相连接，共同发挥社会整合和社会导向的功能。然而，特定的文化有时也成为社会变迁和人类自身发展的阻力。

四、文化功能

　　文化的功能可以从以下两个方面来考察：

　　一方面，对个体而言文化的功能是社会化。社会化（Socialization）是自然人成长为社会人的过程。从一定意义上讲，刚出生的婴儿是同其他动物无多大差别的生物人或自然人。社会通过各种教育方式，使自然人逐渐学习社会知识、技能与规范，从而形成自觉遵守与维护社会秩序和价值观念与行为方式，取得社会人的资格，这一教化过程即社会化。人类学家从文化角度研究社会化，把社会化看成是文化延续与传递的过程，认为社会化是社会文化的内化。人的社会化对于传递一个民族的文化，把个体与个体凝聚在一起，促进民族和社会发展具有重要的作用。②

　　另一方面，对群体而言文化的功能是社会整合和社会导向。

---

① 参见《中国大百科全书·社会学卷》，中国大百科全书出版社 2004 年版，第 409—411 页。
② 参见《中国大百科全书·社会学卷》，中国大百科全书出版社 2004 年版，第 409—411 页。

社会整合（Social Integration）是把社会不同的因素、部分结合为一个统一、协调整体的过程及结果，亦称"社会一体化"。它是与社会解体、社会解组相对应的社会学范畴。社会整合的可能性在于人们共同的利益以及在广义上对人们发挥控制、制约作用的文化（包括制度、价值观念和各种社会规范）。[①] 如果说社会化的凝聚作用指向作为个体的民族成员，那么，社会整合就是在整个民族的层面上发挥凝聚作用。

社会导向。文化系统中的价值观以及规范体系的主要功能就是社会导向。一个民族的价值观，是深藏于这个民族文化中的核心和精髓，它引导本民族的成员赞赏什么，追求什么，选择什么样的生活目标和生活方式。而一个民族的规范体系，则是民族共同体在长期共同生活中形成、积淀下来的行之有效的行为准则，它规定了人们活动的方向、方法和式样。价值观和规范体系共同调整着民族内部的各种社会关系，缓解矛盾，化解冲突，保证整个民族凝聚为一个整体。

在关于文化社会功能的讨论中，美国社会学家帕森斯（Talcott Parsons）的结构功能主义可能对我们的研究具有特别的启发性。结构功能主义（Structural Functionalism）是现代西方社会学中的一个理论流派。它认为社会是具有一定结构或组织化手段的系统，社会的各组成部分以有序的方式相互关联，并对社会整体发挥着必要的功能。帕森斯在20世纪40年代提出了结构功能主义这一概念，他认为，社会系统为了保证自身的维持和存在，必须满足四种功能条件：第一，适应（Adaption）。确保系统从环境中获得所需资源，并在系统内加以分配。第二，目标达成（Goal Attainment）。制定系统的目标和确定各目标的主次关系，并能调动资源和引导社会成员去实现目标。第三，整合（Integration）。使系统各部分协调为一个整体。第四，潜在模式维系（Latent Pattern Maintenance）。维持社会共同价值观的基本模式，并使其在系统内保持制度化。在社会系

---

① 参见《中国大百科全书·社会学卷》，中国大百科全书出版社2004年版，第411—412页。

统中，执行这四种功能的子系统分别为经济系统、政治系统、社会共同体系统和文化系统。这些功能在社会系统中相互联系。帕森斯认为，社会系统是趋于均衡的，四种必要功能条件的满足可使整个社会系统保持稳定性。帕森斯的这个理论通常被称为 AGIL（取四种功能的第一个字母）理论。在 AGIL 理论中，社会整合（I）和潜在模式维系（L）对我们的讨论有特别重要的意义。帕森斯在《社会体系和行动理论的演进》（1977）一书中，把社会整合概念规定为如下含义：一是社会体系内各部门的和谐关系，使体系达到均衡状态，避免变迁；二是体系内已有成分的维持，以对抗外来的压力。① 显然，帕森斯所说的"社会整合"，正是我们所要讨论的凝聚力。而根据一般的社会学理论，社会整合恰恰是文化的社会功能之一。帕森斯还认为，一个社会要达到整合的目的，必须具备这样两个不可或缺的条件：一是有足够的社会成员作为社会行动者受到适当的鼓励并按其角色体系而行动；二是使社会行动控制在基本秩序的维持之内，避免对社会成员作过分的要求，以免形成离异或冲突的文化模式。实现这两个条件，要依靠"潜在模式维系"，而这正是文化的另外两个重要功能（社会化和社会导向）所要达到的目的。

第二节　文明及中华文明

正如文化是一个内涵极其宽泛和复杂的概念，文明也是一个内涵丰富而复杂的概念。

在大多数人的意识中，文化涵盖了文明，连《辞海》也是这样解释的。1978 年的第一版《中国大百科全书》，也只有"文化"词条，没有"文明"词条。在世界大型工具书中，我们是唯一没列"文明"词条的国家。这说明了什么？说明了我们对民族生存方式，对国家生存方式的研究，还非常缺乏自觉意识，还非常浅层化。我们所具有的，只有种种形式

---

① 参见《中国大百科全书·社会学卷》，中国大百科全书出版社 2004 年版，第 411 页。

的文化研究，而缺少文明研究。将文化研究混同于文明研究，反映了我们在文明研究方面的混沌。如果就是要把"文化"与"文明"做一辨析，文明是整体，文化只是局部；文明包括文化，文化不能包括文明，更不能取代文明。①

一、文明概念的复杂性

文明的复杂之处在于，在中文里其有两个语境：一方面，中国古典中有"文明"一词，意指教化人，使人明白天地与人世的道理，从而行止有度。如前所述，"刚柔交错，天文也；文明以止，人文也。观乎天文，以察时变；观乎人文，以化成天下。"（《周易·贲卦·象辞》）这里的文化与文明在同等意义上使用，体现出本义上的精神性、伦理性的特点。另一方面，在近代翻译西方著作时，"文明"一词对应于 Civilization 一词，因此有了一些新的意义，比如将人类所有族群的生活方式都称为"文明"。

之后在不同的学科和语境下，不同的学者对"文明"进行了不同的阐释。其中英国著名人类学教授王斯福关于《文明的概念和中国的文明》一文对此作了梳理。法国人类学大师马塞尔·莫斯（Marcel Mauss）把文明界定为：由"那些对多个社会而言具有共同性的社会现象"组成的事物。这些社会现象又是相互联系的，而这种联系又是通过（那种"经由永久的媒介物或源于共同先祖的关系"获得的）持续接触实现的。他又进一步精化了这个概念，并将其定义为由各个社会形成的一个家族（a family of societies）。当我们想到朝贡、外交、贸易或婚姻关系时，就不难设想这些永久的媒介物为何物了。在莫斯的社会学专业术语中，一种文明是集体表征（Representations）和集体惯例（Practices）的传播（Spread），而这些表征和惯例则是文明的社会物质层面。它们是"专断

---

① 参见吴娜：《探索中国文明的根基——〈中国原生文明启示录〉作者孙皓晖访谈》，《光明日报》2012 年 2 月 28 日。

的"，它们不具有普适性，而是具有偏好性的行为方式。①

王斯福受法国人类学家路易·杜蒙（Louis Dumont）文明等级观的影响深远，提出："我们对文明一词的使用是用来描述这种现象：等级、意识形态以及理想或志向——它们三者在历史上同时连续性地存在着，并同时构成了被转型的理想或志向标准和等级；文明有其历史。文明的概念可以被批判性地用于揭示下述意识形态性用法：为特权的连续性提供辩护，并否认已获得辩护的等级体系中的其他人的文明理想或志向。"

二、文明的意蕴

文明是一个民族、一个国家在长期的历史实践中所形成的整体生存方式。马克思主义唯物史观意义上的文明，指的是生产方式、认知方式与政教秩序——身心秩序的统一，即物质文明、政治文明与精神文明的统一。这样对文明的界定当然是完整的。就最基本方面说，文明包括了四个基本面：一个民族群在进入国家时代后以社会制度为核心的所有创造形态；一个民族群以生产方式为核心的所有实践形态；一个民族群的社会生活方式；一个民族群在历史与现实中所产生的全部精神创造物，也就是种种形式的社会文化。当然，也包括了科技和生产力的发展与创造。②

关于文明的划分，王斯福认为，"在欧洲，启蒙运动以后出现的对世界上的民族的研究是从另一种一分为三的观点出发的。在其普遍历史（universal histories）中，哲学家和政治经济学家把人类世界划分为三个大的历史阶段：未开化（savage）阶段、野蛮（barbarian）阶段与文明阶段。这种一分为三的 20 世纪版本是将人类世界划分为：原始社会、古代文明与现代文明。"③

---

① 参见邓正来主编：《世界社会科学高级讲坛讲演录》，商务印书馆 2010 年版，第194 页。
② 参见吴娜：《探索中国文明的根基——〈中国原生文明启示录〉作者孙皓晖访谈》，《光明日报》2012 年 2 月 28 日。
③ 邓正来主编：《世界社会科学高级讲坛讲演录》，商务印书馆 2010 年版，第 189 页。

他认为，"任何一种文明都可以是一种有着多个中心、具有内争性的（disputed）文明。我们不应当假定一种确定不变的圈图（mapofcircles）——即核心圈、中间圈和外圈。""文明是在18世纪的法国、苏格兰和英格兰产生的——从那时起，它就被相对化了。现在人类学家使用的意义已不再具有此前臭名昭著的那种含义：种族中心主义的、帝国性的知识与特权系统。然而，在地方性的和全球文化关系的日常语言中，它仍要执行这些意识形态化的任务。"①

三、"中华文明"和"中国文明"

"中国文明"和为更多人常用的"中华文明"有无区别？如果有，二者之间有何关系？通常在学术界使用较多的是"中国文明"，而在大众的语境下，使用"中华文明"较多，这是因为："中国"是一个更为古老的先秦概念，直到近代史以来，也成为世界称呼我们这个国家的正式名称，使用"中国文明"，具有历史的连续性。而"中华"称谓，据专家考证，是孙中山时期发明的一个近代名称，历史性要薄弱得多。尽管如此，从一般意义上说，将"中国文明"理解为"中华文明"，也没有什么错误。

作为一种具有典范意义的世界性的文明形态的文明体系，中国文明包含着物质和精神的多重意涵，具有内在的特质，明显地区别于其他的文明形态，特别是"长时段的连续性与伟大的转型"，使得中华文明具有强韧的生命力。近代历史学家就中国历史文化的三大特征问过三个问题："第一，地域辽阔，人口繁盛，先民何以开拓至此？第二，民族同化，世界少有，何以融合至此？第三，历史长久，连绵不断，何以延续至此？"究其原因，就在于中华文明具有的特质为中华民族提供了强大的凝聚力、顽强的生命力和巨大的同化力；它决定了中国疆域的历史发展轨迹、历代的中国政体、中国人的"内""外"观。即使在近代受到西方文明的强力冲

---

① 邓正来主编：《世界社会科学高级讲坛讲演录》，商务印书馆2010年版，第193页。

击，中华文明体系及其特质也仍然持续深刻影响中国的文化与社会演变，包括价值伦理的演化、话语体系的转变和国家体制的重新构建，是我们实现新文明跨越的最基本的条件。

第 二 章

中华文明的特质

对于中华文明的特质是什么？可谓智者见智，仁者见仁。这里我们聚焦几个问题，试图说明中华文明的特质：中华文明的整体性、内聚性；中华文明的开放性、包容性；中华文明的"大一统"历史的连续性；中华文明强调以人为本；中华文明强调以民为本；中华文明强调以"家"为本；中华文明强调以"合"为本。这不仅造就了中华民族这一庞大的民族集合体，延续和发展了中华文明，使之成为世界上绵延至今的古老文明，也有助于在当代培育政治共同体、民族共同体、文化共同体，构建人类命运共同体。

第一节　中华文明的整体性、内聚性、开放性、包容性

中华文明既具有整体性、内聚性，又具有开放性、包容性。特殊的地理环境是中华文明整体性、内聚性特点得以形成的共同地域条件；同时，能够在开放中吸收异质文明、在包容中消化异质文明、在多元融合中更新自身，各民族文化交融是中华民族共同体形成的文化根柢。

一、中华文明的整体性、内聚性

处于亚洲东部的中国自古以来就是一个独立性较强的地理单元。古中

国的北部，是外蒙以北的荒漠地带，这里气候严寒，人迹罕至，古代的西伯利亚荒原阻隔了中国与亚洲北部的联系和交往；中国的西北横亘着塔克拉玛干大沙漠和沙漠化的干旱地区，它使中国与中亚、西亚地区遥遥相望，往来艰险；西面耸立着有"世界屋脊"之称的青藏高原，这片高寒地带分隔了中国与中亚、南亚等地的地域；西南的横断山脉，山高谷险，形成一道天堑；东南地区濒临浩瀚辽阔的海洋，这在古代形成了一条天然的防线，使之与邻国遥遥相望。这个特殊的地理环境是中华文明内聚性特点得以形成的共同地域条件。这种封闭性的地理环境，使中华民族扎根于这片土地生息繁衍，产生了独立的文化体系。由于地域的限制，外来文化传入较晚，原生型的华夏文化成为中华民族文化圈中的核心文化，并从一开始就具有"求同存异""兼容并蓄"的特点。

所以，华夏族同周围其他民族（所谓"夷、蛮、戎、狄""四夷"）在长期互相排斥、互相争霸中又互相吸收、互相融合。其基本的理念是：大一统既指"诸夏"一统，也蕴含着"夷夏"一统，它不是将"夷狄"摒弃于中华之外。这种融合的过程，大致可分为三步：第一步是华夏族团的形成。第二步是汉族的形成。从华夏核心扩大而成汉族核心（在秦汉时代，当中原地区以汉族为核心实现了农业区的统一的同时，北方游牧区形成了以匈奴为核心的统一体）。第三步，两个统一体的汇合才是中华民族作为一个民族实体进一步的完成。①

所以，一部古代史，可以说就是夷夏融合、由"夷"变"夏"的历史。秦的统一是这个历史水到渠成的结果。秦汉的统一与边疆开发，奠定了我国疆域的基础，创造了"夷夏一体"的现实。边疆与内地、"中原"与"四夷"一统的观念得到加强。汉承秦制，延续和发展了空前统一的政治格局，汉民族以空前繁荣的经济文化、众多的人口和广大的地域成为中华民族的主体及凝聚的核心。以汉族为主体的秦汉帝国的许多政治体制

---

① 参见费孝通主编：《中华民族多元一体格局》（修订本），中央民族大学出版社2003年版，第24页。

和统治政策，促进了多民族国家内部政治、经济、文化、风俗伦理等各方面的进一步统一，边疆与内地、"中原"与"四夷"一统的观念得到加强。以后的历朝历代，无论是汉族还是少数民族主持中央政权，都以统一作为其最高目标，特别是元明清三代，连续统一的局面达 600 多年。

魏晋南北朝是中国历史上的大分裂、大动乱时期，也是民族大迁徙、大融合时期，同时也是强烈追求统一的时期。这种大迁徙、大融合，进一步加强了中华各民族间的内在联系与密不可分的整体性。隋唐是"大一统"实现的时代，统一而稳固的疆域使"大一统"思想更进一步深入人心，人们无不以"一统"为常，而以分裂为变。"大一统"政治下的各民族的交流与融合进一步加强，唐朝出现了"绝域君长，皆来朝贡；九夷重译，相望于道"① 的历史壮观；宋代发展了"华夷一体""共为中华"的思想，使中华整体观念得到强化和发展。宋代的现实是辽、金、夏压境，一统无存，宋人于是强调"正统"，以表明宋室天下一统的合法性。与此同时，辽、西夏、金积极推行汉化与认同，促进了中华民族文化的内在统一，发展了"华夷一体""共为中华"的思想，使中华整体观念得到强化和发展；元朝是中国少数民族建立的第一个全国性的政权，它所实现的空前统一，结束了自唐末以后的分裂局面，推动了多民族统一国家的巩固和发展，促进了中华整体观念的加强。1271 年忽必烈改国号为大元，诏告天下说："建国号曰大元，盖取《易经》乾元之义。"② 忽必烈据汉文化经典而改建国号，进一步表明他所统治的国家，已经不再单是蒙古民族的国家，而是"大一统"思想支配下的中原封建王朝的继续。元王朝巩固并扩大了中国历史上的边疆，加强了版图内的统治和管理；明以"华夷之辨"作为号召反元的思想工具，提出了"驱逐胡虏，恢复中华"的口号。但当推翻了元朝的统治之后，明帝开始强调正统，一变而称"华夷一家"，强调"夫天下一统，华夷一家，何有彼此之间？"这充分说

---

① （唐）吴兢：《贞观政要·诚信》。

② （元）忽必烈：《元朝建国诏书》。

明，经过辽、宋、夏、金时期的民族融合与文化认同，又经过元朝"大一统"的这个民族大熔炉的锻炼，中华整体观念已深入人心；清入关后，即以宗主视天下。为了树立"大一统"正统王朝的形象，巩固其对全国的统治，清王朝接受并发展了"大一统"思想。清朝抽去了"大一统"理论中"华夷之辨"的内容，改造为"四海之内共尊一君"的君主专制"大一统"观念；形成以推重"大一统"政权为核心、以政权承绪关系为主线、以取消"华夷之辨"为特征的正统论，并将其贯彻于历史评断之中，使之更有利于清廷的政治统治和思想控制。清朝以天下之主自居，不能容忍任何形式、任何程度的分裂割据出现，从而加强了对边疆地区的经营管理，空前地巩固了中国的统一。同时密切关注边疆事务，励精图治、苦心经营，完成了对边疆地区的统一，建立起一个比以往任何朝代都巩固的"大一统"帝国。①

值得注意的是，把全国所有民族地区纳入中国版图并置于中央王朝直接管辖之下，从而标志着统一的多民族中国古代发展过程的完成的，恰恰是蒙、满两个少数民族统治者主政的元朝和清朝。这种"天下统一"的局面，成为中华文明整体性、内聚性特点形成的标志，这不仅造就了中华民族这一庞大的民族集合体，也延续和发展了中华文明，使之成为世界上绵延至今的古老文明。

二、中华文明的开放性、包容性

在数千年文明史中，产生和建立于先进的农业文明之上的中华民族文化是先进的民族文化，作为该文化起源和核心的华夏文化，以及后来形成的主体民族汉民族的文化都具有兼容并蓄和开放、开明的气度。特别是唐朝，中国的经济、政治、文化比周边的民族都要进步一些，但这个时期却很注意学习其他民族好的东西，那时中华民族成为世界上最先进的民族，

---

① 参见刘正寅：《"大一统"思想与中国古代疆域的形成》，《中国边疆史地研究》2010年第2期。

她不仅对本民族成员具有强大吸引力，对周边少数民族也很有吸引力，使一些少数民族归附、内迁并融合成为一体。在一定意义上说，包容就是凝聚，包容和开放必然产生凝聚。形成汉族地区和边疆少数民族地区互相依存、"一国多制"的治理体系。

这种开放性和包容性一是体现在，中原王朝跟边疆少数民族的互动关系中。总的来说，中国各民族关系是越来越密切了，形成了一种相互依存的关系。光是经济、文化的交流关系还不够，到了17、18世纪，历史的发展使中国需要形成一个统一的政权，把中原地区和各边疆地区统一在一个政权之下。而清朝正是顺应了历史发展的趋势，完成了这个统一任务。分裂与统一，在中国历史上是经常出现的，每一次由分而合，一般来说版图会扩大一次。一次一次的统一，一次一次的扩大，到清朝的统一，版图是非常大的。而这个范围并不反映清朝用兵的结果，而是几千年来历史发展的结果，是几千年来中原地区与边疆地区各民族之间经济、政治各方面密切关系所自然形成的。不过，我们说，经济文化的密切关系，还需要政治统一来加以巩固。所以要特别强调，"中国是各族人民共同缔造的"这一句话并不是泛泛而谈的。正是因为大一统，中华民族历经沧海桑田而生生不息。一部中华民族史就是一部中华"大一统"的发展史。①

这种开放性和包容性二是体现在，形成了汉族地区和边疆少数民族地区"一国多制"的治理体系。以清朝为例，清朝实现了"大一统"的民族整合，解决了中原和异族的矛盾。在民族政策方面，实施蒙古八旗制度、西藏噶厦制度、西南土司制度等，保持着对蒙古、回部、西藏和西南地区的有效统治；皇帝兼任满族族长，保持着满人的认同，形成汉族地区和边疆少数民族地区"一国多制"的治理体系。在宗教政策方面，以"崇儒重道、黜邪崇正"为纲，通过度牒发放来管理佛道正教，严厉打击白莲教等邪教，对藏传佛教颁布金瓶掣签制度，把达赖、班禅继任人选的

---

① 参见潘岳：《中华文明要为建构人类共同价值提供重要支撑》，《山东省社会主义学院学报》2017年第1期。

决定大权由西藏地方集中到朝廷中央。

第二节　中华文明"大一统"历史的连续性

中华文明的一个重要特点是"大一统"历史的连续性，体现在疆域统一、"夷夏一体"、制度有效、文治教化。大一统理念深深根植于中华民族的文化血脉中，影响了几千年来中国人的家国命运的思考。

一、疆域统一

中国文明的初始，只有"天下"的理念，没有国家的概念。"王者欲一乎天下，以天下为一家"（《礼记·王制》）。天下一统的象征是疆域版图的统一。强调共有法令和中央政权的实际控治，以及人文范围和地理范围的不断扩展，并以此形成了现代中国的基本疆域格局。中华帝国起源于秦朝的大一统，此后的中国疆域呈现阶段性的扩大和缩小，并受"历史周期律"的影响经历了反复的分裂和统一，到清代最终以大型"超多民族国家"的形态继承了帝国疆域的基本轮廓。

几千年来，中国大地上虽然有不同政权的分分合合，但追求统一始终是主流。无论是汉民族还是少数民族建立的王朝，都以"统一寰宇"为最基本的政治目标。如果有谁放弃统一的旗帜，就会背离人心，成为逆流，就会在外攻内叛中土崩瓦解，为历史所唾弃。

二、"夷夏一体"

"夷夏一体"很好地解决了"夷夏之防"的矛盾。有这样几层：

一是王者无外。"《春秋》内其国而外诸夏，内诸夏而外夷狄，王者欲一乎天下，曷为以外内之辞言之？"（《春秋公羊传·成公十五年》）由此可见，王者一统天下，也包括夷狄。正如何休所说："明当先正京师，乃正诸夏，诸夏正，乃正夷狄，以渐治之"。二是强调中国是各族人民共同缔造的，中国疆域内的各民族皆是"中国人"。清人段玉裁撰《说文解字注》，在注释"夏，中国之人也"句时说："以别于北方狄，东方貉，南方蛮闽，西方羌，西南焦侥，东方夷也。"这是依据古义和传统观念做的解释。王绍兰在《说文段注订补》中对这条段注加以订补，谓："案京师为首，诸侯为手，四裔为足，所以为中国之人也。"三是强调肯定各个民族的不同特征和差异性。"中国戎夷，五方之民，皆有其性也，不可推移"（《礼记·王制》），并提出处理民族关系的基本原则："修其教不易其俗，齐其政不易其宜。"四是确立了"怀柔远人，义在羁縻"的民族政策，使"遐荒绝域、刑政殊于函夏"（唐高祖）的羁縻制度得以推行。

三、制度有效

"大一统"的制度形成于秦汉之际，经后世的不断完善、发展，形塑了大一统政治秩序的基本格局，郡县制、科举制度、乡绅等制度的形成和完善，标志着作为中华文明典型特征的"大一统"政治共同体的成型。这些制度有效地解决了像中国这样超大型国家有效治理，形成了三个体系：一是中央集权和郡县制相结合的国家治理体系；二是凭借家庭、家族、乡里等社会组织进行自我治理的体系；三是依靠不同阶层之间经常流动、在地域之间经常流动的"选贤举能"进行国家与地方专业治理的体系。

以三个制度、三个治理体系，构成了传统中国的政治共同体，需要指出的是，这种政治共同体，是"集权为民"的开明专制：以民为本的政治立场、选贤于民的开放政权、养民生息的弹性统治。它因应中国这样的疆土辽阔、人口众多、农耕文明而生，确立了中央的权威，解决了国家政权和制度上的统一，实现了超大型国家的有效治理。

四、文治教化

天下一统需要文治教化。"大一统"比"大统一"更高级，就在于它强调文化伦理、道德教化，从而赋予"中央集权"以道义的基础，为统一国家的文化整合做出努力。中国几千年以来是一个文化共同体，而不完全是一个政治共同体。几千年来，不管什么朝代，也不管是不是征服民族，也不管中间有多长多短的分裂，只要到了这块土地上，往往被中华文化同化，认同以儒家为代表的中国文化。所谓"征服者被征服"，说的是军事征服的结果，不是被征服者的文化毁灭、中绝，而是征服者的文化皈依和文化进步。

第三节　中华文明的其他特质

一、中华文明强调以人为本

中华文明的成长超越神教，走出神的支配，确立人的主体地位，确立了敬天、敬宗、保民；确立了"以德配天"的君权神授说。因此，中华文明的底色是人文。

"天地之性人为贵"，重视现世人生的意义，高度评价人类在宇宙中的地位和作用，体现出浓厚的非宗教的、理性主义的特点。比如，孔子认为"天道远，人道迩"，倡导"仁者爱人"，力图创造一个人人相爱，世界大同的理想社会。中华文明在天地人之间，强调以人为中心。人是目的，充分体现了以人为本的文化精神。一方面，用人间之事去附会天之规律，把人的行为归依于天的意志的实现；另一方面，往往把主体的伦常和情感灌注于"天道"，并将其人格化，"天"成了理性和道德的化身。

西方文明的底色是神谕，经历从神本主义，到人文主义、新人文主义。西方文明的源头是古希腊文明、古希伯来文明、古罗马文明，汇总于基督教，并以宗教信仰的形式在西方构筑起庞大的文化体系。因此，西方文明亦称之为"基督教文明"，其底色是神谕。

西方文明早期神谕底色表现在，强调以神为本：神权超过世俗的王权，一切都要以神的意志为根本。在整个西方历史上，上帝与皇帝，教会与国家，精神权威和世俗权威，始终是二元的，并一再出现的冲突。当西方向近代社会迈进的时候，神本主义就很不适用了，宗教改革、启蒙运动的勃兴，导致精神权威和世俗权威的分离，而当传教士把中国的文化带回欧洲后，启蒙思想家就自然而然地接受并吸收了中国人本思想文化的精神养料，最终发展成近代西方的人文主义。人文主义提出人是宇宙的中心，充分肯定了人的价值、尊严和力量，认为人有理性、有崇高的品质和无穷的求知能力，可以创造一切；认为人生的目的就是追求个人自由和个人幸福。但近代西方人文主义在以人性反对神性的同时，却走向了另一个极端，那就是无限夸大了人性的要求，导致了人欲的泛滥，不可遏止地趋向物质主义，人性似乎如脱缰野马，无止境地将世界拖向堕落的深渊；新人文主义出于对这种社会现实的不满和对人类迷途的紧张，提出以"拯救"人类文明为己任，批评过度放纵和道德上的不负责任，力求以传统文化标准规范现代文化，拯救世界于"水火"。中华文明的人文主义以自律、克制、道德约束见长，可以防止拜物教的无限扩张，以道德和文化的力量救治现代社会的某些混乱与失范，有助于克服现代社会病。

二、中华文明强调以民为本

中华文明的另一个重要特点是社会重心不断向下沉淀的人民性。在江山社稷与民众之间，强调以民为本。这一思想有以下三重意蕴：

第一，以民为主。"民比天大"，它训诫统治者"民之所欲，天必从之""天视自我民视，天听自我民听"，这样的思想使得最高统治者要实行德治、仁政、王道，要想人民之所想，而中国文化里的圣贤，"为天地立心，为生民立命"，是为这亘古不变的人民而思考命运的。

第二，为民做主。这是对于治国者而言的，要求国家统治者为民做主。"天惟时求民主，乃大降显休命于成汤"，那么什么样的人才配为人民之主呢？"皇天无亲，惟德是辅"。统治者要牢记"天之生民，非为君也；天之立君，以为民也""水能载舟，亦能覆舟"，牢记民心向背才是政治统治兴衰的关键，结论是"民惟邦本，本固邦宁"。

第三，由民做主。也就是由人民当家做主，人民自己就是国家的主人。这三层含义，贯穿了中国政治治理的始终。虽然在体制层面上，中国古代社会没有出现现代意义上的民主制，但从文化学的角度看，"民主"的思想在中国人的心目中从不陌生，它从哲学规律上俯瞰历史兴亡，从民本思想上制约君民关系。

三、中华文明强调以家为本

中华文明强调以家为本，中华文明建立在以血缘关系为纽带的宗法制度基础上，呈现的是"国家"与"社会"相互嵌合与"家国同构"的状态，强调责任本位，责任本位核心是"让"与"和"。

中国传统社会是一个农业社会，它建立在以血缘关系为纽带的宗法制度基础上。家是中国人社会生活的基础，也是历代统治者建立统治秩序的基础。孟子曰："天下之本在国，国之本在家。""家"是"国"的"原型"或"根本"，"国"是"家"的延伸。呈现的是"国家"与"社会"相互嵌合。核心是小家，宗亲是大家，社区和单位是"公家"，公家之上还有"国家"。小家、大家、公家、国家，相辅相成，利益相符、观念相通、休戚相关。

中国的道德并非来自宗教，而是源自家伦理。西方文明强调权利本位，权利本位的核心是"争"与"分"。西方文明的契约观以家国分明为基础，契约观要求公私分明、群己权界清晰、国家与社会界限分明。权利本位，即强调个人享有其他人不得侵犯的"权利"，呈现的是个人与社会、个人与国家、"国家"与"社会"两分。与西方文明不同，中国文明以"家"作为核心，其中既包含家庭伦理，也蕴含社会伦理、政治伦理。责任本位是"家伦理"的重要特征，强调个人处于特定角色时，对其他人承担的责任，核心是"让"与"和"。

（一）就家庭伦理而言，"父慈子孝""无限责任"是重要特点

与西方相比，中国人的家庭观念强，血缘关系、亲情伦理根深蒂固。父母对孩子有抚养、教育，帮助孩子成家立业的无限责任，一生牵挂；子女有赡养父母、给父母养老送终，尽孝、光宗耀祖的无限责任，一世眷恋。不同于强调个人自由权利的西方，"舍己为家"是中国社会伦理的

楷模。

　　家庭伦理是社会伦理、政治伦理的基础。自商周以来，中国就拥有深厚的宗法制传统，血亲关系与权力关系彼此交织，即所谓"宗君合一"。而在西汉中期"独尊儒术"，宣布"以孝治天下"以后，上古"家国同构"的理念在郡县制的历史条件下获得了"创造性转化"，依靠血缘辈分而形成的自然秩序成为社会伦理乃至政治伦理的基础，国家被视为放大的家庭，家庭内部的伦理规范被扩大为社会伦理规范，即所谓"移孝作忠""移悌作敬"，如梁漱溟所言："最初是由有眼光的人看出人类真切美善的感情发端在家庭，培养在家庭。他一面特为提掇出来，时时点醒给人——此即'孝弟'、'慈爱'、'友恭'等。一面则取义于家庭之结构，制作社会之结构——此即所谓伦理。"① 这种明显衍生于家庭伦理。较之宗教观、契约观等，家庭伦理要自然和牢固得多。②

　　（二）就政治伦理而言，"伦理道义""无限责任"是重要特点

　　几千年不间断的中国文明史之中，依照"伦理道义"客观地形成了对国家稳定和整体利益最大化、对"百姓"承担着无限责任的"政府"。不同于西方政治伦理里国家权力的获取源于"社会契约"，中国国家权力的获取则来自"家长"责任的履行，即政府须"坚持以人民为中心"，照看人民的利益。"政府"成为虚拟家庭即"国家"的"大家长"，政府的官员对民众有无限责任，执政者要承担历史责任。其次，"家国同构"使政府尤其是主政者在施政之时始终面临"家"与"国"，或曰"小家"与"大家"之间的明确张力，这就呼唤政府施政应秉承"公心"。其本质是以理性制约情感与利益，"公心"的失去也将成为主政者失去权力的原因。同时，"家国同构"还意味着政府施政不仅意味着对民众进行管理，还要施行道德教化。西方社会的"道德共同体"主要由宗教负责组织，

---

① 梁漱溟：《中国现代学术经典·梁漱溟卷》，河北教育出版社 1996 年版，第 317—318 页。

② 参见潘维：《信仰人民：中国共产党与中国政治传统》，中国人民大学出版社 2017 年版，第 180—182 页。

且这种组织与世俗国家之间不乏紧张。

四、中华文明强调以合为本

中华文明尚"和合"。《国语·郑语》称："商契能和合五教（韦昭注："五教，父义、母慈、兄友、弟恭、子孝"），以保于百姓者也。"意思是说商契能把五教加以和合，使百姓安身立命。和，指和谐、和平、祥和；合，指结合、融合、合作。和合，指在承认"不同"事物之间矛盾、差异的前提下，把彼此不同的事物统一于一个相互依存的和合体中，并在不同事物和合的过程中，吸取各个事物的优长而克其短，使之达到最佳组合，由此促进新事物的产生，推动事物的发展。在此基础上，具体分析和合文化所体现的价值观念，它包括普遍和谐与和而不同理念。

普遍和谐有这样几层含义：自然的和谐，自然本身存在整体的和谐；天人和谐，强调"天地人"的整体和谐，"天人合一"；人际和谐，强调人与人关系的和谐，儒家倡导建立起以"仁义礼智信"为核心，以"中道""中庸"为德性基础，从而达到人我和谐、群己和谐、家庭和谐、社会和谐；身心和谐，强调人的形体与精神的和谐，儒家的"修身"为身心内外合一提供有意义的思想资源。

和而不同是和合文化中所体现的又一个重要价值理念。晏婴指明了"和"与"同"的差异，认为从日常生活到国家大事，都是靠不同的事物、不同的意见"相成""相济"，形成和的局面，方能生存发展。《国语·郑语》记述了史伯关于和同的论述："夫和实生物，同则不继。……若以同裨同，尽乃弃矣。"认为阴阳和而万物生，完全相同的东西则无所生。可见和合中包含了不同事物的差异，矛盾多样性的统一，才能生物，才能发展。这都说明，"和"与"同"的意义全不相同。孔子把"和"作为人文精神的核心。但是孔子所主张的"和"也是有条件的，先承认差异，然后从差异中追求统一与和谐，因此提出"君子和而不同，小人同而不和"（《论语·子路》）的命题。孔子"和而不同"的思想较能够反映和合文化的本质，这种理念不仅适用于处理人与人之间的关系，而且适用于处理国与国、人与社会、人与自然（天人）之间的关系。庞朴概括了和而不同思想的要旨是："第一，事物是各各不同的；第二，不同事物互补互济，于是第三，整个局面因之而和谐。可以说，和而不同是社会事物和社会关系发展的一条重要规律，也是人们处世行事应该遵循的准则，是人类各种文明协调发展的真谛。"① 和而不同的理念充分体现了中华民族智慧和待人处世的博大胸怀，由此所培育的政教伦理与道德情性品格，成为古代哲学形而上理论的支柱和中国传统政治文化的精神内核。

总之，作为一种文化形态，和合文化过去曾经影响并渗透到中国社会生活的各个层面，从国家理念到政治制度，从民族关系到宗教信仰，从道德意识到伦理规范，从社会心理到国民性格。

---

① 庞朴：《和而不同与同而不和——世界文明走向的两种相反预测》，《文化中国》1994年第3期。

第 三 章

文化自信：源于"古"而成于"今"

文化自信是一个国家、一个民族、一个政党对自身文化价值的充分肯定，对自身文化生命力的坚定信念。① 文化自信源于"古"而成于"今"。

第一节　文化自信的意蕴

文化自信源于"古"，是指向历史的文化自信：中华文明是"世界唯一同根同种同文且以国家形态持续至今的伟大文明"②。坚定文化自信，就要对"源自于中华民族五千多年文明历史所孕育的中华优秀传统文化"③ 充满温情和敬意，并结合时代要求，推动其"创造性转化、创新性发展"，"让中华文化展现出永久魅力和时代风采"。文化自信成于"今"，是指向现实的文化自信：坚定文化自信，就要充分肯定"熔铸于党领导人民在革命、建设、改革中创造的革命文化和社会主义先进文化"的突

① 参见云杉：《文化自觉　文化自信　文化自强———对繁荣发展中国特色社会主义文化的思考（中）》，《红旗文稿》2010 年第 16 期。

② 潘岳：《中华文明要为建构人类共同价值提供重要支撑》，《山东省社会主义学院学报》2017 年第 1 期。

③ 习近平：《决胜全面建成小康社会　夺取新时代中国特色社会主义伟大胜利———在中国共产党第十九次全国代表大会上的报告》，《人民日报》2017 年 10 月 28 日。

出成就，坚定对建基于这种文化之上的中国制度、现实发展道路的自信，坚定对中国未来发展前景的自信。

这样，文化自信就有了三重意蕴：对中华优秀传统文化的自信，对中国制度、道路的自信以及对中国未来发展前景的自信。

一、对中华优秀传统文化的自信

习近平总书记强调，"中华文化源远流长，积淀着中华民族最深层的精神追求，代表着中华民族独特的精神标识，为中华民族生生不息、发展壮大提供了丰厚滋养"[①]。从历史维度看，中华传统文化如大河奔流、绵延不绝，尽管曾经历过种种挫折与冲击，但仍以其强大的精神韧性和包容吸收外来文明的弹性，蓬勃发展至今，对于形成和维护中国多民族统一局面有着至为关键的作用。从世界维度看，中华优秀传统文化是中华民族的独特标识和突出优势，提供了西方传统之外的哲学路径，提供了寻求人类文明更好未来的机会，不仅是中华民族精神大厦的牢固根基，而且成为21世纪普惠人类整体的重要精神资源。

二、对中国制度、道路的自信

习近平总书记强调，"文化自信，是更基础、更广泛、更深厚的自信"，[②] 更指出，"中国有坚定的道路自信、理论自信、制度自信，其本质是建立在5000多年文明传承基础上的文化自信"。[③] 这些论述言简意赅地阐明了文化自信与"三个自信"之间的关系。

一方面，中国特色社会主义制度、道路，是从中国独特的文化传统、独特的历史命运、独特的基本国情中开辟出来的。源自改革开放40多年的伟大实践、源自中华人民共和国成立70多年的持续探索、源自我们党

[①] 《习近平谈治国理政》第一卷，外文出版社2018年版，第164页。

[②] 《习近平谈治国理政》第二卷，外文出版社2017年版，第36页。

[③] 《阔步走在中华民族伟大复兴的历史征程上——记以习近平同志为总书记的党中央推进全方位外交的成功实践》，《人民日报》2016年1月5日。

领导人民进行伟大社会革命近百年的实践、源自近代以来中华民族由衰到盛170多年的历史进程、源自对中华文明5000多年历史的传承发展，中国特色社会主义承载着几代中国共产党人的理想和探索，寄托着无数仁人志士的夙愿和期盼，凝聚着亿万人民的奋斗和牺牲，是近代以来中国社会发展的必然选择，是发展中国、稳定中国的重要保障，是发展中国、稳定中国的必由之路。它经过历史的淘漉、人民的选择、实践的检验，与中国历史文化传统有着内在的一致性。

另一方面，中国特色社会主义制度、道路，将中华优秀传统文化、革命文化和社会主义先进文化形成了统一的叙事。近代以降，"古—今""中—西"问题一直是困扰中国文化传承发展的重要命题，传统与现代如何联通、东方与西方如何对话，答案一直在探索之中。在中国革命、建设和改革长期实践中，马克思主义中国化的重大命题，中国共产党人将马克思主义的普遍原理同中国现实发展相结合，实现了马克思主义中国化，成功地建立了中国特色社会主义制度，走出了一条中国特色社会主义发展之路，也同时极大地推进了中国文化现代化的进程，将传统与现代在文化上连成一脉。因此，党的十九大报告强调，"推动中华优秀传统文化创造性转化、创新性发展，继承革命文化，发展社会主义先进文化，不忘本来、吸收外来、面向未来，更好构筑中国精神、中国价值、中国力量，为人民提供精神指引"。这三种文化资源依托中国特色社会主义而形成了统一叙事，也为当代中国的道路自信、理论自信、制度自信提供了保障和底气。

因此，今天我们强调的文化自信，不仅有对作为国家发展根基与底蕴的传统文化的自信，更有对在中国革命、建设和改革伟大实践过程中逐步孕育出的革命文化和社会主义先进文化的自信，对中国特色社会主义制度、道路的自信。通过对文化自信和文化自觉的培育，进一步增强亿万人民在新时代坚持和发展中国特色社会主义的战略定力。

三、对中国未来发展前景的自信

任何一个民族都要从自己的文化中了解过去，把握现在，前瞻未来。

从过去和现在的文化发展进程中预见本民族文化未来的发展前景，即本民族文化发展的未来性，这是民族、国家自信的底气所在。有创造力的文化都是向未来敞开的，实现中华民族伟大复兴，更为重要的是坚定对文化未来发展前景的自信。

坚定文化自信，就是肯定中国智慧的开放性、平等性和包容性，坚信中国文化在人类现代化历史进程中的独特价值。当今世界正处于大发展大变革大调整时期，2020 年的世纪疫情，将改变全球化的格局，影响不同文明的交流、互鉴。越是在这样的时刻，越是要倡导多元共存，加强不同文明、不同文化之间的互相体认和交流。这就要求，每个国家和民族都需要在自己的文化实践中，一方面坚守自身文化发展方向和独特价值；另一方面在文化的交流互鉴中实现对自身文化特殊性的超越，贡献有利于人类未来和平发展的文化智慧。中国文化正是在把握这两方面的张力上，有着明显的优势。

在经济全球化进程中，西方近代以来所倡导的二元主义及其局限性日渐显现，工具理性所导致的人与自然的关系的冲突也越发尖锐。在这一严峻的发展现实面前，中华优秀传统文化中蕴含的道法自然、天人合一；己所不欲，勿施于人；以民为本、仁者爱人；和而不同、求同存异等重要理念，为解决当代人类面临的难题，提供了重要启示，它以"人类命运共同体"为目标的深远追求，以中国文化的超越性关怀，向世界展现了中华文化内蕴的独特哲思，为 21 世纪人类整体性问题提供了中国经验、中国智慧。这些标志着中国文化软实力的提升，为培育和践行文化自信提供了现实基础。面向未来，我们要更加努力地使文化自信充分融入社会主义现代化实践的各个方面，让社会发展的各个层面都洋溢着人文关怀。我们有理由相信，随着中国向世界舞台中心的稳健迈进，文化自信的价值必将日益彰显出来，既在多种文化互鉴中博采众长又始终挺立民族文化主体性的中华现代文化实践，一定会让古老的中华文明在世界舞台上大放异彩。①

---

① 参见邹广文、王毅：《文化自信的三重内涵》，《光明日报》2018 年 1 月 12 日。

第二节　文化自信是从中华文明从未中断的
历史传承中积淀下来的

文化自信是从中华文明从未中断的历史传承中积淀下来的。坚定文化自信，就要对"源自于中华民族五千多年文明历史所孕育的中华优秀传统文化"充满温情和敬意，并结合时代要求，推动其"创造性转化、创新性发展"，"让中华文化展现出永久魅力和时代风采"。①为何中华文明数千年从未间断而能一脉相承？为何中华民族有如此巨大的凝聚力？为何中华文化能包容改造外来文化？对这个历史之谜，可以给出多维的解答，但有这样几点始终突现在我们视野：中华传统文化蕴含大一统的天下观、重民本的仁政理念、济天下的家国情怀等理念，这使得中华文明成为世界上以国家形态持续至今的伟大文明。

一、大一统的天下观

如前所述，中华文明的一个重要特点是"大一统"历史的连续性，体现在疆域统一、"夷夏一体"、制度有效、文治教化。在当代，大一统的天下观，为政治共同体、中华民族共同体、中华文化共同体的形成，奠定了基础，是文化自信的根柢。

（一）政治共同体

天下一统需要政治秩序的大一统。天下一统的象征是疆域版图的统一，以及人文范围和地理范围的不断扩展，并以此形成了现代中国的基本疆域格局；天下一统的另一个象征是共有法令和中央政权的实际控制，形成了以三个制度、三个治理体系为核心的架构，构成了传统中国的政治共同体。

1. 国家认同与构建现代政治共同体

政治认同是在社会政治生活中产生一种感情和意识上的归属感。政治

---

① 《习近平谈治国理政》第三卷，外文出版社 2020 年版，第 32、33 页。

认同包含对国家、政治制度、阶级、政党、政治理想、政策等的认同，对国家的认同是最基本的政治认同，对政党的认同多属较高层次的认同。政治认同在现代中国的国家建构中，核心的问题是国家统一，集中体现为作为现代"超多民族国家"的建构，构建现代政治共同体。当前，"疆独""藏独""台独""港独"等分裂势力猖獗，是民族复兴的大患。积贫积弱的旧中国尚且没有放弃国家统一。当代中国，我们追求国家统一，制止"疆独""藏独""台独""港独"的决心，不容怀疑。值得警惕的是，"疆独""藏独""台独""港独"等建构了一套理论，用以影响年轻人。

要以国家认同激发全体中华儿女的爱国情怀。当前，强化政治共同体意识，加强国家认同教育，势在必行。以中国台湾、香港为例，要以国家认同激发台湾、香港同胞的爱国的情怀。要通过立法、教育、宣传，让台湾、香港同胞，特别是青年人明白，我们国家统一的意志，坚不可摧，危害国家安全，挑战国家统一，无疑是一条不归路；要使他们明白，有了对祖国的认同，尊重、完善"一国两制"，才能构建现代政治共同体，才能"同全国各族人民一道共享做中国人的尊严和荣耀"①。

2. 政治共同体与现代国家治理

传统中国的政治共同体，以郡县制为基础，形成了中央集权和郡县制相结合的国家治理体系；以乡绅制度为基础，形成了借家庭、家族、乡里等社会组织进行自我治理的体系；以科举制度为基础，形成了依靠不同阶层之间经常流动、在地域之间经常流动的"选贤举能"进行国家与地方专业治理的体系。它深深根植于中国的社会基层，具有极大的稳定性，适应性和自我改造能力；它确立了中央的权威，解决了国家政权和制度上的统一，实现了超大型国家的有效治理。

传统中国的国家治理与社会治理理念是当代中国国家现代治理的重要制度文化根基。《中共中央关于坚持和完善中国特色社会主义制度　推进

① 胡锦涛：《坚定不移沿着中国特色社会主义道路前进　为全面建成小康社会而奋斗——在中国共产党第十八次全国代表大会上的报告》，人民出版社 2012 年版，第 44 页。

国家治理体系和治理能力现代化若干重大问题的决定》指出："中国特色社会主义制度和国家治理体系是以马克思主义为指导、植根中国大地、具有深厚中华文化根基、深得人民拥护的制度和治理体系。"① 深刻认识中国特色社会主义制度和国家治理体系的深厚中华文化根基，对于我们坚定"四个自信"、推进国家治理体系和治理能力现代化具有重要意义。

（二）民族共同体

"大一统"强调"夷夏一体"、民族融合。中国自古就是一个多民族的国家，在漫长历史过程中，中国各民族交往交流交融，形成了边区各族和中原汉族相互依存的民族共同体，汉族地区和边疆少数民族地区"一国多制"的治理体系。

1. 民族融合与中华民族共同体的形成

在漫长历史过程中，中国各民族交往、交流、交融，形成了多元一体的民族关系。根据费孝通先生"中华民族多元一体格局"的理论，所谓"多元"，是指中华民族不是单一的民族，而是由 56 个兄弟民族所组成的复合民族共同体。所谓"一体"，是指 56 个民族在长期的历史发展过程中已结合成相互依存的统一而不能分割的整体。中国各民族在历史舞台上扮演不同角色，最终形成多元一体的格局。自中华民族作为一个民族实体形成后，对中华民族强烈的认同感和亲合力是中华民族共同体意识形成的基础。长期的历史发展，使中华民族形成了建立在共同利益基础上的强烈的认同感和亲合力。这种认同感和亲合力不仅存在于 56 个民族内部，同样也存在于中华民族这一民族共同体之中。不光是各民族内部人民相互信赖、相互依靠，通过民族共同利益的实现来实现个人和群体的利益，在各民族之间也是通过共存共生，共同发展来实现本民族的利益。

民族融合是中华民族共同体形成的根柢。正如习近平总书记在全国民族团结进步表彰大会上讲话指出："一部中国史，就是一部各民族交融汇

---

① 《中共中央关于坚持和完善中国特色社会主义制度　推进国家治理体系和治理能力现代化若干重大问题的决定》，人民出版社 2019 年版，第 2—3 页。

聚成多元一体中华民族的历史，就是各民族共同缔造、发展、巩固统一的伟大祖国的历史。各民族之所以团结融合，多元之所以聚为一体，源自各民族文化上的兼收并蓄、经济上的相互依存、情感上的相互亲近，源自中华民族追求团结统一的内生动力。正因为如此，中华文明才具有无与伦比的包容性和吸纳力，才可久可大、根深叶茂。"①

2. 民族认同与构建中华民族共同体

民族认同是指个体对本族群的信念、态度和参与行为，个体对族群的认同主要依赖于体质体貌特征、记忆、血缘纽带和历史文化传统等要素。民族认同是文化认同的基石，文化认同则是民族认同的黏合剂。一个人若无民族认同感，固然无法产生民族文化认同感；而文化认同感不存在或不强烈，也无法产生强烈的民族认同感。由于"民族"是由血统、遗传决定的，任何人都不能自由选择，但"文化"则是可以选择与改变的，所以文化认同比民族认同更为复杂。因此，民族认同感必须同时含有血统与文化两种成分。单凭血统而产生的民族认同是不完善、不牢固的，对于强化民族或国家的凝聚力，也不能产生持久的、可靠的作用。

以民族认同激发全体中华儿女珍惜中华民族骨肉同胞之情。"超多民族国家"的存续是当代中国政治的重大关切，乃至根本关切。我们要以增强中华民族认同，培育中华民族共同体意识，以民族认同激发全体中华儿女珍惜中华民族骨肉同胞之情。要"坚持促进各民族交往交流交融，不断铸牢中华民族共同体意识"②。在民族问题上，民族主义并不符合中国的政治传统。中国现代"民族观"依然带有传统中国的印记，强调共性而非差异，追求融合而非分裂。当前，培育中华民族共同体意识，就要坚决反对操弄族群意识，搞所谓的"台湾自决""香港自决"。"中华民族共同体意识是国家统一之基、民族团结之本、精神力量之魂。"实现中华民族伟大复兴的中国梦，需要进一步培育中华民族共同体意识，打牢各族

① 习近平：《在全国民族团结进步表彰大会上的讲话》，《人民日报》2019年9月28日。
② 习近平：《在全国民族团结进步表彰大会上的讲话》，《人民日报》2019年9月28日。

人民团结奋斗的政治基础、思想基础和社会基础。我们要"铸牢中华民族共同体意识，加强各民族交往交流交融，促进各民族像石榴籽一样紧紧抱在一起，共同团结奋斗、共同繁荣发展"①。

（三）中华文化共同体

中国几千年以来深层次是一个文化共同体，而不完全是一个政治共同体。

1. 文化交融与中华文化共同体的形成

在民族融合的基础上，中华各民族文化也相互交融，结果是中华民族文化呈现出多元一体的特点。在长期的文化交融中，各民族分别以其文化的个性，使中华文化异彩纷呈，又以其文化的共性，表现了中华文化的趋同性和整体性。如果说中华民族存在多元一体的格局，那么，中华民族文化也存在多元一体的特点。而中华民族文化多元一体的特点是中华文化共同体形成的基础。

中华民族文化多样性表现在：一是民族文化的多样性，56 个民族都有自己的独特传统，都有自己的文化特色；二是地域文化的多样性，中国幅员辽阔，千里不同风，百里不同俗，各地区均有自己的文化特色。即使是同一民族，不同地区的风俗习惯和语言也有较大的差异。较为典型的是汉民族文化，东西南北文化习俗的差异很大，八大方言的差异比许多民族语言间的差异还要大。

中华民族文化一体性则表现在文化同一性即同质性、共同性或一体性：一是中华民族文化不是 56 个民族文化加在一起的总称，它是各民族、各地区文化在数千年的历史发展中逐步交融、整合而形成有机的文化整体。二是各民族、各地区在长期的文化互动、交流中形成同质化和一体化现象。

2. 文化认同与构建中华文化共同体

习近平总书记在全国民族团结进步表彰大会上讲话指出："坚持文化

---

① 习近平：《决胜全面建成小康社会　夺取新时代中国特色社会主义伟大胜利——在中国共产党第十九次全国代表大会上的报告》，《人民日报》2017 年 10 月 28 日。

认同是最深的认同，构筑中华民族共有精神家园。"① 文化认同是指特定个体或群体认为某一文化系统（价值观念、生活方式等）内在于自身心理和人格结构中，并自觉循之以评价事物，规范行为。由此形成了一个族群的"自我意识"和他们千百年来在同一文化空间里形成的传统文化意识、伦理道德观念以及他们所特有的语言、习惯，是保持其独特性的基础。这就是在不同地区彼此互异的文化圈里，面对文化的多样性，能够对自己的文化保持认同。整合后形成的上述的中华文化的基本特点和价值观念具有强大的凝聚力和向心力，对增强中华民族共同体意识具有重要作用。

以文化认同激发各民族同胞对中华文化根源的怀想，这是炎黄子孙文化的根。从历史上看，任何一个多民族的主权国家都在不断增强各民族的价值观念的同质性或共同性，不断推动一体化或同质化进程。这一特点决定了当前我们在建构中华民族文化认同上，一方面要保留各民族文化的特点；另一方面要建构中华民族共同的文化认同，培育"中华文化共同体意识"。

通过三个共同体、三个认同的分析，要形成以下共识：国土不可分，国家不可乱，民族不可散，文明不可断。

二、重民本的仁政理念

如前所述，中华文明的另一个重要特点是社会重心不断向下沉淀的人民性。重民本的仁政理念，这一道思想闪电，划破了古老中国灰暗的政治苍穹，是文化自信的根基。汲取传统民本思想精华，可以为国家治理现代化提供价值支撑。

一是以民心为依归。"民心"向背是执政、政权的根基，"民意"来自对当前和局部利益的直接认知。争取"民心"的过程就是平衡局部和共同利益，眼前和长远利益，以及发展与秩序的利益的过程。"中国模

---

① 习近平：《在全国民族团结进步表彰大会上的讲话》，《人民日报》2019 年 9 月 28 日。

式"代表了一种特殊而且出色的利益平衡形式。

二是建构中国现代民本主义的民主理念。以民主肃清"君主民本"思想，实现现代意义的民主；借鉴"选贤与能"，完善干部遴选机制；保持中国共产党的先进性，形成先进、无私、团结的执政集团；完善政府分工制衡纠错机制。

三是以民为本的执政基础。汲取中国传统治国理政哲学的核心——"民本"，可以为中国共产党的执政找到依归：执政为民。正如习近平总书记在十九大报告中反复强调的，要"以人民为中心"。"中国共产党人的初心和使命，就是为中国人民谋幸福，为中华民族谋复兴。"[1]

三、济天下的家国情怀

深厚的家国情怀，是中华文化最优秀的传统之一。"国家一体"观念，是爱国主义产生的深厚文化渊源。

（一）家国共同体与家国情怀

家国共同体。中国传统社会最重要的社会根基，是以血缘关系为纽带的宗法制度。在宗法制度下，"家"是中国人社会生活的基础，也是历代统治者建立统治秩序的基础。孟子曰："天下之本在国，国之本在家。"[2]这就高度概括了中国传统社会的实质。由家庭到家族，再集合为宗族，组成社会，进而构成国家，这种家国同构、家国一体渗透到中国古代社会生活的深层，形成传统中国的家国共同体。

家国同构，家国一体，由对祖宗父母的孝，扩展到对家族乡里的敬，再扩展到对国家社稷的忠，这是爱国主义产生的深厚文化渊源。《战国策·西周策》说："周君岂能无爱国哉"；《汉纪·惠帝纪》也有"欲使亲民如子、爱国如家"的记载。人们把祖国比喻成母亲，把孝亲心上升为爱国心，把爱乡情放大为爱国情。这种爱国情，发端于对生于斯、长于

---

[1] 习近平：《决胜全面建成小康社会 夺取新时代中国特色社会主义伟大胜利——在中国共产党第十九次全国代表大会上的报告》，《人民日报》2017年10月28日。

[2] 《孟子·离娄章句上》。

斯的故乡、亲人的眷恋，也萌生于对祖国的疆土、历史文化、人民之爱的钟爱和依恋。

在波澜壮阔的中国历史中，无数志士仁人励志报国的事迹可歌可泣。在古代，爱国主义是志士仁人崇尚气节、重视情操的个人品德，是励志报国的人生观、价值观。屈原一篇《离骚》充分表达了他那"虽九死其犹未悔"的忧思深广的爱国情怀；岳飞的"精忠报国""还我河山"，陆游的"位卑未敢忘忧国"，文天祥的"人生自古谁无死，留取丹心照汗青"，这一曲曲激愤之词，表达了中华民族坚持操守、忠于祖国的磅礴正气。

在近代和新民主主义革命时期，爱国主义是中国人民反抗侵略，实现民族解放的精神动力。林则徐禁烟抗英，保卫祖国，提出"苟利国家生死以，岂因祸福避趋之"；关天培、邓世昌等在抗击帝国主义侵略中视死如归，以身殉国；孙中山救国救民，毕生求索；毛泽东、周恩来、邓小平等老一辈革命家，深深地爱着祖国与人民，并终身为了祖国的独立解放、人民的自由幸福而奋斗，这些可歌可泣的爱国主义精神，为中国人民千古传颂。正如鲁迅先生所说："我们从古以来，就有埋头苦干的人，有拼命硬干的人，有为民请命的人，有舍身求法的人……这就是中国人的脊梁。"① 他们用生命诠释了什么是爱国！

在当代中国，爱国主义主要表现为致力于中国特色社会主义伟大事业。新中国成立初期，身在美国的钱学森，不顾美国政府阻挠和迫害，毅然回国，参加新中国的建设，是新中国历史上伟大的人民科学家，被誉为"中国航天之父""中国导弹之父""火箭之王""中国自动化控制之父"；汉字激光照排系统创始人王选，其研制的华光和方正系统处于国内外领先地位，取得了巨大的经济和社会效益，使中国的印刷术从铅与火的时代，迈入电和激光的新纪元，被称为"当代毕昇"，以他们为代表的知识分子，用爱国心、报国志、默默奉献的精神和勇攀科技高峰的干劲，时不我

---

① 鲁迅：《中国人失掉自信力了吗》，《鲁迅选集》第六卷，人民文学出版社2002年版，第106页。

待，争分夺秒，推动着国家发展和社会进步。他们用赤诚诠释了什么是爱国！

在当代中国，爱国主义还表现为维护祖国统一，反对各种分裂势力。在当代中国，爱国就表现在维护祖国统一、反对分裂的共识上。维护祖国统一是中华民族的核心利益，维护祖国的独立和主权完整，推动祖国进步和繁荣，是海内外中华儿女的共同心愿。任何旨在制造国家分裂、损害国家主权和领土完整的行径，都将遭到海内外中华儿女的坚决反对。

（二）家国共同体与责任伦理

家国共同体，强调责任本位。中国文明强调责任本位。中国文明以"家国同构"为基础，中国的道德并非来自宗教，而是源自"家伦理"。其中既包含家庭伦理，也蕴含社会伦理、政治伦理。责任本位是"家伦理"的重要特征，强调个人处于特定角色时，对其他人承担的责任。白衣天使，那些最美的逆行者，他们在履行职责，可谓义无反顾。

仅就政治伦理而言，"伦理道义""无限责任"是重要特点。几千年不间断的中国文明史之中，依照"伦理道义"客观地形成了对国家稳定和整体利益最大化、对"百姓"承担着无限责任的"政府"。不同于西方政治伦理里国家权力的获取源于"社会契约"，中国国家权力的获取则来自"家长"责任的履行，即政府须"坚持以人民为中心"，照看人民的利益。"政府"成为虚拟家庭即"国家"的"大家长"，政府的官员对民众有无限责任，执政者要承担历史责任。疫情发生，看出了国家对老百姓的守护，体现了"以人民为中心"的防疫理念。基于这样的文明基因，中国老百姓绝不会接受血腥的"全民免疫"理念。面对不断肆虐的新冠病毒带来的严峻挑战，以习近平同志为核心的党中央，牵挂人民群众的生命健康，他在不同的讲话中多次强调"要把人民群众生命安全和身体健康放在第一位"；对于疫情防控中出现的一些具体问题，习近平总书记督促相关干部把工作做实做细，还专门指示"对因疫情在家隔离的孤寡老人、困难儿童、重病重残人员等群体，要加强走访探视和必要帮助，防止发生冲击社会道德底线的事件"。所有疫情防控理念，最终都落脚于"人民"

二字。

西方文明强调权利本位。西方文明以"家国分明"为基础，呈现的是"国家"与"社会"两分。契约观要求公私分明、群己界限清晰、国家与社会界限分明。所以，西方有"两分"概念，人与神、个人与社会、个人与国家是分离的。权利本位，即强调个人享有其他人不得侵犯的"权利"。个人与社会、个人与国家的"两分"让我们见识了，疫情当前，西方国家政府推行防疫举措，掣肘因素太多，可谓举步维艰，痛失良机。权利本位，追求个人自由、权利，使得西方国家政府在出台防疫措施时，很难抄中国的作业。即使下令禁足，居家隔离，实际上很难完全落实，特别是许多年轻人并没有完全停止各种社交活动，导致疫情迅猛扩散。从上述中西文明的差异，就可以理解中西抗击疫情的不同逻辑。

家国共同体，责任本位，强调"让"与"和"。由此造就大中华之"合"——维护祖国统一，实现民族复兴是全体中华儿女的责任。西方文明的契约观以国家与社会"两分"为基础，强调权利本位，权利本位的核心是"争"与"分"。西方文明将契约推演至国际体系的构成之中，以邦联、条约、国际法等法律形式来将各政治体组合在一起。从西方政治伦理的角度看，这种组合契约背后更多的是利益的计算，缺乏伦理秩序的支撑。所以，国际组织的成员总是变化，甚至如美国作为东道主，出于自身利益的考量直接退出《巴黎协议》。邦联体系也存在不稳定因素，不只是英国脱离欧盟的公投，英联邦自身也面临如苏格兰公投这样的分裂危机，维系他们之间关系的是以利益为基础的契约，一纸合约，其实约束力不大。基于契约、法条主义、利益等考量，"民族自决""公投"，甚至"独立"，也能被西方社会的一些人接受。与此相反，中国文明的"家伦理"，以"视民如子"的治家之道而立国，形成了从道德观、群体观到民族观、国际观的"大家庭"伦理秩序。国家统一、民族复兴背后是以"大家庭"作为伦理秩序的支撑，并非以利益考量为中心。从现实的政治看，国家和人民之间相互承担着无限的责任。一个富强、民主、文明的中国，是国人最坚强的后盾，维护国家统一，实现民族复兴，维护广大人民最根本的利益，是国家和政府的"无限责任"；维护祖国统一，认同中华文化、中华民族，为实现中华民族伟大复兴贡献力量是人民对国家的"无限责任"。在中国的文化传统和现实政治下，操弄"民族自决""公投""独立"，是最大的政治、文化禁忌。既违背中国法律，又违背中华伦理，其结果只能是失道寡助，自取灭亡。

第三节　文化自信是在革命文化形成和马克思 主义中国化的过程中确立起来的

文化自信是在革命文化形成和马克思主义中国化的过程中确立起来的。这就要充分肯定革命文化的突出成就。近代中国的危机，根本上是文化的危机，是新文化运动激活了中华传统文化；而根本扭转这一困局、激活中华传统文化的，是革命文化和马克思主义的中国化。

一、文化自信是在革命文化形成的过程中确立起来的

基于现实的文化自信，就要充分肯定革命文化的突出成就。

20世纪初的中国，国家和民族正处于危难之中，处于被西方殖民、被列强瓜分的状态，陷于亡国、亡种、亡教的危机，陷入"三千年未有之大变局"，大大打击了中国人的文化自信。虽然有过救亡图存的戊戌变法、辛亥革命，尝试了政治改革、经济改革等。然而，这一系列虎头蛇尾的革命、改革、改良，都是仓促而起，匆忙结束。因而未能从根本上改变中国的社会性质和中华民族的苦难境遇。与此相随，中国文化也陷入了危机，贺麟先生曾经敏锐地指出："中国近百年来的危机，根本上是一个文化的危机"[1]。面对中国文化的危机和西方文化的冲击，当时的士大夫如张之洞等，提出一个折中的办法叫"中体西用"。但是，历史有它独特的轨迹，随着新文化运动的勃兴，中国文化再也没有重新回到以儒家文化为

---

[1]　贺麟：《文化与人生》，上海人民出版社2011年版，第12页。

主流的轨迹。

中华文明有一个特点：一旦遭遇外侮，就会迸射出自强之光。中国总是在接近谷底时获得重生。最惨痛的沉沦造就了最辉煌的崛起。近代的文化危机、人心危机、社会危机、民族危机、生存危机一道，激起了无法抵挡的新文化运动、人民革命，并发展为中国共产党领导的新民主主义革命与社会主义革命。新文化运动不是无事生非，不是自毁瑰宝，而是绝地求生、悲壮救亡，是面对"亡国亡种"的危险而从头收拾旧山河旧文化的趋势使然。①

扭转这一困局、激活中华文化的，是中国共产党领导的新民主主义革命和马克思主义的中国化。五四运动后，中国共产党作为中国先进文化的代表，创造性地提出了先进的革命理论，进而内化为先进的政治思想，并付诸革命的政治实践，生成了中国共产党人特有的政治文化：中国革命文化。

中国革命文化是以中国共产党及其领导的人民军队和人民大众为主体培育创造的中华民族特有的文化形态，并具有独特的文化价值。它是以马克思主义为基础形成的独特的中国革命道路、革命理念和革命文化，是20世纪中国文化最为夺目的文化景观之一，是马克思主义中国化的重要文化成果、中国革命胜利的文化支撑和强大精神动力以及中国特色社会主义文化建设的优质基因，为我们党、人民军队、民族奠定了先进文化根基。

马基雅维利有句名言："造就最强大国家的首要条件不在于造枪炮，而在于能够造就其国民的坚定信仰。"中国共产党在当代最伟大的历史成就之一，就是再造了中国民族的精神信仰。也正是这群有信仰的共产党人，领导中国人民走出了近代积贫积弱的局面。"长征精神"就是民族精神的体现。正如习近平总书记在纪念红军长征胜利80周年大会上的讲话指出："伟大长征精神，就是把全国人民和中华民族的根本利益看得高于

---

① 参见王蒙：《文化自信的历史经验与责任》，《光明日报》2016 年 9 月 22 日。

一切，坚定革命的理想和信念，坚信正义事业必然胜利的精神；就是为了救国救民，不怕任何艰难险阻，不惜付出一切牺牲的精神；就是坚持独立自主、实事求是，一切从实际出发的精神；就是顾全大局、严守纪律、紧密团结的精神；就是紧紧依靠人民群众，同人民群众生死相依、患难与共、艰苦奋斗的精神。伟大长征精神，是中国共产党人及其领导的人民军队革命风范的生动反映，是中华民族自强不息的民族品格的集中展示，是以爱国主义为核心的民族精神的最高体现。"① "长征精神"等文化迸发出生生不竭、代代不息的精神动力，激励着一代又一代的中国共产党人领导中国人民"不忘初心、继续前进"。正如习近平同志在十九大报告中所指出的："中国共产党从成立之日起，既是中国先进文化的积极引领者和践行者，又是中华优秀传统文化的忠实传承者和弘扬者。"②

二、马克思主义的中国化为革命文化注入新活力

真正的文化自信应是"学会了"马克思主义以后，中国人在精神上就由被动转入主动，也同时开启了近代以来文化自信的心路历程。

怎么才是学会了马克思主义？无论以陈独秀为代表的右倾机会主义还是以王明为代表的"左"倾教条主义，都是没有"学会"马克思主义。以陈独秀为代表的右倾机会主义认为中国农民文化水平低且很难组织起来，工人阶级幼稚且力量弱小，从而把革命的领导权让给资产阶级。以王明为代表的"左"倾教条主义则把马克思主义教条化、苏联经验绝对化、共产国际指示神圣化，主张"百分之一百布尔什维克"，以为"圣经上载了的才是对的"。虽然毛泽东早在 1930 年 5 月就在《反对本本主义》一文中提出："中国革命斗争的胜利要靠中国同志了解中国情况"，"马克思主义的'本本'是要学习的，但是必须同我国的实际情况相结合。我们

---

① 习近平：《在纪念红军长征胜利 80 周年大会上的讲话》，人民出版社 2016 年版，第 8—9 页。

② 习近平：《决胜全面建成小康社会 夺取新时代中国特色社会主义伟大胜利——在中国共产党第十九次全国代表大会上的报告》，《人民日报》2017 年 10 月 28 日。

需要'本本'，但是一定要纠正脱离实际情况的本本主义。"① 但在当时党内并没有形成广泛共识，教条主义者反而把毛泽东基于中国革命提出的符合中国实际的理论讥笑为"狭隘经验论"，认为"山沟里出不了马克思主义"。正如毛泽东在延安整风时批评的那样："不论是近百年的和古代的中国史，在许多党员的心目中还是漆黑一团。许多马克思主义的学者也是言必称希腊，对于自己的祖宗，则对不住，忘记了。"②

1938 年 10 月 14 日，毛泽东在党的六届六中全会上正式向全党提出马克思主义中国化的重大命题，他指出："学习我们的历史遗产，用马克思主义的方法给以批判的总结，是我们学习的另一任务。我们这个民族有数千年的历史，有它的特点，有它的许多珍贵品。对于这些，我们还是小学生。今天的中国是历史的中国的一个发展；我们是马克思主义的历史主义者，我们不应当割断历史。从孔夫子到孙中山，我们应当给以总结，承继这一份珍贵的遗产。"③ 而且，在马克思主义运用于中国具体实际的过程中，"洋八股必须废止，空洞抽象的调头必须少唱，教条主义必须休息，而代之以新鲜活泼的、为中国老百姓所喜闻乐见的中国作风和中国气派。把国际主义的内容和民族主义形式分离起来，是一点也不懂国际主义的人们的做法，我们则要把二者紧密地结合起来"④。

分析文化自信与马克思主义中国化的关系，不仅有利于坚定文化自信，还有利于增强推进马克思主义中国化的自觉性。⑤

马克思主义的中国化，为革命文化注入活力。近百年来中国的政治、经济和社会制度发生了巨变。而从文化学的角度看，最重要的事件是马克思主义在中国的传播和马克思主义的中国化。马克思主义基本原理同中国具体实际相结合，促成了马克思主义中国化的两次历史性飞跃，形成了中

---

① 《毛泽东选集》第一卷，人民出版社 1991 年版，第 115、111—112 页。
② 《毛泽东选集》第三卷，人民出版社 1991 年版，第 797 页。
③ 《毛泽东选集》第二卷，人民出版社 1991 年版，第 533—534 页。
④ 《毛泽东选集》第二卷，人民出版社 1991 年版，第 534 页。
⑤ 参见陈方刘：《论文化自信与马克思主义中国化的关系》，《科学社会主义》2018 年第 6 期。

国马克思主义两大理论体系：毛泽东思想和邓小平理论。

第四节　文化自信是在建设社会主义先进
文化的过程中确立起来的

文化自信不仅指向传统文化和革命文化，而且指向中国特色社会主义先进文化。马克思主义的中国化，为社会主义先进文化注入活力。在中国的改革和现代化建设中，形成了马克思主义中国化的最新成果："三个代表"重要思想、科学发展观、习近平新时代中国特色社会主义思想，而这之中贯穿了一个重要的思想就是中国特色社会主义文化思想。中国特色社会主义先进文化有两大属性：既有意识形态属性，又有产业属性。文化的意识形态属性，决定了加强文化建设，增强文化自信，承载着维护文化安全、践行核心价值、弘扬民族精神、建构道德信仰等使命，文化的产业属性决定了加强文化建设，增强文化自信，推动文化事业和文化产业发展，承载了满足人民日益增长的文化需求的使命。坚定文化自信，就要充分肯定中国特色社会主义文化的突出成就，肯定社会主义先进文化对于实现中华民族伟大复兴中国梦的积极意义。

一、建设具有强大凝聚力和引领力的社会主义意识形态

在全球化背景下，文化全球化是文化发展的一种必然趋势。但是，文化全球化是一把"双刃剑"，它既为民族文化之间的交流提供了契机，又会对国家的文化安全造成严重冲击。

（一）具体分析全球化视野下的我国文化安全

从意识形态安全的维度分析，在全球化过程中，西方发达国家凭借其经济与科技优势，通过经济全球化，或者利用其网络优势，实施信息垄断，以网络所特有的穿透力突破传统的国家概念和框架，潜移默化地改变着人们传统的语言交流规则和运作方式，影响我国的意识形态，以期影响国民的价值观。而意识形态的安全往往会影响到国家的安全。因为意识形

态总是与国家政权结合在一起，靠国家政权来维护与传播，同时也为国家政权提供"合法性"的文化基础。

从民族文化安全的维度分析，文化全球化必将对民族文化造成严重冲击，一方面使得我国的民族文化的特点被削弱，一定程度上会消解民族文化认同，进而影响国家的文化安全。面对文化全球化的影响，中华文化只有保持自己的民族特色，才不至于被"西化""同化"和消解，这就需要实现中华文化的"创造性转化""创新性发展"，建造具有时代感的文化体系。另一方面，文化全球化对我国文化最为突出的影响是文化的同质化。就大众文化而言，处于强势的美国等西方文化，一定程度上也挤压着我国大众文化的发展，进而会影响国家的文化安全。

（二）建设具有强大凝聚力和引领力的社会主义意识形态

增强文化自信，应该维护意识形态和文化安全，进而维护国家安全。习近平总书记在十九大报告中，从"牢牢把握意识形态工作领导权"的高度，提出："意识形态决定文化前进方向和发展道路。必须推进马克思主义中国化时代化大众化，建设具有强大凝聚力和引领力的社会主义意识形态，使全体人民在理想信念、价值理念、道德观念上紧紧团结在一起。"① 习近平总书记在 2018 年 8 月全国宣传思想工作会议讲话中，进一步强调要有效维护我国政治安全和文化安全，要不断增强社会主义意识形态的凝聚力和引领力。

二、坚持用社会主义核心价值观凝心聚力

"各个国家的独特价值组合犹如一个社会的经济指纹，它们是破译一国经济成败的深层因子。"② 回溯历史，每一个大国的崛起，一定与文化价值支撑有关。大国的兴衰、民族的复兴绝不仅仅奠基于物质上，一定要有文化价值的支撑。而最终决定民族命运的，主要取决于文明和文化，而

---

① 习近平：《决胜全面建成小康社会 夺取新时代中国特色社会主义伟大胜利——在中国共产党第十九次全国代表大会上的报告》，《人民日报》2017 年 1 月 28 日。
② 华伟：《世纪交锋——国家竞争力报告》，东方出版中心 1999 年版，第 148 页。

非单单是军事和经济力量。拥有经济和文化双重优势的民族，才是真正强盛的民族，才是有感召力的民族。一个有着远大理想和抱负的民族，绝对不应迷信一时的金钱和财富力量。它可以信赖的，是制度的力量；它可以信赖的，是文化和核心价值的力量。

中国特色社会主义进入新时代，文化的使命有统一思想、凝聚力量的功能而文化的核心是价值观，增强文化自信就要增强价值观自信。2014 年 2 月 24 日，习近平总书记在中央政治局第十三次集体学习时讲话提出要"增强文化信息和价值观自信"，社会主义核心价值观是当代中国精神的集中体现，凝结着全体人民共同的价值追求。国家层面的富强、民主、文明、和谐，是我国社会主义现代化国家的建设目标，我们必须从国家战略层面加以确立；社会层面的自由、平等、公正、法治，是一个社会价值判断的核心，是文化融合或冲突的根源，是引导社会成员形成共识的基础；个人层面的爱国、敬业、诚信、友善，是公民应坚守的道德底线和基本行为准则。覆盖了国家、社会、公民三个层面的社会主义核心价值观，是当代中国社会必须长期遵循的最重要的准则，它是决定社会成员行为选择和价值判断的核心理念，具有相对稳定性和普适性的特点，具有广泛的文化价值意义，对解决当下部分社会成员中存在的信仰危机、价值观紊乱问题具有重要意义；对整合社会多元价值，具有重要意义，可以为民族复兴提供重要价值支撑。

培育和践行社会主义核心价值观。要厘清价值观的层次性，即基本价值观、核心价值观、核心价值体系，针对社会不同的群体加强引导，以便形成共同的价值认同。党的十九大报告提出："以培养担当民族复兴大任的时代新人为着眼点，强化教育引导、实践养成、制度保障，发挥社会主义核心价值观对国民教育、精神文明创建、精神文化产品创作生产传播的引领作用，把社会主义核心价值观融入社会发展各方面，转化为人们的情感认同和行为习惯。坚持全民行动、干部带头，从家庭做起，从娃娃抓起。"①

---

① 习近平：《决胜全面建成小康社会 夺取新时代中国特色社会主义伟大胜利——中国共产党第十九次全国代表大会上的报告》，《人民日报》2017 年 1 月 28 日。

三、弘扬民族精神

民族精神事关民族的兴衰成败。我们不能想象一个精神衰落的民族会是一个强大的民族。正如梁启超所说："凡一国之能立于世界，必有其国民独具之特质，上自道德法律，下至风俗习惯文学美术，皆有一种独立之精神。祖父传之，子孙继之，然后群乃结，国乃成。"① 在数千年的历史进程中，中华民族形成了以爱国主义为核心，团结统一、爱好和平、勤劳勇敢、自强不息的民族精神，这是我们民族文化的灵魂。

民族精神是坚定四个自信的底气。党的十九大报告提出，要"弘扬民族精神和时代精神，加强爱国主义、集体主义、社会主义教育，引导人们树立正确的历史观、民族观、国家观、文化观"②。

弘扬民族精神，增强四个自信。习近平总书记在十三届全国人大一次会议闭幕会上发表重要讲话，指出中国人民在长期奋斗中培育、继承、发展起来的伟大民族精神，为中国发展和人类文明进步提供了强大精神动力，并认为中华民族的创造精神、奋斗精神、团结精神、梦想精神等民族精神是我们坚定中国特色社会主义道路自信、理论自信、制度自信、文化自信的底气。

加强爱国主义教育，引导人们树立正确的历史观、民族观、国家观、文化观。历史联结现在，历史照亮未来。"中国的今天是从中国的昨天和前天发展而来的""历史就是历史，历史不能任意选择，一个民族的历史是一个民族安身立命的基础"。要加强中国古代思想史、中国近现代史、中共党史等教育，突出中华文明的比较优势，突出"历史选择了党、选择了社会主义""人民选择了党、选择了社会主义"的历史必然性，凝聚国民的共识。

---

① 梁启超：《新民说》，《饮冰室合集专集之四》，中华书局 1989 年版，第 6—7 页。
② 习近平：《决胜全面建成小康社会　夺取新时代中国特色社会主义伟大胜利——中国共产党第十九次全国代表大会上的报告》，《人民日报》2017 年 1 月 28 日。

四、建构全民道德信仰

人民有信仰，国家有力量，民族有希望。信仰是人们精神依归，没有信仰的社会，金钱必将成为"上帝"。一个物化的社会，人们对于终极关怀、超越价值、信仰追求，要么遗忘，要么漠视，乃至于蔑视。而一个有着远大理想和抱负的民族，绝对不应迷信一时的金钱和财富力量。它可以信赖的，是道德的力量；它可以信赖的，是信仰的力量。

实施公民道德建设工程。道德是通过社会舆论、个人的内心信念和价值观念来调节人与人、个人与社会之间关系的行为准则，具有约束和调节社会成员行为的功能。没有道德约束的社会必定走向混乱。党的十九大报告指出："深入实施公民道德建设工程，推进社会公德、职业道德、家庭美德、个人品德建设，激励人们向上向善、孝老爱亲，忠于祖国、忠于人民。"这一论述，道出了道德建构的层次性。人伦纲常是社会最基本的道德底线，长期以来，人们对于违背人伦纲常的事难以容忍，一旦出现，必将遭到家庭、社会的强烈谴责，必将遭到无法容身的毁灭性打击。今天，我们要从中华传统文化的"礼义廉耻"等人伦纲常抓起，在全社会形成知廉耻、守诚信、维公义的道德风尚。

五、满足人民日益增长的文化需求

推动文化事业和文化产业发展。文化的产业属性决定了推动文化事业和文化产业发展，承载了满足人民过上美好生活的新期待的使命。党的十九大报告指出："我国社会主要矛盾已经转化为人民日益增长的美好生活需要和不平衡不充分的发展之间的矛盾。"这意味着人民占主导的需求已经从满足物质生活需求为主，向主要满足精神需求为主转型。"满足人民对过上美好生活的新期待，必须提供丰富的精神食粮。"国际经验表明，当一个国家和地区人均 GDP 超过 3000 美元以后，其城镇化、工业化进程会加快，居民消费类型和行为也会发生重大转变，而人均 GDP 10000 美元是从中等收入阶段走向高收入阶段的重要界限。从国外发展的经验看，城市人均 GDP 达到这一水平后，国民经济开始进入到持续稳定增长、经济结构快速升级、城市化水平迅速提升的新阶段。社会消费结构将向发展型享受型转变，相当一部分居民的消费重心向教育、科技、文化、旅游等领域转移，人们对精神文化的需求总量会越来越大。因此，在当前我国黄金发展期，只有加快文化产品供给，才能满足人民不断增长的文化需求。而我国文化产品和服务发展还不平衡不充分，人们的有效文化需求还不能很好满足。"要深化文化体制改革，完善文化管理体制，加快构建把社会效益放在首位、社会效益和经济效益相统一的体制机制。"

完善公共文化服务体系。党的十九大报告提出："完善公共文化服务体系，深入实施文化惠民工程，丰富群众性文化活动。"现代公共文化服务体系、现代文化产业体系和市场体系，代表了我国文化建设顶层设计的基本布局。两个"体系"的提法，是对"文化事业""文化产业"两个方面发展的全面、系统的制度化保障，也是中央在文化领域既强调市场经济健康发展又强调民生保障的充分体现。满足人民对过上美好生活的新期待，满足人民基本文化需求是社会主义文化建设的基本任务。"要推动公共文化服务标准化、均等化，坚持政府主导、社会参与、重心下移、共建共享，完善公共文化服务体系，提高基本公共文化服务的覆盖面和适用性。"构建现代公共文化服务体系，要在政府投入的基础上，引入竞争机制，推动公共文化服务社会化发展。鼓励社会力量、社会资本参与公共文化服务体系建设，培育文化非营利组织。

健全现代文化产业体系和市场体系。党的十九大报告提出："健全现代文化产业体系和市场体系，创新生产经营机制，完善文化经济政策，培育新型文化业态。"当前，我国经济面临转型，从宏观的视角看，发展中的高能耗、高污染、低效益问题日益严重，在现有模式下世界无法承担中国的高速发展。中国还要进步，经济还要发展，GDP 还要增长，解决之道是在依赖科技创新突破资源瓶颈的同时，改变膨胀了的炫耀式消费习惯，在满足物质需求的同时，还要满足不断增长的文化需求，以满足人们追求内心深处的幸福感、体验感等需求；从产业的视角看，下一轮经济发展的热点是内容与体验时代的到来，谁把握这个时代，谁就会在竞争中占主导。这一轮竞争的成败将决定一个区域、一个民族未来的生存环境和状态。为了在这一轮竞争中保持优势，"要推动文化产业高质量发展，健全现代文化产业体系和市场体系，推动各类文化市场主体发展壮大，培育新型文化业态和文化消费模式，以高质量文化供给增强人们的文化获得感、幸福感。要坚定不移将文化体制改革引向深入，不断激发文化创新创造活力"。

第五节　推进人类文明互鉴，构建人类命运共同体

中华文明具有难能可贵的"内敛性"，它守中致和、中正仁和。

一、中华文明尚和合的相与之道，强调和谐、和而不同

中华文明信奉道义政治、怀柔远人、天下归心。从历史上看，中国历史上的大一统王朝即使处于军事和综合实力的优势地位，也绝少主动挑起过大规模对外战争；无称霸、无扩张、无殖民、无掠夺、无弱肉强食的炮舰政策，无强加于人的不平等条约。在处理中国和周边国家的关系时，中华文明坚持"礼"的制度、"道义"话语权、"王道"的理念。坚守中华文明的基本价值："己所不欲，勿施于人"——平等的基础；"己立立人，己达达人"——发展的基础；和而不同——民主的基础；以德服人的王道——和平的基础；"天下为公"——全球正义的基础。这些思想充分体现了中华民族智慧和待人处世的博大胸怀，是人类各种文明协调发展的真谛。

二、推进文明交流互鉴，共建人类命运共同体

人类命运共同体。在当代，"没有哪个国家能够独自应对人类面临的各种挑战，也没有哪个国家能够退回到自我封闭的孤岛"①。全球化的问

---

① 习近平：《决胜全面建成小康社会　夺取新时代中国特色社会主义伟大胜利——在中国共产党第十九次全国代表大会上的报告》，《人民日报》2017年10月28日。

题需要从中国文明中寻找力量，化解难题，弥合分歧、形成共识。习近平总书记在十九大报告中再次阐述了"构建人类命运共同体"的构想，提出："要尊重世界文明多样性，以文明交流超越文明隔阂、文明互鉴超越文明冲突、文明共存超越文明优越。"①

（一）超越文明中心论，重塑文明多元性

古老文明自身多具有多样性。中华文明内部保持着丰富的多样性，形成了既有统一性又有差异性的治理体系。在宗教关系上，中华文明强调"多元通和、政主教从"，比西方更早提出政教分离；在民族关系上，中华文明强调多元一体，既有一个共同的中华民族，又有各具特色的少数民族；在国家结构上，中华文明既有一竿子插到底的郡县制，也有因俗而治的"一国多制"传统。

（二）超越单一现代化，探索多样现代化

文明多元化决定了现代化道路的多元化。同一个现代化，有拉美模式、有东亚模式、有阿拉伯模式和中国模式。同样是市场经济，美国有新自由主义市场经济，德国有国家与市场相结合的市场经济，中国有社会主义市场经济。即便在民主政治内部，美国的三权分立与英国的君主立宪不同；欧美的选举政治与亚洲的选举政治也不同。每一个国家根据自己的国情寻找符合自身发展的道路，恰恰是多元文明的特征。

（三）超越文明冲突，促进文明对话

文明冲突的根源不是古老文明的现代复兴，而是单一文明的唯我独尊。相比文明冲突论，各大古老文明都有对话协商的文化传统，中华文明信奉"各美其美，美人之美，美美与共，天下大同"。中华文明追求天下为公的大同境界，而非弱肉强食的丛林法则；坚持"远人不服则修文德"的沟通方式，而非"力量即正义"的实力原则。"和平共处五项原则"，有助于跳出西方二元对立的思维模式，弥合东西方文明断裂的鸿沟，以合

---

① 习近平：《决胜全面建成小康社会　夺取新时代中国特色社会主义伟大胜利——在中国共产党第十九次全国代表大会上的报告》，《人民日报》2017 年 10 月 28 日。

作共赢的新思维代替零和博弈的旧思维。因此，以文明对话超越文明对抗，是早已为古老文明所印证的共生共存智慧。

（四）超越文明优越论，促进文明交流互鉴

现代西方文明具有根深蒂固的"文明优越感"，而古老文明历经风雨荣辱，既不妄自尊大，更不妄自菲薄。单一的西方现代工业文明如果不与各大古老文明交流借鉴，更加无法成为普世文明。① 汤因比告诫说，西方在经济和技术上影响和征服了全球，但是却留下了政治上的民族国家林立世界的超级难题，这个政治真空将由中华文明来补足。而只有中华文明，才能真正给予世界永久的和平。因此，汤因比对未来人类社会开出的药方不是武力和军事，不是民主和选举，不是西方的霸权，而是文化引领世界，这个文化就是我们博大精深的中华文明。

"文明因交流而多彩，文明因互鉴而丰富。"在当代，中华文明一定会在推进人类文明互鉴，为人类对更好社会制度的探索提供中国方案，讲好中国故事，发出中国声音，打造具有中国特色、中国风格和中国气派的话语体系，为构建人类命运共同体，为人类和平发展作出重要贡献。

---

① 参见潘岳：《中华共同体与人类命运共同体》，《学习时报》2018年12月19日。

第 二 部 分

文化自信：民族复兴的价值支撑

第 四 章

大一统国家的成功再造

　　文化自信不是空口喊出来的，而是由深厚的历史积淀与传承所铸就的中华文明独特的价值理念系统所支撑的。中华文明既作为一个统一国家的形态存在，也作为一种民族多元一体的实体存在，也作为历史文化而存在，也作为一种国族信仰而存在。何以中国？何以中华文明？这是我们第二部分具体探讨的内容。在这部分中，我们将探究中华文明能够以国家形态存续的秘密，就在于大一统与天下秩序的理念及其制度支撑；我们将解释为何西方学者称中国为佯装成民族国家的文明体的原因，并解释造成这一局面的价值与制度原因；我们将探究中华文明是在不断民族融合的基础上由众多民族与文化所淬炼而成；我们将探究中华文明的正统性与法理性依据，即中华道统的来龙去脉及对当下的指导意义。

第一节　统一国家是中华文明国家治理的常态

　　历史学界盛行的秦汉与罗马的比较，意在说明秦汉之后还有隋唐，而罗马之后再无罗马的原因。从中西文明的比较中，我们会发现中华文明能够保持统一的国家实体而绵延，而罗马帝国之后，欧洲随即陷入四分五裂的封建王国并立的状态。这其中的秘密究竟何在？我们将从大一统和天下理念、中央集权、郡县制、皇帝制、儒法国家、科举制、士人精神、宗族制、地方治理等多个角度解释这一原因。

一、大一统思想与天下秩序

与世界其他文明古国相比，中国是唯一一个以国家形态维系不断的文明。辉煌灿烂的古印度哈拉帕文明、两河流域的古巴比伦文明、尼罗河流域的古埃及文明都已经烟消云散，不见踪迹。而中国之所以能保持文明延续的不断流，并在近现代浴火重生，旧邦新命，成就今日之新中国，很大程度上归因于中国很早就锻造出大一统的国家治理机制。

学界对于中国为何能维系长期存在有很多经典的讨论。来自民族学界的费孝通先生认为中国能从中原的核心区域不断壮大、吸纳周边异族而最终形成多元一体的中华民族，是由于由华夏族演变而来的汉族能像滚雪球一样，不断吸收容纳周边民族而不断壮大的民族融合过程。汉族之所以能保持对周边异族强大吸引力的原因在于先进的精耕细作的农业经济、中原最先发明的视觉符号——汉字，以及游牧民族与中原汉族的经济、政治与民族的双向融合。[①] 由此构成汉族为凝聚核心、多元民族共存的中华民族多元一体的格局，这是经由历史形成的实体，而非想象与建构的抽象概念。

来自历史学界的许倬云先生认为中国能维系长期存在，而且中国的国家与社会关系能保持合作而非对抗的关系，其原因在于：亲缘团体、精耕细作的农业经济与文官体系。[②] 亲缘团体是指中国的族群融合是以亲情血缘而非地缘来构造，由此造成中国的家庭、社群以至于国家组织都以家庭伦理来构建，形成"家国同构"的政治伦理。同时也使得中国人在面临外部威胁与共同敌人时能维持强大的内部凝聚力。精耕细作的小农经营能保证中国不至于形成古罗马那种主奴固化的阶级压迫关系。文官体系既培养了一大批以天下为己任的士大夫，同时也是一种理性化的、循名责实的

---

① 参见费孝通：《中华民族的多元一体格局》，《北京大学学报（哲学社会科学版）》1989年第4期。
② 参见许倬云：《中国古代文化的特质》，鹭江出版社2016年版，第46页。

兼具工具理性（选拔人才、量能授官）与价值理性（贯彻儒家理念）的官僚制，确保了大一统国家的政令执行，以及维系国家与社会之间的双向互动。在各大文明古国中，唯独中国建立了一套以文治为取向的官僚体制，中国文官体系的意识形态始终统摄于儒家思想之下。而儒家思想强烈的文化使命感及天下一家的观念正是促使中国保持统一的要素。[①] 文官体系配合科举制，既能把社会中最优秀的人才选拔到国家机构中担任官职，同时也能把王朝的国家意志、道德教化、政令措施等贯彻到民间社会。

从历史上梳理，中国自从夏商建立部落国家联盟的国家形态以来，中国的农耕文明形态就决定了必须采取大一统中央集权的方式，锻造出一个超大型的统一国家。在中国这样一个拥有广阔地域、村落遍布的农耕文明大国之中，集中这片辽阔土地的人财物构成疆域大国，以对抗北方的游牧民族入侵以及维系农耕文明，是造成中国构成超大型中央集权国家的重要原因之一。美国社会学家魏特夫曾经指出，中国之所以形成所谓的"东方专制主义"，是由于大规模治水灌溉工程的需要。[②] 我们不认同魏特夫所谓的"专制"论断，但是大规模的工程与中央集权的国家形态之间肯定存在着紧密的关联。

照许倬云看来，夏后氏维系的是一种笼统的霸权。到了商王朝，强大的商族建立了"商邑翼翼，四方之极。赫赫厥声，濯濯厥灵"（《诗经·商颂·殷武》）的强大王权国家。许倬云说商王朝的统治呈现"同心圆"的布局。商王朝疆域，已经超越了黄河中游，代表了后世"中原"观念的范围。商王朝的统治，并不是直接的治理各地。首都称为"大邑商"，在首都的外围，许多子姓的王族——所谓"多子族"，拱卫都邑。有的王后也自己率领部下，居住在都城四周的某一处。再外面，则是商人友邦；最外圈，却是一些称为"方"的族群国家，例如，土方、人方等。这一个同心圆的布局，在中国历史上，就成为一个模式，所谓"内服""外

---

① 参见许倬云：《中国古代文化的特质》，鹭江出版社 2016 年版，第 67 页。
② 参见［美］魏特夫：《东方专制主义》，徐式谷等译，中国社会科学出版社 1989 年版，第 97—105 页。

服""五服""九服"等。① 虽如此，但是学者大多认为夏商两朝都不是疆域国家，而是部落联盟，以都城和分布于其周边的众多"据点"构成，不是地域管辖，不是基于领土的统治。

到了西周，小邦周剪灭大邑商，周人建立了"皇天无亲，惟德是辅""天命靡常""敬天保民"的天命传承观。为此，周人以血缘为纽带建立了"分邦建国"的封建制国家，其中的要义在于拥戴天下共主周天子之下的"分土而治"。而"大一统"的思想就是肇始于周代政治实践的一种政治神学观念。《诗经》中形象地描绘这种大一统格局："普天之下，莫非王土。率土之滨，莫非王臣"（《诗经·小雅·北山》）。按照朱苏力的观点，夏商两朝只有"封"，没有"分"，也没有"建"，只是部落国家或部落联盟国家。这意味着政治上缺乏理性化，各封国尚未经制度系统的理性整合。而西周则大不同，西周天子把土地和民众分给子弟功臣，又建立各诸侯国，各国也都有等级区分。这意味着，西周的政治治理已由部落社会的对人普遍管辖转向基于地域的普遍管辖。所有财富和权威的最终来源是周天子，分和建是周天子积极行使一种独占的政治权力，不再如夏商仅仅消极承认原有部落或诸侯的实力。这强化了周天子与各诸侯国的关系，也即广义的央地关系，等级分封，虽不是科层，却有了一个理性设计的体系。② 因而可以说，西周开始追求层级化对疆域/领土的稳定控制，实际从概念上提出了一种其实是中央集权制的行政体制。③

除了分邦建国的政治实践，周代的封建制对于中国来说，更重要的是在观念上贡献了"大一统"与"天下秩序"的观念。大一统思想始于西周上层文化、"天子"观念和"统治四方"的话语。大一统的政治架构围绕着周天子的至高王权展开，周天子作为天下共主统领各诸侯国，"礼乐

---

① 参见许倬云：《说中国：一个不断变化的复杂共同体》，广西师范大学出版社 2015 年版，第 39—40 页。

② 参见苏力：《大国宪制：历史中国的制度构成》，北京大学出版社 2018 年版，第 230 页。

③ 参见苏力：《大国宪制：历史中国的制度构成》，北京大学出版社 2018 年版，第 223 页。

征伐自天子出"(《论语·季氏》)。虽然在春秋战国乱世，王纲解组，周天子的权威受到削弱，但是大一统思想正是要强调突出周天子统领天下、作为天下共主的权威，天下诸侯皆统系于周天子。齐桓公的尊王攘夷正在于此。所以《春秋公羊传·隐公元年》载："何言乎王正月？大一统也。"徐彦疏："所以书正月者，王者受命制正月以统天下，令万物无不一一奉之以为始，故言大一统也。""大"是指"重视、尊重"。大一统最初是用来强调王者受命改制的合法性，是解释王朝更替的理论，《春秋公羊传》主张在易命改朝之际新王要通三统，"帝王必改正朔，易服色，所以明受命于天也"(《汉书·律历志》)。

到了战国乱世，礼坏乐崩，王纲失坠，大一统思想出现断层，得益于士大夫阶层崛起，由他们承担起拯救和促进大一统的使命。《论语》《墨子》《老子》《商君书》也就是说儒道法三家都提出了大一统的思想，只不过一统的方式不同。荀子劝说重用法家的秦昭王："四海之内若一家，通达之属，莫不从服，夫是之谓人师。"(《荀子·儒效》)儒家希望以仁义之道实现王道的一统，法家希望以法术（严刑峻法、富国强兵）实现霸道的一统。

而到了秦汉建立大一统国家后，大一统的意思就引申为国家在政治和思想文化上的高度统一。《汉书·王吉传》载："《春秋》所以大一统者，六合同风，九州共贯也。"真正系统发挥《春秋》大一统思想的是汉代董仲舒。他说："《春秋》大一统者，天地之常经，古今之通谊也。"(《汉书·董仲舒传》)汉武帝依据董仲舒的建议复古更化，改正朔、易服色，罢黜百家，独尊儒术，从而真正建立了政治上、经济上和文化上的大一统国家。汉代盛行的儒家今文经学派标举"春王正月"，彰显"大一统"，即以春代表宇宙的秩序，王代表人间的政治秩序，万民奉正朔代表两者之间的一致性。这种思想模式，当是与政治上天下国家的出现互相呼应。①

---

① 参见许倬云：《万古江河：中国历史文化的转折与开展》，湖南人民出版社 2017 年版，第 124 页。

可以说，在中国持续不断的历史中，每当国家分裂、政治动乱之际，大一统思想之所以能维系不坠，有赖于士人的"天下观"，中国长达两千多年的大一统局面实际上有赖于士人对大一统的维护，这是一种强大的向心力量，保证了分裂局面最后能走向统一。

大一统思想与天下秩序的观念之间存在着互相决定的关系。周代的封建政治贡献的"天下秩序"的观念也是保证中国长期维系并不断吸纳周边异族而成为多民族、多文化的"天下国家"的重要原因所在。许倬云说，周代的天下秩序的特征是"多元而渐变，共存而不排他"。天下没有边界，只有逐渐向外扩散而淡化的影响力。周代的天下秩序把中原文明作为文明的核心，由此核心不断向外辐射，吸纳周边多元的民族与文化，从而熔铸成为一个多元的、复杂的、相互包容的、开放的文化共同体。① 著名哲学家赵汀阳认为，天下秩序的核心是"天下无外"与"王者无私"的原则，因而具有极强的开放性与包容性。所谓"天下无外"，就是建立一个没有任何外部性（externalities）的万民共享社会。天下秩序不具有排他性，没有自我—他者的对立意识，因而能够把异质性的"他者"转化为"我人"，形成文化共同体。在赵汀阳看来，法定制度的天下体系实为周朝的创制，天下秩序是中国的世界史，而秦朝代之大一统的国家制度，中国的国家史开始了。天下无外的理想本来是"以天下为一家，以中国为一人"，但由于周朝天下体系的终结，无外的理想便收缩为后半句（天下故事收敛为中国故事），化为中国内部的多元兼容原则，正是这个原则保存了天下的基因，使内含天下结构的中国具有政治现实性。② 这也是中国能从中原的核心区域不断向外扩展最终成长为容纳多民族多文化的复杂共同体的文化原因之所在。

自从周代宗法封建制崩溃以来，中国之所以能维持长达两千多年的统

---

① 参见许倬云：《说中国：一个不断变化的复杂共同体》，广西师范大学出版社 2015 年版，第 47 页。

② 参见赵汀阳：《惠此中国：作为一个神性概念的中国》，中信出版社 2016 年版，第 24 页。

一国家的文明形态，以"天下一家，中国一人"的天下理念维持了华夏文明不断流的延续，正是在于"大一统"的思想。概言之，政治大一统是中华文明的重要根柢。大一统思想熔铸的"家国共同体"传统孕育了家国同构、修齐治平、以天下为己任、人文化成、文明以止的责任伦理、文明担当与家国情怀。

二、"百代皆行秦政法"与儒法国家

大一统治理模式有助于实现全国一盘棋、调动各方面积极性、集中力量办大事。在中央与地方关系上，大一统模式实现了中央对地方的垂直管辖。大一统所赖以维系的重要制度有郡县制、官僚体制、皇帝制度以及文化思想上的一统举措（如书同文）。以法家思想为指导的秦国吞并六国统一天下，实行地方官员由君主直接任命的郡县制，建立理性化的官僚体制，从而建立中央权威"一竿子插到底"的强大中央集权制，开创了"百代都行秦政法"（毛泽东：《七律·读〈封建论〉呈郭老》）的秦制。美国政治思想史家史华兹高度赞赏法家思想的客观性、理性主义与非人格化精神，他认为法家"循名责实"的名实论对建立理性化的、专业化的官僚体制起到了相当大的促进作用。① 美国政治学家福山在他的新书《政治秩序的起源》中认为，早在秦朝，"中国就独自创造了韦伯意义上的现代国家，即，中国成功地发展出了一个中央集权的、统一的官僚政府，去治理广大的疆域与人口"②。秦王朝具备了军事动员、征税、维持社会秩序、提供基本公共服务等国家能力，早在两千年前中国就完成了国家建构。中华民族共同体在秦汉就实现了车同轨、书同文、行同伦的文化统一。正如梁漱溟先生所说："它（中国）原是基于文化的统一而政治的统

---

① 参见［美］本杰明·史华兹：《古代中国的思想世界》，程钢译，江苏人民出版社 2008
年版，第 454—455 页。

② ［美］弗朗西斯·福山：《政治秩序的起源》，毛俊杰译，广西师范大学出版社 2014 年
版，第 25 页。

一随之，以天下而兼国家的。"① 汉代实行的"编户齐民"实现了国家成员身份无差异化，同时实现了国家对民众的有效管辖与国家税赋的有效汲取，增强了国家治理能力。政治上的大一统保证了传统中国不至于走向四分五裂而最终维系统一的格局，同时也能避免西方民主竞争性选举导致的效率低下、议而不决、内斗内耗的问题。

秦汉之后历代王朝的政治组织大同小异，即所谓的"百代都行秦政法"。尽管中央和地方政府的组织、官制和名称变化巨大，但从大历史的视野看，由于稳定税收的支持，秦汉后历朝历代坚持了皇帝（有时甚至是象征性地）总统下的政、军、监察的制衡治理，在不断演进的全国性政治精英选拔制度基础上，形成了以俸禄制支持、由政治精英组成的各级政府，形成组织化、职业化和官僚化的文治。这种治理形式在组织内部通过各层级和各方面合作并为最后经皇权整合的国家治理提供了基础，同时也有效分解了政治治理的权力，不在其位不谋其政，各守其职，最大限度地排除了组织管理中的不稳定因素，大大提高了组织活动的效率。②

维系大一统国家治理的重要制度载体是文官体系。秦始皇统一中国所实行的书同文、车同轨、统一度量衡以及开疆拓土、北御匈奴、南征苗夷等大一统举措，对于塑造中国的国家认同与巩固思想文化的中国认同，起到了至关重要的创制作用。秦国建立的"以法为教、以吏为师"的官僚体制，实现了高度的政治理性化。实际上，真实的中央集权体制一定是也只能是官僚制，必须由众多政治精英组成从中央到地方层级分明的官僚机构。政治也必须高度理性化，这意味着一定要规范官僚机构，统一各地和各层级的政府，必须有统一的法典和政令。韩非子讲，"明主治吏不治民"（《韩非子·外储说右下》），其实并不是不治民，而是君主操控庞大的官僚体系使之依法治民。官僚体系成为君主和人民之间的中介，由此法治的实现依赖于官僚体系能够将法律贯彻到底。正因为有了"书同文"

---

① 梁漱溟：《中国文化要义》，上海人民出版社 2005 年版，第 259 页。

② 参见苏力：《大国宪制：历史中国的制度构成》，北京大学出版社 2018 年版，第 297—298 页。

与统一官话（中原雅言），才有了夏商以来从部落国家的"华夏"向疆域国家的"中国"的转变，才使得依据成文法令统一治理各地方，特别是令"率土之滨，莫非王臣"这一西周初年的制度愿景成为真实。①

许倬云提出，秦始皇巡游中国，其行程的重点都在边缘地带：陇西、碣石、会稽——似乎都在确认帝国的边界。秦筑长城，绵延北疆，也是确认边界的意义。凡此诸种现象，显示秦帝国是一个有边界的政治体，还不是真正包有六合的普世天下国家。所谓的普世天下国家，是指把全部人类世界都当作一体，从中央到地方，只有主权的委托，而没有主权的分割。天下国家是从天边到天边，只有统治权的顺位，没有边界的区划。然而，"西涉流沙，南尽北户。东有东海，北过大夏。人迹所至，无不臣者"（《史记·秦始皇本纪》），隐含了四方、四海诸意，又代表了天下国家的观念。到了汉代，汉承秦制，经过四代休养生息，到汉武帝的时代，汉皇朝才在各方面界定中国是天下国家的普世性质。② 赵鼎新认为，西汉时，经汉武帝的推崇，由董仲舒等多人改造而成的"官方儒学"上升为政治显学和国家意识形态。此后两千多年中国的政治形态基本上可以被看作是一个"儒法国家"，即一个奉儒家学说为合法性基础，同时采用工具主义的法家作为御民之术的、中央集权的官僚制国家。③

由皇帝制、郡县制、文官体系、选人体系（先是察举、后是科举制）、书同文等大一统的制度建设与举措，巩固与强化了以中原文明为核心而扩展形成的"中国"的形成，从而形成共同的历史、共同的国家认同以及共同的文化血脉，熔铸在民族的文化心理结构之中。中国统一国家的锻造离不开秦皇汉武的武力拓边（北御匈奴、南征苗夷、开通西域）、强有力地加强中央集权的各种举措（废诸侯王、推恩令、盐铁专营等），

① 参见苏力：《大国宪制：历史中国的制度构成》，北京大学出版社2018年版，第350页。
② 参见许倬云：《万古江河：中国历史文化的转折与开展》，湖南人民出版社2017年版，第114页。
③ 参见赵鼎新：《中国大一统的历史根源》，《文化纵横》2009年第6期。

离不开各种大型的工程设施的建设（如修筑长城、建设水利设施、开凿运河等），离不开国家强有力的意识形态教化工作（把儒家确立为思想正统）等。在这些政治的、经济的、文化的大一统举措的实施之下，中国的国家认同逐步确立，虽然这个时候的中国更多意味的是一种"天下国家"的文化共同体，而非现代意义上国界清晰、主权意识明显的民族国家。诚如赵汀阳所说，正是因为秦汉之后的中国继承了周代的"天下秩序"的理念，建立了一种内含天下结构的国家。因为在中国人心中，自然天道具有神圣性，而天下是最接近"天"的概念，天下复制了天的无边无限性，而中国因为内含了天下的结构而达到了"配天"（周人的天命观就是以德配天），与自然相一致。因而中国这个概念具有了神圣性，成为"神州"，成为中国人的精神信仰。这种中国的信仰本身也是确保中国维持同一性、历史性以及长期存在的重要保障。①

秦汉的大一统郡县制国家奠定了此后两千多年中国国家形态的根基与规模。尽管历史上中国经过多次国家分裂时期，但统一始终是主流与必然的历史趋势。在与周边少数民族政权并立且互动的大历史视野中，中国这种天下国家渐渐具备了一些近代民族国家的特性。尤其是在宋代国力微弱的时候，士人形成了区分自我与他者（强调夷夏之防）的中国意识与正统意识，强调汉族中原文明的正统性。葛兆光指出，具有清晰边界意识与模糊主权概念的民族国家雏形在宋代已经形成，这成为中国近世民族主义的滥觞。因而准确地说，传统中国兼具了天下国家与有限国家的双重特性。② 这也导致了中国在构建现代民族国家问题上的复杂性与艰难性。在近代民族主义大潮的冲击下，晚清的革命党人曾经提出过激进的"驱除鞑虏，恢复中华"的主张，然而这毕竟不符合传统的天下观念，这种思想很快就被抛弃。从晚清的天下国家向近代民族国家转型的关键时刻，在

---

① 参见赵汀阳：《惠此中国：作为一个神性概念的中国》，中信出版社 2016 年版，第 65 页。
② 参见葛兆光：《宅兹中国：重建有关"中国"的历史论述》，中华书局 2011 年版，第 28—29 页。

各种政治势力努力之下，中国依然能回到传统的天下观与以文化而非以种族辨夷夏的思想，以"五族共和"的创造性方案，基本上继承了清代的疆域规模，在此基础上，以中华民族多元一体的共同体思想建立了统一的多民族的现代中国。

第二节　建构文明型国家的制度与治理体系

传统中国之所以是"文明型国家"而非民族国家的原因在于四个方面：一是唯独中国建立了一套以文治为取向的官僚体制，以人文教化实现文化的整合与政治的统一；二是中国并非君主专制，而是由君主与士大夫共治天下（君绅共治）的权力运行方式保证了贤能政治；三是中国由乡绅领导的地方自治与由宗族制度实现的地方治理，实现了中央集权与地方有效治理的统一；四是中国的国家治理在对内与对外两方面采取了多样的、差异化的治理体系与制度，体现了一个"天下国家"多元包容、和而不同的兼容性、开放性与普世性。

一、何为"文明型国家"？

一般认为，学界用"文明型国家"来界定中国是从美国政治学家白鲁恂开始的，英国剑桥大学马丁·雅克教授继续使用该词①，后来，复旦大学张维为也同样使用。但是根据赵汀阳的考证，最早使用"文明"来定义中国这一独特国家形态的人是法国汉学家葛兰言，葛兰言在其所著《中国文明》中已经使用该词。葛兰言在该书"序言"中指出，统一共同体的情感决定了古代中国人保护他们自己，防御来自蛮族联盟的侵略，这促使他们以建立大帝国的方式来接受统一这一事实。这样，他们的文明便达到了我称之为"一种渐进组合形成了的文明"。这文明是一种强大、活

---

① 参见［英］马丁·雅克：《当中国统治世界：中国的崛起和西方世界的衰落》，张莉、刘曲译，中信出版社 2010 年版，第 161 页。

跃的组合，被它卷进去的人民并没有任何觉得是被迫乃至受高压不得不承认这一文明的感觉，并且这一文明处在统一国家的观念之下。①

问题在于，为何只能用"文明型"来界定中国文明而其他的文明古国不能用呢？同样的，基督教、伊斯兰教、印度教、佛教都曾孕育出伟大的文明形态，现在的美国也是多元文化的熔炉。虽然其他三大文明古国都不再以国家的形态存在，但是他们的文明确实流传下来，演化、融入到当代文化之中。赵汀阳指出用"文明"去定义国家难以表达明确的政治性质，他认为王铭铭的"文明体"概念也许比"文明国家"更为恰当（不从政治而从人类学视野去理解中国）。②

其实要回答这个问题，首先需要澄清两个容易被误解的命题：第一，传统中国是一个主权民族国家；第二，古代中国是一个帝国。第一个命题非常容易理解，已经是学界公认，中国不是民族国家就在于天下概念、配天、无外和协和万邦等根本原则。因而中国是天下的缩版（microcosm）。其实，在历史上，认为现代国家必须是民族国家是一种很狭隘的思维。事实上更多的现代国家是合众国的形态，而且越来越多国家正演变为合众国，成为国家的主要类型。无论在地理上还是在历史上，民族国家都不是国家形态的主流，而是一隅（欧洲）一时（欧洲三十年战争）之结果。"诞生于长期宗教、政治冲突的主权/民族国家体系，并非一个事先构想好的宏伟的文明蓝图，而是在错综复杂的权力格局中，各方边打边讨价还价的产物。"③ 关于这一点，赵鼎新也论述过，他认为西方近代工业资本主义的发展是与民族国家在宗教战争的战火中诞生紧密相关的，而这并非历史发展的必然性，而带有一种偶然性〔历史的非预期后果（unintended consequence）〕。赵鼎新说：

在其他文明中，精英们虽然也为争夺主导权而展开竞争，但他们

① 参见［法］葛兰言：《中国文明》，杨英译，中国人民大学出版社 2012 年版，第 6 页。
② 参见赵汀阳：《惠此中国：作为一个神性概念的中国》，中信出版社 2016 年版，第 32 页。
③ 宋念申：《发现东亚》，新星出版社 2018 年版，第 86 页。

的竞争很少会破坏社会中制度化的精英关系。不过，在欧洲，精英的构成极其复杂和多元——包括处于统治地位的政治行动者、贵族、教会以及（在中世纪盛期以后才步入这个显赫圈子的）资产阶级——他们之间的关系自西罗马帝国崩溃以后并没有得到稳固的制度化。工业资本主义（还有民族国家）不期而然地闯入我们的历史，并非是什么"历史的进步"，而是欧洲精英之间的竞争与冲突一直未能被有效制度化的非预期后果，而正是这种未被制度化的竞争，一次又一次地改变着各个精英集团之间的权力格局，并为那些能够催生出工业资本主义和民族国家的新因素的出现创造了空间。①

言外之意，中国之所以不会产生工业资本主义，与中国很早就实行了科举制与宗族制、君绅共治以及建立了理性化的文治取向的官僚制等有莫大关系，这些制度保证了中国社会阶层的上下流动性以及精英之间竞争的制度化。最重要一点是，这些制度有效抑制了中国商人形成一个强大的有自觉意识并以独立自治市镇为基地向国家索取权力的政治阶层，这也要归因于儒家的强大文教体系把这些所谓资本主义萌芽的因素"化"掉了。其实，西方汉学家之所以要用"文明型国家"来定义中国，是因为他们的心中只有传统帝国与现代民族国家这两种认知。那当中国无论如何也不适于套用"民族国家"的范畴时，他们看出了中国更本质意义是一种文明的形态。

二、文明型国家的制度与治理体系

关键在于，如何理解这个"文明"。当然其他文明形态也有灿烂的文明，中国之所以称为"文明型国家"，从根本上说，中国文明的内在特质，具有注重教化的政教和认知理念，这种政教传统和理念世界明显地区别于其他的文明形态。具体说：

第一，中国被称为"文明型国家"在于中国的文官体系与选官制度

---

① 赵鼎新：《加州学派与工业资本主义的兴起》，《学术月刊》2014年第7期。

（先是察举、后是科举制）。各文明古国之中，唯独中国建立了一套以文治为取向的官僚体制，以国家的意志推行一整套关于文明的礼乐教化体系，培养造就的是马克斯·韦伯所谓的"有教养的文质彬彬的不以掌握专业行政技术为目标，而以掌握诗书礼义、典章制度能通今博古的君子不器式人才"。韦伯说："'君子不器'这个根本的原理告诉我们，君子是目的本身，而不只是作为某一特殊有用之目的的手段。……（儒家）主张培养出具有通才的'绅士'（Gentmen）或'德沃夏克'（Dvorvak）所译的贵人（君子）。这种建立在全才基础上的'美德'，即自我完善，比起通过片面化知识（Vereinseitigung）所获得的财富要来得崇高。"① 所谓"文官体系"，中国这套可谓西方古典的博雅教育。这造就了中国的贤能政治，而把世袭的贵族政治铲除。欧洲长达千年的中世纪封建国家根本无法想象这种选贤举能的考试制度，而长期笼罩在靠血缘出身决定官员资格的贵族政治之下。科举考试的内容是儒家的典籍和诗文水平，造就了中国官吏的人文主义和文治精神。科举考试的标准不是成为行政专家的技术本领，而是通晓诗文、能引经据典的书写本领和堪称全才的人文修养。而真正负担行政任务的是那些熟悉地方事务的幕僚门客等人，这些是"刀笔吏"，这是古代中国的官吏分途。19世纪英国的文官体系改革就是借鉴了中国的科举制度的成功经验。

在各大文明古国中，唯独中国建立了一套以文治为取向的官僚体制，以国家的意志推行礼乐教化，进而实现文化上的整合。中国的文官体系是工具理性与目的理性的结合，在前者是为了以最公平的方式选拔人才，在后者是使人才具备儒家意念。因此，文官体系造就了一大批以天下为己任的士大夫群体。中国文官体系的意识形态始终统摄于儒家思想之下，其强烈的文化使命感及天下一家的观念也是促使中国保持统一的要素。② 正如葛兆光指出，从唐宋以来一直由国家、中央精英和士绅三方面合力推动的

---

① ［德］马克斯·韦伯：《儒教与道教》，洪天富译，江苏人民出版社2010年版，第169页。
② 参见许倬云：《中国古代文化的特质》，鹭江出版社2016年版，第67页。

儒家（理学）的制度化、世俗化、常识化，使得来自儒家伦理的文明意识从城市扩展到乡村、从中心扩展到边缘、从上层扩展到下层，使中国早早就具有了文明的同一性。①

相比于中国，罗马以军事力量控制庞大帝国，"并不存心以教化的力量建立主流思想"②。北方外来族群入侵之后，虽然服膺基督教文化，但是故有族群的复苏，拆散了罗马帝国。罗马的崩解，很重要的原因在于没有中国这种植根于文官制度与察举制度的宗族力量及地方意识。③ 传统中国"选贤与能"的思想与制度建设都是为了保证贤人君子能够领导政治、建设社会、服务人民。传统中国在人才选拔上最伟大的制度创造就是科举制，它保证了社会各阶层人士能够进入政治系统，打破了门阀世族的垄断，实现了人才资源的上下流动。明末清初的来华传教士高度赞赏中国的科举制，认为科举制能选拔社会上最优秀的人才担任官职，实现了"哲人王治国"或"专家治国"。

第二，中国被称为"文明型国家"在于中国的君主与士大夫共治天下（君绅共治）的权力运行方式。古代中国，支撑大一统国家的制度核心创设就是皇帝制度，然而中国的皇帝并非"朕即国家"的自命不凡，而是"奉天承运，受命而王"的承继天命者，是"天视自我民视，天听自我民听"的"敬天保民"者，是代天统治天下的"天子"。中国的皇帝制度是支撑文官体系与官僚制度的基础，也是贯彻从中央到地方一竿子插到底的郡县制的制度基础。然而，这不意味着官僚体系是皇帝的附庸或像马克斯·韦伯所谓的家产制官僚之下对皇帝的人身依附关系，④ 而是指中

① 参见葛兆光：《宅兹中国：重建有关"中国"的历史论述》，中华书局 2011 年版，第 26 页。
② 许倬云：《万古江河：中国历史文化的转折与开展》，湖南人民出版社 2017 年版，第 162—163 页。
③ 参见许倬云：《万古江河：中国历史文化的转折与开展》，湖南人民出版社 2017 年版，第 172 页。
④ 参见［德］马克斯·韦伯：《支配社会学》，简惠美、康乐译，广西师范大学出版社 2004 年版，第 132 页。

国的皇帝制正是官僚体系中不可或缺的一环。皇帝与官僚体系存在着既相互合作又相互抗衡的关系。因而，中国的文官体系保证了国家与社会之间既合作又对抗的关系，但总体而言是合作的关系。甚至于当作为个人身份的皇帝罢工（如明代嘉靖皇帝十多年不上朝）时，王朝政治依然能在文官体系的支配下正常运转。

一般我们从负面的意义批判君主专制，然而事实上，古代中国的皇帝制可以称之为"开明专制"。正如钱穆指出，传统中国实行皇权（皇室）与相府（政府）分开运行的权力体制，皇室代表内廷，而政府是以宰相为首的外廷（三公九卿），他们实行两套不同的班子。内廷任职的皇室官员不能干涉外廷的行政事务，这体现了中国高度理性化的政治文明。钱穆先生指出与西方注重政府主权不同，中国传统政治注重政府的职责与职权划分，从古代经典的民本思想中可以看出。"因此中国社会，一向也只注意如何培养出一辈参加到政府中去，而能尽职胜任的人才，而不去教人如何争取政权。因政权在中国传统政治里早已开放了，任何人只要符合法制上的规定条件与标准，都可进入政府。"① 它关注的不是政治上主权应该归于谁，而是政治上的责任应该谁负的问题。因而中国传统政治不是君主主权，也不是人民主权，而是政府人民都应当担负相应的政治责任和伦理责任，诚所谓"君君、臣臣、父父、子子"。但是一些不懂历史的人经常批评中国传统政治为皇帝一人独裁专制统治，他们没有看到"中国秦以后的传统政治，显然常保留一个君职与臣职的划分，换言之，即是君权与臣权之划分。亦可说是王室与政府之划分"②。

正如朱苏力所说，如果硬套宪制的分类，中国的皇帝制度更像是一种混合宪制，混合了君主、民主和贵族的制度要素。在古代中国，如果真想在这片土地上以农耕村落为基础构成一个政治体，保持较长期的和平，只能通过包括早期天子制的皇帝制。从中国古代政治经验来看，秦汉之后逐

① 钱穆：《国史新论》，上海三联书店 2001 年版，第 114 页。
② 钱穆：《国史新论》，上海三联书店 2001 年版，第 83 页。

渐形成的官僚精英政治的有效运转也要求有皇帝。不是说担任皇帝的按个人一定要比政治精英们优越，只是说精英政治的常态运转必须有皇帝这个制度要件，皇帝本身是中国精英政治的组成部分。古代中国的君主制，以攥沙成团的强力意志，主要通过军事政治手段，无中生有地，将一块足够广阔的农耕村落"拢"在一起，提供并规定人们生产生活繁衍后代必需的最基本的和平和秩序。皇帝制度就是中央集权制度的一个代表，而不是某个自称或被称为皇帝的个人或家族，这个制度的功能就是提供和保证社会秩序。这也可以解说中国很早就拒绝了君权神授理论，一直接受"皇天无亲，惟德是辅。民心无常，惟惠之怀"（《尚书·蔡仲之命》）之类的命题。中国的皇帝制度其实就是一种官僚政治的组织方式，在很多时候，就是马克斯·韦伯的理性的政治或法理型的统治。皇帝制度从来不是皇帝的一人之治，而是由源自各地的国家精英组织成一个延伸到全国各层级政府的严格依据典章规则运转的官僚政治。①

　　第三，中国被称为"文明型国家"在于中国由乡绅领导的地方自治与由宗族制度实现的地方治理。从周代的血统贵族到汉唐的门阀贵族，再到宋代的平民社会以及明清的庶民社会，中国文明不断打破封建的世袭的贵族要素，打破阶层之间的固化，增强阶层之间的流动性。梁漱溟先生说中国文化只有士农工商之职业分途而没有阶级对立。"古时孟子对于'治人'、'治于人'之所以分，绝不说人生来有贵贱阶级，而引证'百工之事固不可耕且为'之社会分工原理。可见此种职业化倾向，观念上早有其根。"② 这从根本上体现了中华文明社会重心不断向下沉淀的开放性（人民性）的精神特质。党的十九届四中全会指出，"构建基层社会治理新格局，完善群众参与基层社会治理的制度化渠道。健全党组织领导的自

---

① 参见苏力：《大国宪制：历史中国的制度构成》，北京大学出版社 2018 年版，第 455—465 页。

② 梁漱溟：《中国文化要义》，上海人民出版社 2005 年版，第 138 页。

治、法治、德治相结合的城乡基层治理体系。"① "注重发挥家庭家教家风在基层社会治理中的重要作用。"② 中国传统社会具有丰富的基层治理、地方自治、德治教化的经验与制度传统，新时代下，我们很有必要借鉴传统中国的乡绅治理经验，解决农村"空心化"难题，实现乡村振兴。

传统中国维持着"皇权不下县"的格局，县以下的地方事务基本上由乡绅来主导，配合官府兴办各种公共事业。费孝通在《乡土中国》中提出"双层模式"，认为中国社会最大的特点在于皇权与士绅两相呼应，即是在中央集权下发挥地方乡绅领导基层建设的作用。③ 金观涛曾提出中国之所以两千年来维持一个超稳定秩序的秘密就在于皇权—士大夫—乡绅的权力结构。处于中间层的士大夫将权力金字塔尖的皇权与最基层的地方治理精英连通起来，他们进而居庙堂，依据儒家理想与学说辅佐皇权治理天下；他们退而处江湖，凭借深厚学识与退休官员之社会资源处理地方上基本事务、兴办教育赈灾等公共工程等。是他们维持了中国两千多年的超稳定结构，但同时也造成了跳脱不出一个循环往复的"内卷化"状态。④

县以下的社会治理基本上是由士绅领导的地方自治，乡绅一般由致仕的官员或者德高望重的士绅担任。他们协助地方政府收税、征派徭役、兴办教育与赈灾等公共事业。他们在地方发挥了道德教化与兴办公共工程的作用。"乡贤在促进宗族自治、民风淳化、伦理维系以及乡土认同等方面起着无可替代的作用。在宗族关系解体的现代社会，结合时代需要建构新乡贤文化，对于推动新农村建设具有重要意义。"⑤ 改革开放以来，中国东南沿海乡镇企业发达的地区往往是宗族文化积淀深厚的地方，儒家的家

---

① 《中共中央关于坚持和完善中国特色社会主义制度　推进国家治理体系和治理能力现代化若干重大问题的决定》，《人民日报》2019年11月6日。
② 《中共中央关于坚持和完善中国特色社会主义制度　推进国家治理体系和治理能力现代化若干重大问题的决定》，《人民日报》2019年11月6日。
③ 参见费孝通：《乡土中国》，江苏文艺出版社2007年版，第69—74页。
④ 参见金观涛、刘青峰：《兴盛与危机：论中国社会超稳定结构》，香港中文大学出版社1992年版，第44—48页。
⑤ 吕福新：《建构新时代的乡贤文化》，《人民日报》2016年12月26日。

庭伦理、宗族文化在一定环境下非但不会阻碍反而可以促进经济的发展。

从文化上看，儒家思想推崇的天下一家、民胞物与、仁者以万物为一体的深厚社群意识，儒家思想以个人修身为起点层层向外辐射、推扩的关系网络，儒家思想"亲亲仁民爱物"（《孟子·尽心上》）的差等秩序等都为现代社会治理提供了智慧与经验。温柔敦厚的诗教、主合同的乐教、主别异的礼教等都意在敦睦亲邻、厚人伦、美教化、移风俗。对当下的社会治理具有一定的启发作用。当今社区治理中的村规民约、居民公约等家庭家风建设的做法是在借鉴传统社会的治理经验。

第四，中国被称为"文明型国家"，还在于中国的国家治理在对内与对外两方面采取了多样的、差异化的治理体系与制度，体现了一个"天下国家"多元包容、和而不同的兼容性、开放性与普世性。

对内方面，传统中国对边疆及域内少数民族采取因地制宜、因俗制宜的差异化的民族与边疆治理模式；对外方面，传统中国建立了以经贸互惠与文明礼仪往来为核心的朝贡体系。英国剑桥大学马丁·雅克教授认为，只有像中国这样的"文明型国家"而非西方式的"民族国家"才能允许并创造了"一国两制"的伟大方案。其实，古代中国早就开创了"一国两制"甚至"一国多制"的治理方案。[1]

中国之所以能长期维系一种多民族大一统国家格局，而不像罗马帝国那样昙花一现，欧洲分裂成邦国林立的状态，就在于罗马帝国没有形成强烈的统一文化认同以及无法消弭的种族冲突。历史学界曾经盛行的对秦汉王朝与罗马王朝的比较研究，充分印证了文化认同、族群认同在推动大一统国家形成上的重要作用。两者都作为超大型的政治体，为何秦汉之后中国能维系连续性的大一统格局，而罗马之后欧洲再无一统的局面分裂成为众多的封建王国，以至于形成后来诸国林立的现代民族国家。其中的原因，钱穆先生指出在于两者以下三点的不同：立国精神的不同、种族融合

---

[1]　参见［英］马丁·雅克：《当中国统治世界：中国的崛起和西方世界的衰落》，张莉、刘曲译，中信出版社 2010 年版，第 171 页。

的差异、阶层分化的差异等因素。"罗马乃一中心而伸展其势力于四周。欧、亚、非三洲之疆土，特为一中心强力所征服而被统治。仅此中心，尚复有贵族、平民之别。一旦此中心上层贵族渐趋腐化，蛮族侵入，如以利刃刺其心窝，而帝国全部，即告瓦解。此罗马立国形态也。秦、汉统一政府，并不以一中心地点之势力，征服四周，实乃由四周之优秀力量，共同参加，以造成一中央。且此四周，亦更无阶级之分。所谓优秀者，乃常从社会整体中自由透露，活泼转换，因此其建国工作，在中央之缔构，而非四周之征服。"① 简言之，中国的立国模式并不是向外征服，而是向心凝结。而确保向心凝结的根源在于中国的四方力量对于中原核心区域所代表的华夏文明有一个共同的文化认同，进而能消弭不同族群之间的分歧，促成共同体信仰的完成。上文已述，这也跟中国天下观念具有极强的兼容性与开放性有关，任何认同中华文化的异质性他者都可以被接纳为中华大家庭的一员。

从具体制度上讲，传统中国对待边疆少数民族与中原内地实行差异化的治理。对于边疆的少数民族，中央王朝一般实行"羁縻"的间接统治，不实行直接管理。如汉代设立的安西都护府，其职责是以中央王朝的武力保障来维持、协调西域诸国之间的关系，保证丝绸之路的畅通。"羁縻"最早见于《史记·司马相如传》："盖闻天子之于夷狄也，其义羁縻勿绝而已"。

所谓"羁縻"的实质是以夷制夷，因其俗以为治，即以怀柔安抚为主，武力震慑为辅，恩威并施的政策。羁縻政策依然保持少数民族原有的社会组织形式和管理机构，承认其酋长、首领在本民族和本地区中的政治统治地位，任用少数民族地方首领为地方官吏，除在政治上隶属于中央王朝、经济上有朝贡的义务外，其余一切事务均由少数民族首领自己管理。对于境内的少数民族地区，虽然在版图之内，但朝廷并不过问内部事务，只是通过首领来实现间接统治，如元代以来的土司制度。土司制度表面上

---

① 钱穆：《国史大纲》，商务印书馆 1996 年版，第 13—14 页。

是羁縻手段，实际上通过派遣流官来进行治理。明中期又逐渐采取"改土归流"政策，逐渐纳入郡县制轨道。

中国历史上两个由北方游牧民族建立的超级大一统多民族国家元朝与清朝，在对内的多元治理体制上开创了诸多先进的制度。元朝开创了加强中央集权对后世影响深远的"行省制度"。清朝更是在政治体系与宗教信仰上实行"混一满蒙"的政策，皇太极以蒙古大汗的身份将缺乏统一政治认同的、松散的蒙古部众联盟（蒙古语的 ulus "兀鲁斯"意为国家）编入体制，这才开始逐渐把蒙古各"国家/ulus"改编成大清国家（daicing ulus）辖下的行政单位或藩属。清朝在"混一满蒙"的政策下，辅以军事、贸易、移民等方式巩固领土和人口，并用盟旗、札萨克、驻扎大臣等制度强化管理，固化各部领地，彻底改造蒙古原有的游牧方式，结束草原内部长期纷争的状态，并最终达致蒙古上层精英对大清的自觉认同。此外，正是出于塑造"混一满蒙"的诉求，藏区和今天的新疆亦纳入帝国政治视野，华北与西域的联系空前强化。①

清朝时期设置的理藩院、驻藏大臣、伊犁将军、台湾建省等制度，空前强化了大一统多民族国家的内部整合，为把中国锻造成为统一的多民族大一统国家作出了巨大贡献。正如宋念申指出的，皇太极在国体建设中最具制度创新意义的，就是在中央一级最高行政机构中创立理藩院，该机构的内在逻辑是将藩部的治理作为内政来对待，从而与由礼部管辖的属国外交加以区别。与介于"治与不治"之间的羁縻制度完全不同，与作为其前身的元朝总制院、宣政院也有所差别，理藩院体现出更高程度的制度化水平，堪称中国史上一次具有深远意义的制度创新。总之，清朝皇帝具有的多元角色身份非常有利于整合多民族多文化多宗教信仰的国家。对于中原及东亚诸国，他是天子；对于满族，他是部族首领和家长；对于蒙古，他是大汗；对于藏地，他是文殊菩萨的化身。所有这些意识形态（政治合法性资源）都统合于对"天命"观念的崇奉，是"承仰天命"之下的

---

① 参见宋念申：《发现东亚》，新星出版社 2018 年版，第 73 页。

多元混合。① 因而，并不像国外"新清史"学派所说，清帝国不是一个汉化的中国王朝而是一个内亚草原帝国。相反，清朝统治者正是自觉接受和利用中原文明的政治合法性资源（天命传承、天下无外、天命无私、夷夏之辨、正统观等）来为自己入主中原提供合法性论证，因而清朝完全是中国王朝。只不过清朝统治者在利用中原文明的资源时，依然部分保留有自身的民族特性（"满洲性"，如"国语骑射"），而且它以宗教信仰的方式统合了中原农耕文明与草原文明，解决了历代中原王朝无法彻底解决的农耕文明与草原文明统合的问题。

在对外方面，传统中国在天下观念的指导下，建立了以中华文明为中心的朝贡体系。虽然天下秩序带有明显的"中国中心论"与"文明优越论"的特征，但是，这种体系并非费正清所谓不平等的国际关系体系。反而，朝贡体系正体现了孟子所说的"惟仁者为能以大事小"（《孟子·梁惠王》）的仁爱与礼义精神。中国作为文明、经济、国力最强大的国家，对于周边的小国并非武力的威慑与经济的压榨，而是一种"怀柔远人""协和万邦""天下一家"的文明气魄与胸襟。这种关系更多的是一种礼尚往来的礼制关系，而且中国始终秉持的是"厚往薄来"原则，给予周边国家更多的是贸易上的实惠。费正清等学者把东亚秩序的"现代化"，看作是（本土的、等级制的）朝贡体系在 19 世纪被（外来的、平等的）条约体系取代，这一点是值得商榷的。因为，要实现这种"取代"，靠的并不是主权平等原则，而是由无数不平等条约所体现的殖民主义原则。其最终目的，也不是要让中国变成"平等"的"正常国家"。② 而且，近代这种建立在所谓具有平等主权的现代民族国家基础上的国家关系体系，只是近代欧洲三十年战争的产物，其存在时间不过三百多年。在更长的时间范围内，中国这种基于礼仪与文明谱系的天下体系才是更为普遍的制度体系。

---

① 参见宋念申：《发现东亚》，新星出版社 2018 年版，第 73—74 页。
② 参见宋念申：《发现东亚》，新星出版社 2018 年版，第 87 页。

中国的天下观念以及以文化判华夷的观念也深深推动了"中国"概念的生长与扩展，形成广域的"文化中国"的文化地理范畴。历史上的朝鲜与越南都曾以"小中华"自居，他们自觉认同中华文化，成为儒教文化圈的重要组成部分。赵汀阳很形象地说，中国之所以能持续不断地生长，是因为中原具有一种旋涡效应，对于周边四方形成强大的吸引力，其目的是获得中原的红利（以文字、儒家经典为代表的精神资源）。因而，中原的扩展不是中心向外扩的西方帝国模式，而是周边不断地自觉地卷入旋涡的争夺之中。"正是天下逐鹿游戏持续不断的旋涡效应创造了中国以及中国的旋涡式的生长方式，而这个旋涡游戏的开放性——归功于天下观念——决定了中国是一个不断生长甚至无边生长的概念，即一个不断趋近天下尺度的中国概念。"①

在当今各国利益已经深度融合、同时文明冲突也日渐激烈的当下时代，我们应该摒弃传统天下观中的依据文明优劣来评判华夏与夷狄的"文明优越论"，而应采取尊重多元文明差异、兼容并包、"一花独放不是春，百花齐放春满园"的态度，以平等与相互尊重的原则与各国打交道，继承传统天下观的开放性、包容性与普世性，把传统天下体系的经验与智慧创造性地转化为"全球治理"的方案，从而为构建协和万邦天下大同的人类命运共同体贡献力量。

综上所述，中国在大一统各个阶段所开创的郡县制、中央集权制、文官体系、科举制、宗族制、乡绅自治、多民族边疆治理以及天下体系等制度建设，形成了稳固的中国文化秩序与国家治理体制。这是一种具有普世帝国及普世秩序性格的文化秩序，不会因朝代更迭而改变。正所谓"周虽旧邦，其命维新"（《诗经·大雅·文王》），今天的新中国正是在历史中国的延续中继承与转化了传统的治理经验与智慧，实现了"旧邦新造"，创建了统一的多民族的现代共和国。从以上各个方面来讲，我们可以说，古代中国可以被称为"文明型国家"。

---

① 赵汀阳：《惠此中国：作为一个神性概念的中国》，中信出版社 2016 年版，第 50 页。

第三节　多民族融合与中华民族共同体

中国历来是以文化认同塑造民族认同，传统的夷夏之辨是以文化而非以种族、血统来区分华夷，这造就中华文化的兼容性与开放性，只要认同中华文化的外来民族都可以融入中华大家庭之中。中国共产党领导人民建立的中华人民共和国继承了传统多民族多文化的天下国家的结构，实现了"旧邦新造"，将其改造成为统一的多民族现代共和国。这也是对中华民族多元一体格局的创造性转化。

一、以文化而非种族辨"华夷"

中国的大一统多民族国家是在历史上形成的实体，而非西方学者本尼迪克特·安德森所谓的"想象的共同体"，出自人为的建构或是想象出来的。① 中华民族多元一体的格局也是经由长期的民族融合而形成的。正如费孝通所说，中华民族作为一个自觉的民族实体，是近百年来中国和西方列强对抗中出现的，但作为一个自在的民族实体则是几千年的历史过程所形成的。

费孝通指出，中华民族的多元一体格局的形成分为两步：第一步是距今三千年前，在黄河中游出现了一个由若干民族集团汇集和逐步融合的核心，被称为"华夏"，像滚雪球一般地越滚越大，把周围的异族吸收进入了这个核心。第二步是汉族的形成，也可以说是从华夏核心扩大而成汉族核心。汉族成为凝聚的核心，汉族先进的精耕细作的农业经济以及高度发达的文明，在与周边少数民族的互动过程中形成强大的吸引力与内卷力，不断地同化、吸收其他民族文化，导致中原文明圈逐渐扩大，从而构成后

---

① 参见［美］本尼迪克特·安德森：《想象的共同体》，吴叡人译，上海人民出版社2016年版，第1—8页。

世中国的版图。这是一个民族融合的过程，也是一个文化融合的过程。①

中国历史上的民族融合向来是以文化认同为前提与根基的，与之相比，罗马帝国境内众多的族群并没有建立起对罗马文化的统一认同，因为这种统治是建立在武力的征服与经济的掠夺之上的。以至于在蛮族入侵罗马帝国之后，被罗马征服的原来族群的族群意识高涨，从而推动帝国走向解体。虽然自从君士坦丁大帝皈依基督教，为罗马帝国注入一股强大的文化力量，足以凝聚旧日异质的罗马世界，成为一个相当同质的文化共同体。但是罗马帝国内部众多族群并没有建立起对罗马文明的统一文化认同。这是因为罗马以军事力量控制庞大帝国，并不存心以教化的力量建立主流思想。罗马没有建立起类似于中国的文官体系，不像中国建立的是士人政府，具有强烈的人文主义倾向，而罗马帝国长期沦于军人专政的痼疾。马上得天下，岂能马上以治之？

中国历来是以文化认同塑造民族认同，这是因为文化认同是最深层的认同，是构筑中华民族共有精神家园的根基。传统的夷夏之辨认为，是否是中华民族的一员，不是靠种族、地缘或者宗教，而是靠文化、礼义与典章制度，所谓"诸侯用夷礼则夷之，夷而进于中国则中国之"（韩愈：《原道》）。这是说，生于中华的族群若不认同中华文化，就非中华之人；不生在中华地域的族群，只要认同中华文化，就是中华之人。中华文明的民族多元一体来源于中华文化强大的辐射力与吸引力。习近平总书记曾经用中华民族大家庭的形象比喻来说明中华民族内部的文化认同，为铸牢中华民族共同体意识提供了根本遵循。习近平总书记指出："中华民族和各民族的关系，形象地说，是一个大家庭和家庭成员的关系，各民族的关系是一个大家庭里不同成员的关系。"② 习近平总书记的"中华民族大家庭论"，扎根中华优秀传统文化土壤，继承和发展了马克思主义民族联合思

① 参见费孝通：《中华民族的多元一体格局》，《北京大学学报（哲学社会科学版）》1989年第4期。
② 中共中央文献研究室编：《习近平关于社会主义政治建设论述摘编》，中央文献出版社2017年版，第150页。

想、中国共产党民族团结思想，深刻揭示了铸牢中华民族共同体意识的内在必然性。

二、多元一体的中华民族共同体

20世纪70年代末，费孝通先生在访问美国之后写下的《访美掠影》中说："美国曾以民族熔炉自称，意思是不管什么民族的人到了美国就会熔成一个样子，这个过程叫做'美利坚华'，据说所有的美国人都已化成了一个统一的民族。这种看法逐渐被看成是一种神话了。美国是由世界上不同民族的移民所构成。美国也是一个多民族国家，不是民族熔炉而是民族拼盘。"① 众多的外来移民群体到美国后，彼此之间并没有相互融合，而仍然保留了自身族群的特色。美国并没有成为一个大熔炉，把各族群之间的隔阂、歧视与敌意熔化，反而形成了一个彼此独立、族群关系紧张的"民族大拼盘"。

近年来，在民族学理论界流行着安德森的《想象的共同体》，其核心观点是"民族属性"是"文化人造物"，民族共同体出自人为建构。语言、小说、音乐与诗歌等天生注定的元素共同引发的一种"有机的共同体之美"，让人们对"民族"产生如家庭般无私的爱并为之牺牲奉献，从而产生了想象的共同体。按照安德森，近现代民族国家的建立与西方资本主义殖民体系扩张有密切关系。资本主义、印刷科技与人类语言的多样性这三者的重合，使得一个新形式的想象共同体的建立成为可能，如西方法语、早期英语就成为对抗拉丁语、强化民族主义意识的有利因素。② 然而他所叙述的这些现象，如地方语言对抗拉丁语，印刷资本主义传播语言的能力大大提高，新教利用非拉丁语拓展势力瓦解基督教世界之想象共同体的故事，并没有在中国重复上演。在近代中国由天下国家转向现代民族国

① 费孝通：《费孝通全集·第八卷（1957—1980）》，内蒙古人民出版社2009年版，第301页。
② 参见［美］本尼迪克特·安德森：《想象的共同体》，吴叡人译，上海人民出版社2016年版，第38—46页。

家的过程中，既没有出现蒙语、满语或者藏语对抗汉语的事件，也看不到印刷术传播少数民族语言所煽动起来的民族主义自觉风潮。① 安德森的理论不适用于解释中国的情况，中国的历史传统是大一统，将多元整合进一体，一体是多元的基础。中国多元一体的民族共同体不是"想象"与"建构"出来的，而是历史上实实在在发生的"实体"而不是想象出来的抽象体。中国的民族共同体意识有着很深的历史起源。中华文明的民族多元一体来源于中华文明强大的辐射力与吸引力。

习近平总书记指出："无论哪个民族入主中原，都以统一天下为己任，都以中华文化的正统自居"。② 历史上，任何一个少数民族政权定鼎中原，都主动选择继承发展中华文明大一统体系。历史上我们看到，少数民族定鼎中原都会以华夏正统自居，都会自觉地实行"汉化"，以儒家正统的礼仪、典章制度来治理中国。比如来自大兴安岭深处的拓跋氏政权主动把都城从大同迁到洛阳，采用华夏衣冠礼仪，使用汉姓，采纳中原文明的一系列典章制度，推行科举制，建立文官体系，用儒家思想推行礼乐教化。这些举措都加强了汉族与少数民族的融合，然而这种过程不是单向的宗教皈依，而是双向的"互化"。汉族在民族融合的过程中也汲取吸收了少数民族的文化元素。长期的民族融合历史形成了汉族与少数民族你中有我，我中有你，谁也离不开谁的格局。

以少数民族身份入主中原并建立了多民族的大一统国家的两个朝代元朝与清朝，相比于由汉人建立的中原王朝，空前地拓展了中国的疆域版图，把多个少数民族（蒙古、藏、回等）真正统合到中华民族的大家庭之中。元朝虽然崛起于蒙古草原，但是忽必烈所建立的王朝定都于大都而非金莲川草原上的上都，象征性地表明忽必烈继承的是中原王朝的天命，他是中国的皇帝。忽必烈所重用的儒生刘秉忠完全依照《周礼》的方案设计了元大都的城市规划，严格按照《考工记》上"左祖右社，前朝后

---

① 参见杨念群：《重建"中华民族"历史叙述的谱系——〈重塑中华〉与中国概念史研究》，《近代史研究》2018 年第 5 期。

② 习近平：《在全国民族团结进步表彰大会上的讲话》，人民出版社 2019 年版，第 5 页。

市"的格局规划了元大都。

清朝入主中原，清代帝王为了构建大一统与统治合法性做了一系列的工作。第一，重构"夷夏之辨"，以"礼仪"别内外，而非以"种族"别内外，尤其是雍正通过曾静案颁行《大义觉迷录》，在其中阐发少数民族只要有德同样能获得天命、具有统治天下的合法性。第二，清廷对宫廷礼仪与地方宗族重建的重视，对以"家"为单位的"孝"文化的倡导；在上层倡导"孝道"，在基层使"乡约""宗族"等组织重新趋于制度化。第三，复三代之治，清代帝王积极学习儒家经典，皇帝掌握解经权。第四，清廷安抚江南士人，康熙与乾隆的多次南巡也是为了安抚与笼络江南士人。① 在南巡的过程中，清朝皇帝多次赴明孝陵祭奠明太祖，并以三跪九叩大礼祭奠明太祖，这些都表明清朝皇帝对于儒家思想正统的接受。南巡可谓一场收编江南士人的统战之旅。

元朝创造了中央集权制度中的"行省制"，清朝创造了包括西藏新疆在内的多民族边疆治理体系。从辛亥革命、清帝逊位，再到孙中山先生的"五族共和"与中国共产党开创的民族区域自治制度，我们党重新整合了中华民族"多元一体"的共同体，完成了大一统多民族现代国家的构造。文化上的大一统表现在各个民族对统一国家的文化认同，这种认同滋生了中华民族"多元一体"的民族观。中华民族多元一体是我们的"丰厚遗产"和"巨大优势"。民族区域自治制度就是我们党创造性地把马克思主义民族理论同中华民族问题具体实际相结合所产生的伟大创造。然而，民族区域自治制度也继承了传统中国对少数民族实行差异化治理的经验与模式，是对历史上形成的中华民族"多元一体"格局的继承与发展。多元聚为一体，一体容纳多元。"多元"兼容是中华文明绵延至今、历久弥新的根源，"一体"是历史的潮流和各族人民共同的心理自觉。党的多民族治理模式深深植根于中华文明的文化认同之中。

---

① 参见杨念群：《何处是"江南"？：清朝正统观的确立与士林精神世界的变异》，生活·读书·新知三联书店 2010 年版。

第四节　道统与中华文化共同体

狭义的道统是指历史上儒家士大夫面对佛学与道家思想的冲击与挑战，维护儒家思想正统地位的概念。佛老一则以空为本，一则以虚无为本，都不利于文化的建设与修齐治平的治道，所以儒者以尽伦制的儒家人伦与政制捍卫儒学的正统性。道统概念的重要性在于它塑造了中华文化的共同体认同以及身份意识，使中华文化不走入虚空而始终走在刚健有为的轨道上。

一、狭义的道统与儒家正统论

道统，顾名思义，就是关于"道"的统系与序列。中国文化绵延至今，有赖于一种超越性的理念（道）在基底作为文化信念的支撑。那何为中国文化的至道呢？老子说"大道至简"，孔子说"吾从周"（周道），"天下有道则见，无道则隐"，《礼记·礼运》说"大道之行，天下为公"，荀子说"从道不从君"，《中庸》讲"诚者，天之道；诚之者，人之道"，董仲舒说"天不变，道亦不变"。老子说的是自然之道、无为之道，孔子说的是"礼乐征伐自天子出"的周道，荀子说的是定分止争的"礼义之道"，《中庸》说的是至诚无息健行不已的创造性天道，董仲舒说的是支配甚至能主宰人间事务的天人感应中的人格化天道。对于中国文化来说，天道是支配人世运行的最高法则以及人伦道德的形而上根据，人道要与天道相配才能符合宇宙万物与道德人生的规律，所以《中庸》上讲人要与天地参，参赞天地的化育，实现天人合一。

从思想史上讲，"道统"一词最早开始于韩愈在《原道》中的运用。唐代时期，儒学式微，佛道兴盛。他为了对抗佛老捍卫儒学正统而构建了从尧、舜、禹、汤经由文、武、周公到孔孟的儒家道统传承谱系。韩愈在《原道》中将儒家的仁义学合称为"道"，他说："博爱之谓仁，行而宜之之谓义，由是而之焉之谓道，足乎己无待于外之谓德。"这种"仁义之道"是如何在历史上传承的呢？韩愈说："斯道也，何道也？"曰："斯吾所谓道也，非向所谓老与佛之道也。尧以是传之舜，舜以是传之禹，禹以是传之汤，汤以是传之文、武、周公，文、武、周公传之孔子，孔子传之孟轲，轲之死，不得其传焉。荀与扬也，择焉而不精，语焉而不详。由周公而上，上而为君，故其事行。由周公而下，下而为臣，故其说长。"

　　韩愈的说法提示出，仁义之道是从三代圣王传递到文武周公，然后再传到孔孟，在孟子之后长达千年的历史过程中，此道是湮没无闻的，中国思想被佛老等思想占据。同时，韩愈也把荀子和扬雄从儒家道统的序列中排除出去，因为这两位都是"大醇而小疵"，并非孟子所谓"醇乎醇者"的醇儒。更重要的是，韩愈揭示出一个足以影响后世宋明理学的重要讯息：道统与政统分裂的关键点在周公。因为，周公以上的所有圣王都是"圣"（道统、德）与"王"（政统、位）的合一，尧、舜、禹、汤、文、武、周公都是既有德又有位的圣王。所以韩愈说"由周公而上，上而为君，故其事行"。然而，到了孔子，孔子虽然是没落贵族，也担任过鲁国重要职位，但已经是素人，孔子的情况是"有德而无位"。所以汉代的今文经学把孔子立为"素王"，即其德性足以据有王位但由于运命而不得位的"素王"。自周公之后，道统就与政统（政权的实际掌握者）分离，所以韩愈说"由周公而下，下而为臣，故其说长"。自道统与政统分离之后，道统就落于居下位的以孔子为代表的士人（士大夫）身上。这也就是钱穆所说的，政统一直在变于上，而道统却不变于下。政统即政治制度的变化更替、王朝的更替、皇室的转移等政治人事。所谓道统即重道而轻仕的文化观念，尊道统就要以理想人格来引领政治人生。尽管中国古代改朝换代如此频繁，但是道统却一直存续不灭，治平之道、君子理想人生之道始终掌握在士大夫手中。

　　同时，道统与政统的分离也孕育了宋代"道学"的兴盛。在韩愈之后，宋代的儒者朱熹进一步发挥了儒家道统说，构建了从尧舜禹汤文武周公再到孔孟，再到周敦颐、程颢、程颐等的道统谱系。朱熹认为在孟子殁后长达千年时间里，儒学衰落，孔孟之道长期不传，直到北宋理学家周敦颐挺身而出，跨越千载，直接孟子，把千载不传的隐秘之学"孔孟之道"发扬光大，才把儒学的命脉接续上。然而，我们要看到，宋代儒者所面临的内外部环境也深刻影响了儒家道统说的确立。从外部来讲，宋代面临周边少数民族政权的威胁与压迫，北宋儒者感受到一种"何为中国"的文化焦虑。为了捍卫中原文明正统，他们强调夷夏之防，强调以中原汉族文明为代表的"中国论"，四周的夷狄政权并非中国，"四夷处四夷，中国处中国，各不相乱，如斯而已"（石介：《中国论》）。同时，他们宣扬以中原汉族文明为正统的"正统论"。在内部，儒门淡薄，收拾不住，尽归释氏，士大夫进一步"沙化"（士大夫逃禅佞佛）。宋代儒者为了对抗佛老的强势侵袭，开始为儒学所代表的人伦道德与生活方式建立形而上的哲学基础，从根本上巩固儒学的统治地位。

　　一般而言，宋代之前的儒学只是一种对经典的注疏之学，儒学所构建的只是儒家礼仪与思想的制度化（所谓政教），人们也是把儒学当作治世的伦理规范来遵从（外王之学），而在"性"与"天道"的幽眇深邃的性命之学、内圣之学（《论语·公冶长》载子贡曾经说"夫子之言性与天道，不可得闻也"）方面缺乏见解。宋代儒者受到佛学思想的强烈刺激，他们看到佛学（如《景德传灯录》）有非常明晰的佛学传承谱系，而且佛学有非常精微幽深的心性论，宋代儒者奋起抗击，试图在儒学内部也构建一条传承明晰的道统谱系，而且从儒家经典（比如《中庸》《大学》）中阐释构建出儒学的内圣之学——心性之学（或曰性命之学），与佛老相抗衡。

　　从狭义层面讲，道统是指儒家传道的谱系。宋儒所建立的道统主要是与佛教心性论相抗衡的儒家心性之学。朱熹从《伪古文尚书·大禹谟》中找到一句十六字箴言"人心惟危，道心惟微；惟精惟一，允执厥中"，认为这是舜传给禹，禹传给汤，汤传给文、武、周公，再到孔孟，以至于北宋周敦颐等的一条道统谱系。这十六字被称为"虞廷相传十六字箴言"，这是一条心法妙诀，是修心治心的圣贤之道。正是由于儒家思想在内圣之学上的长期不足，这种强力的使命驱使宋代儒者从儒家经典中找出这样一条治心法门，作为道统的要义。在此道统思想指导下，宋代儒者汲汲于劝谏帝王以修身为本，试图再造三代的完美政治，以政治主体的责任感与意识积极参与宋代的政治改革，成就了宋代君主与士大夫共治天下的美谈。朱熹曾经说吾平生所学唯"正心诚意"四字而已，坚持不懈地劝谏帝王，试图格君心之非。因而，并非如新儒家余英时讲的道统要居于政统之上，道统始终与政统保持紧张对立的关系（所谓以道抗势，士大夫以道统自居约束君权）。反而，在古代中国，道统始终与政统保持合作和谐的关系，政统需要道统来确立统治的合法性，而道统也是支撑政统的根本精神依据。每当政统偏离王道政治的轨道之时，肩负道统的士大夫群体会以道统的标准来规范政统，使得中国的贤能政治发挥效用，实现政统"德"与"位"的统一。

因而，从狭义的层面讲，道统是在对抗佛、道教捍卫儒家思想正统地位的思想背景中确立的，意在肯定儒家文化的地位，标示儒家义理价值在中国历史上、现实中的特殊文化权重和公共影响作用。韩愈的道是仁义，指儒家价值观及相关制度，朱子的道是心性论或"十六字心法"，但两者对儒学作为中华文明的精神价值承担者的肯定和维护则是一致的。基于对佛老"穷性命而坏纲纪"的文化焦虑，他们要维护圣人之教（儒家伦理）在中国社会中的地位或"文化主导权"。

二、广义的道统与政治合法性

从政治哲学来讲，中华道统坚持"王道政治"的标准与理想。《汉书·董仲舒传》载董仲舒书对策有"道之大原出于天，天不变，道亦不变。是以禹继舜，舜继尧，三圣相受而守一道"的说法。这里的道是"王道之三纲"，这可以说是道统的儒家政治哲学内涵。道统中所含的伦理纲常，成为中国人伦道德与政治建构的根本指导原则。

从正统法统的原则来讲，道统是指作为治理中国的王权继承或政权更替的正当性、合法性依据。杨维桢在《宋金元三史正统辨》中提出："道统者，治统之所在也"，正是道统意义的这一用法。他说："正统之义，立于圣人之经，以扶万世之纲常。圣人之经，《春秋》是也。《春秋》，万代之史宗也。"① 他引《春秋》之义"夷狄而进于中国则中国之"而论定元之统当"继宋而不继辽金"，然后得以为正。他指出，尧舜禹汤的道统经孔孟程朱而传之于南（南宋），而"朱子没，其传及于我朝许文正公（许衡为忽必烈任命的国子祭酒）。……然则道统不在辽、金而在宋，在宋而后及于我朝"。② 从这个层面讲，道统指示的是"正朔"问题，即不同政权之间谁为正朔谁为僭伪的正统论问题。杨维桢立论的逻辑是，得继道统之传者得政统之正。这包含两个层次的内容：道统与政统是统一的；政统的正统性取决于是否继承道统即认同接纳儒家价值及其礼仪制度。③

因而，是否接受儒家价值及其礼仪制度成为能否正当统治中国的合法性依据。历史上的游牧民族但凡依靠武力成功入主中原的（马上得天下），都会自觉地学习与接纳儒家的价值，并建立儒家的礼仪制度（祭祀体系、朝廷礼仪等）与文官体制，推行科举考试，在地方上巩固宗族制度，发展小农经济（耕读传统），只有如此才能成为"中国王朝"。纵有王朝更替与政权更迭，但是中华道统贯穿始终。即使是少数民族政权，只要遵循中华道统，就能长治久安，反之就会迅速垮台。上文我们已提及的元朝和清朝都是自觉接受中华道统的典范。忽必烈重用儒生群体，定都于大都，还采用儒生刘秉忠的建议，借用《易经》中"大哉乾元"中的"元"作为国号，表明所建立的王朝代表中华正统。清代皇帝熟谙儒家经典与礼仪制度，重用汉族士大夫，推行以孝治天下，重构"华夷之辨"的观念，在地方上巩固宗族制度，统合国内多民族多宗教信仰的关系，建立了一个超大型的大一统多民族国家。

历史上盛行的逐鹿中原可以说就是对道统这项精神资源的争夺。这是因为中原具有丰富的政治合法性资源，可以为竞争者提供统治天下的物质

---

① 转引自饶宗颐：《中国史学上之正统论》，中华书局2015年版，第59页。
② 转引自饶宗颐：《中国史学上之正统论》，中华书局2015年版，第60页。
③ 参见陈明：《朱子思想转折的内容、意义与问题——文化政治视角的考察》，《北京大学学报（哲学社会科学版）》2019年第6期。

利益与精神利益。这些资源包括，第一，最重要的是汉字。汉字是象形文字，以字形象征字意而非以字音表意。其优点就在于，作为视觉文字的符号足以克服方言的隔阂，使得中国保持相当一致的文化同质性。政治权力可以更迭，但文化认同足以维系共同体的延续不散。"汉字起源于象形，而不是语音的记号，这意味着中原语音并不能独占汉字，也就是说，汉字可以独立于中原语音而成为普遍共享的精神载体。"① 这种开放性与可共享性，决定了争夺中原的各方势力都可以非排他性地使用这项资源，进而向周边不断辐射与扩展文明的影响力。掌握了文字，也就掌握了书写历史的权力。因而，我们看到历代征服者占有中原之后，都会在历史上记述自己获得天命统治天下的合法性。正如葛兆光指出的，无论哪一个王朝建立，它们都自认为"中国"，也把王朝的合法性纳入中国传统的观念世界（如五行，如正朔，如服色）。而二十四史、通鉴、十通等汉文史籍，也反过来在文化上强化了这种连续性的国家观念。②

第二，中原具有解释能力和反思能力的思想系统，如解释万物、人类生活和政治的世界观和历史观的经典，诸如《周易》《尚书》《周礼》《诗经》《春秋》等。

第三，周朝创制的天下体系：包括天下无外的原则，保证了最大限度的兼容性，不决绝任何人参与博弈游戏，因此成为对所有人都具有同等吸引力并且可普遍共享的政治神学资源。

第四，政治神学的雪球效应：周朝创造的天命传承神话（皇天无亲、惟德是辅的天命无私原则）成为获得政治合法性的最低成本策略，也是最高收益策略。以上这四点都可以被概括进道统的范畴之中，对于道统的争夺成为历代征服者逐鹿中原的最大精神动力，因为这是统治中原的最低成本策略。

相比于西方中世纪神权政治，中华道统所推崇的是人文主义与理性主

---

① 赵汀阳：《惠此中国：作为一个神性概念的中国》，中信出版社 2016 年版，第 47 页。
② 参见葛兆光：《何为中国》，牛津大学出版社 2014 年版，第 23 页。

义的政治哲学与原理，同时它又具有强大的文化同化能力，最终铸成了中华民族多元一体的大家庭，并且造就了儒教文化圈。在道统的天命传承观念下，中国的政治从来不是神权政治或者君权神授，而是来自敬天保民、惟德是辅的天命授受（保民而王），得民心者得天下，这就是传统的"王道政治"思想。古代中国的皇帝登基不需要教皇的加冕程序，而是得到天命（《尚书·泰誓》：天视自我民视，天听自我民听）实际上是民心的认可。在中国，宗教必须是服从服务于政治教化才能获得政权的支持。这就造成中国的政治（王权）与宗教（教会）并非是紧张对立的关系，而是政治主导、宗教从属、多元通和的关系。关于中国文化人文主义的特征，将会在下一章详细论及，兹不赘述。同时，中华道统的理性主义特征体现在我们上文已经论述过的理性化的官僚体制、选人制度、科举制度等理性化制度上，兹不赘述。

正是因为多民族多文化对中华道统的接纳与信仰，不管政统如何变，道统始终维系不坠，成为中国文化的基本秩序。作为世界上同根同种同文且以国家形态持续至今的伟大文明，中华道统形成了以贤能政治为本质特征的政治秩序，追求统治者"德"与"位"的统一。又通过伦理教化体系转变成全民族共识，使之符合于华夏五千年常道。由于中华道统当时依托于农耕文明，难免守成有余而进取不足，又过分倚重道德教化，形成梁漱溟所谓的"文化早启，伦理本位"的社会。正如张光直指出的，中国文明的连续性的典型体现是中国文明的起源（如财富的集中、阶级的分化以至国家的形成）主要是靠政治程序、措施（如宗族制度、战争动员）造成的生产劳动力的增加而完成，而并非依靠技术的突破与贸易的革新（即人与自然的关系）来完成。[①] 因而，中国道统造成的是关系伦理的发达，在人与自然的关系上没有发展出西方对象化的思维，进而科学不昌。然而，中华道统在长久的历史发展过程中塑造了中华文化共同体，塑造了多元一体的多民族大家庭，以至于塑造了东亚儒教文化圈，形成广域的文化中国。

---

① 参见张光直：《中国青铜时代》，生活·读书·新知三联书店 1990 年版，第 139 页。

第　五　章

以民为本的政治伦理

中华文明绵延千年的历史长河中，为何没有因为某些个人统治者的胡作非为而走向体制性崩溃，为何没有产生沦为寡头的权贵集团的统治，为何没有走向阴暗的神权政治，为何始终能保持人文主义的走向和特质，这个秘诀很大程度上在于源远流长的民本思想。在这一章，我们将探究民本思想的起源、历史演变，及其在近代西方民主冲击之下的本土转化，并探究中国特色社会主义民主的文化渊源以及对传统民本思想的转化。

第一节　民惟邦本、敬德保民：中国传统民本思想

中国的民本思想滥觞于殷周之变的大转折，传统的上帝观向保民而王、以德配天的天命观的转变。从此，正德、利用、厚生（《尚书·大禹谟》）成为为政者统治民众的基本要求与合法性依据。民本思想体现的是天下以人民的安危祸福为根本，而并非天下要由所有民众来治理，这并非希腊城邦政治的直接民主，而是统治的目的在于民众的幸福。民本思想不是帝王的驭民之术，也不是近代的民权思想。传统民本思想是在君与民的关系框架中，探讨君主要以人民的安危祸福为己身的安危祸福，可谓孟子推恩思想的阐发。同时，传统民本思想也暗含着朴素的民权思想，启迪了近代革命志士。

一、民本思想探源

民本思想是中国古代政治思想中光芒万丈的光彩华章，与西方中世纪长达千年的神权政治教权至上以及近代朕即国家的绝对王权思想相比，更是凸显了中国民本思想的先进性与高度的政治文明意义。学术界公认民本思想在中国传统政治思想中的地位，视其为中国政治思想中的主流、儒家治国思想的核心价值、中国政治哲学的中心或者中国传统政治的基石。

从字词上看，"民本"一词最早出自《尚书·五子之歌》的"民惟邦本"一句。"本"，原意为木之干，树之根，引申为事物根本、基础之义。"民惟邦本"，意即民众为国家的根本，一如干之于木，根之于树。《尚书·五子之歌》首段载："皇祖有训，民可近，不可下，民惟邦本，本固邦宁。予视天下愚夫愚妇一能胜予，一人三失，怨岂在明，不见是图。予临兆民，懔乎若朽索之驭六马，为人上者，奈何不敬？"这段话据说是夏禹的训诫。故事是说夏启的儿子太康不理政事，耽于享乐，致使民有二心。太康的弟弟们于是在洛水之畔吟咏祖训，唱出了这句"民惟邦本，本固邦宁"，告诫太康，人民为国家的根本，根本稳固了，国家才能安宁。要学习祖先大禹治理天下常怀有危惧之心，就好像以腐坏的缰绳驾驭六匹奔马，怎能不敬慎呢？

中国古代民本思想，源远而流长。具体来讲，民本的观念和思想，滥觞于夏、商，至西周奠定其基本形态。其间，民本思想成型的关键节点就是殷周之变中国思想由重神（神本）到重人（人本）的一大转变。到春秋战国时期，私学泛滥，诸子之学勃兴，民本思想日渐丰富而系统化，蔚为大观，垂为后世典范。由《尚书·虞夏书》的诸篇记载可知，天、民的观念非常发达，是上古政治思想中最具重要性的范畴。皋陶同禹论政，把王事看成代行天职，把知人善用、安定民心视为治理天下的要务。天命有德，并且规定了人世间各种秩序，而天的好恶和意志，又透过民心和民意表达出来，二者相通而不隔。商汤率众伐桀，一面声称此举是奉天之命，不得不为；一面批评夏桀无德，尽失民心。然而这只是民本思想的雏形。

周革殷命，小邦周打败了大邑商的壮举让当时的周人不得不重新创建一种天命传承的新论。此前，商人最重视鬼神，《礼记·表记》载，"殷人尊神，率民以事神，先鬼而后礼"。商人的天是人格神意味的"帝""上帝"，这是相对于地廷之王的天廷之王。殷人相信他们的先王先公死后上宾于天（在帝左右），为其子孙提供护佑。人王通过祭祀与求告于祖宗神，而获得上帝的降福。某种程度上说，商人的上帝是商族的民族神，是带有宗族性质的。正如犹太教的上帝在成为普世之神（世界之神）之前，只是以色列人的民族神一样。所以商纣王可以自信地宣称"我生不有命在天乎?"（《尚书·西伯戡黎》），他坚信天命降到商族头上，是万世不会更移的。然而，周以西方小邦的身份，竟能一战而胜，取代强大的商，成为天下共主，这一政治上的事实，需要有宗教上的合理解释才具有正当性。根本的问题在于：为何一直是殷人的上帝终不再眷顾殷人子孙，而将庇佑给予弱小且地处偏远的周人?

对此，周人的回答是：上帝既不属夏、殷，亦不属周。他高高在上，关心民瘼，明鉴四方，公正无私，惟有德者能得其授命，为天下王。殷之代夏，周之代殷，都可以通过此种观念得到说明。在此背景之下，周人发明了"皇天无亲，惟德是辅"（《尚书·蔡仲之命》）的天命传承观，之所以商人失去天命，是由于纣王的失德，而周人获得天命护佑，是由于敬天保民，敬德保民。因而，周人对天命敬畏有加，因为天命靡常，天命不会永远降在某族某邦身上，如果失德，天命会再次转移。"周虽旧邦，其命维新"（《诗经·大雅·文王》），如果周人敬慎威仪、保民安民，就会不断获得天命的认可。

由此，商人的神本思想转变为周人的敬德保民的人本思想。"殷鉴不远，在夏后之世"（《诗经·大雅·荡》），周人深刻总结商亡的教训，要维续天命，就必须敬德，而德的观念就包括祭祀祖先、勤政、任贤与保民。《尚书》中总结了周人敬德的三件事：正德、利用、厚生。最终的归结都是在于得天命者要照顾民生福祉，在保民，"事事托命于天，而无一事舍人事而言天"①，崇德行，重人事，这即是中国古代的人文精神。可以说，周人对殷人上帝观的继承和改造，在创生一种新的宗教精神的同时，也实现了从重神到重人的转变。中国古代民本思想即植根于此。正如有学者指出的，"民惟邦本"，是一个关于价值法则和政治法则的判断，是一个关于人民的主体资格的判断，还是一个关于政治合法性的判断。在价值法则方面，民本与人本是相通的，它们都把尊生爱人、保民养民作为最高的价值，把是否有利于人民作为最终的判断标准。自周以降，中国古代政治思想虽历经变化，始终不离"人本"轨道，而以"民本"为其基本精神。②

二、民本思想的内涵及其历史演变

民本思想滥觞于夏商，成型于周代，成熟于诸子学流行之际，在秦汉之后随着儒家思想确立为正统，民本思想成为社会的共识。在先秦时期，被后人认为有民本色彩的统治实践包括远古传说中的尧舜禅让、商汤的"以民为监"、盘庚的"重民保民"、武丁的"敬民"主张，然后就是周公的"明德慎罚""敬天保民"，这些实践都一以贯之地沿袭了同一种朴素的重民传统。民本思想认为民众为国家的根本，其核心是要求为政者重视民众、取信于民、关心民心向背，把民众视为国家的命脉。民本思想对于当今治国理政具有积极的借鉴意义。概括而言，在长期的历史演变下，民本思想有如下几方面内涵：

第一，"立君为民"。政治合法性的来源与依据是保民，所谓"保民而王"。天命的转移依据是民心向背，得民心者得天下是中国古人政治合法性来源的共识。在先秦思想里，借助天的权威来抬高民的地位，已经发展为一种良好的传统。《尚书·泰誓》载："天视自我民视，天听自我民听。""民之所欲，天必从之。"《尚书·皋陶谟》载："天聪明，自我民聪明；天明威，自我民明威。"在这里，民已经成了自行与天相通的独立的

① 傅斯年：《性命古训辨证》，上海三联书店2018年版，第122—123页。
② 参见夏勇：《民本与民权——中国权利话语的历史基础》，《中国社会科学》2004年第5期。

人格主体和政治主体。《左传·襄公十四年》云："天之爱民甚矣，岂其使一人肆于民上，以从其淫，而弃天地之性？必不然矣。"然而，作为整体的人民不可能实行统治，政治的本质还在于统治与被统治，因为作为人民福祉的保护者的君主具有必然性。反映在君民关系上，民本思想强调立君为民、民贵君轻。

在中国思想史上，荀子是明确提出"立君为民"的第一人，他说："天之生民，非为君也；天之立君，以为民也"（《荀子·大略》）。他还以"君舟民水"说形象地揭示了民与君的关系："君者，舟也；庶人者，水也。水则载舟，水则覆舟。"（《荀子·王制》）孟子则明确提出民贵君轻的思想："民为贵，社稷次之，君为轻。"（《孟子·尽心下》）孟子甚至提出了更为激进的革命思想，他认为汤武革命的合法性在于诛杀独夫民贼，"贼仁者，谓之贼；贼义者，谓之残。残贼之人，谓之一夫。闻诛一夫纣矣，未闻弑君也"（《孟子·梁惠王下》）。汤武革命的合法性正在于推翻"残贼之人"的统治，因为他们鱼肉百姓，让生灵涂炭。孔子曾经感叹并批判统治者的苛政害民，"苛政猛于虎"（《礼记·檀公下》），批评当时的为政者多为无德寡道之辈，是"斗筲之人，何足算也"（《论语·子路》）。孔子强调为政者应该以"富民""教民"为要务，先富之后教之（《论语·子路》）。然而孔子并没有发挥《尚书》里借天易君的思想，而是选择"用行舍藏"的进退之道。而孟子的仁政思想则前进一步，更为激进。如果说，在孔子那里，维护民众的利益还要依靠君主的敬天保民之德来判断和抉择的话，那么孟子强调"保民而王，莫之能御"（《孟子·梁惠王上》）就是要求为政者应以养民、教民为仁政要旨。

到了汉代，董仲舒对先秦儒学民本精神有进一步的发挥，他说："天之生民，非为王也。而天立王，以为民也。故其德足以安乐民者，天予之。其恶足以贼害民者，天夺之。"（《春秋繁露》）关于如何判定天予天夺，董仲舒没有像孟子那样强调民意，而是通过宇宙论来进一步强调天意。董仲舒的理路，可以说是"屈民而伸君，屈君而伸天"（《春秋繁露·玉杯》）。依董氏之说，天不是渺茫无凭的，它不仅在法理上是帝位的授予者，而且还通过符兆等来约束帝王的具体行为。这种天人感应论在解决政治权威合法性的同时，希望借助天来抑制王权，儆戒君主，要求"法天"，"副天之所行以为政"（《春秋繁露·四时之副》），代表了当时的儒家士大夫为实现仁政理想所作出的进一步努力。

明末清初的思想家们承继了这一思想脉络，并发扬光大。黄宗羲、顾炎武等人不囿于天意君德的说教，疾呼以"公天下"取代"私天下"，直指君王与臣民、治者与民众之间的权利义务关系。黄宗羲甚至提出了"天下为主，君为客"（《明夷待访录·原君》）的激进思想。虽如此，黄宗羲依然认为君主不可或缺，从他对三代之治的推崇可知，他依然主张由明君治民，治民最基本的内容是在物质上养民（"切于民用"），主张君主应以"万民之忧乐"作为"天下之治乱"的标准。总之，"立君为民"观念不仅是历代士人极力宣扬的观念，也是为政者不得不认可和奉行的观念。

第二，"以民为本"。在国与民的关系上，强调民众是天下安定和国家兴盛的根本。西汉贾谊在《新书·大政上》中提出："闻之于政也，民无不为本也。"诸如"民惟邦本，本固邦宁"（《尚书》）、"得天下有道：得其民，斯得天下矣。得其民有道：得其心，斯得民矣"（《孟子·离娄上》）、"政之所兴，在顺民心；政之所废，在逆民心"（《管子·牧民》）等，都是民本思想的典型表述。因此，民本思想的核心理念是"以民为本"，认为民众才是立国之根本，把得到民心、尊重民意、获得民众的拥戴，视为天下得失之根本，只有根本稳固了，国家才会安宁。

有种观点认为，民本思想归根到底，不过是为统治者如何治理好民众想办法、出主意，实质不过是用民之道、御民之学。[①] 这种观点认为民本只不过是儒家德化政治的工具，孔子心中理想的政治是某位仁君由上而下以德化民，而不是全体人民掌握国家之权、管理国家政事。当儒家的理想

---

① 参见林红：《论传统民本的两个面向：德化之道与统治之策》，《江汉学术》2014年第5期。

成为国家的理想时，民本主义的具体政治设计便要服务于道德主义的目标。因此，民本是君主强化君权、强化专制时最有道德合理性的工具。民本思想的核心——重民显然是出于统治的需要，民本的宗旨就是服务于家天下的王权政治。

这种观点的谬误就在于，首先是对政治关系的否定，其次是以西方的民权观念来衡量古人的民本理念，对于古人是苛责与不公正的。政治关系的实质在于统治与被统治，虽然"民惟邦本"，但是作为整体的人民无法实行统治，而必须由人民的首领或者代表来治理天下。即便是西方抽象的人民主权观念，落实在具体的操作层面，也必须是由人民选举出来的政治精英代替人民去做决策。实行君主制是古代农耕中国的必然选择，而且古代的君主制并非西方人所谓的"东方专制"，而是一种由理性化官僚制所支撑的"法治"与混合政制。文治的本质是法治，依靠理性化的、非人格化的规则制度来实行治理（所谓祖宗之法、宪章文武），而非依靠君主个人的主观意志胡作非为。古代中国实行君主制体制是一种必然的历史选择。民本的价值法则和政治法则正是在于约束和规范了君主制，促进政治走向开明。

可以说，民本文化乃是真正的国粹。民本精神不仅是为天下人着想的精神，而且是由天下人为天下着想的精神。正是伟大的民本精神，塑造了中华文化的特殊性质，支撑了中华民族的传统文明。正如学者所言，在政治法则方面，民本是把人民答应不答应、同意不同意作为判断国家治理的政治标准，而非像西方中世纪那样，政治合法性来源于神授。符合这样的价值法则和政治法则，统治才具有合法性。正是基于这样的合法性观念，儒家才得以通过义利之辨来抑制统治者的特权利益，在王霸之争上贵王贱霸。[1] "本"者，根基、主体也。从"民惟邦本"一词里，我们读不出"君惟邦本"或西方"朕即国家"的意思，民本思想的可贵之处就在于确

---

[1]　参见夏勇：《民本与民权——中国权利话语的历史基础》，《中国社会科学》2004 年第 5 期。

立了中国政治的人本传统，从一开始就摆脱了神权政治与绝对王权的思想，使得中国政治始终走在开明与贤能的轨道上。

第三，"政在养民"。在民本思想指导下的治民政策和原则，《尚书·大禹谟》提出"德惟善政，政在养民"，明确了为政者的"养民"责任。我们知道，以周公为表率的孔子倡导"德政"。德政的核心内容，一是"足食、足兵"（《论语·颜渊》），让民富国强；二是"正"，让政治公正廉直。类似于今天我们谈论的"经济效率""生产力"与"社会正义""廉政建设"。为政者要以政惠农，以民生为念，发展生产，实行为民谋利的"保民""安民""富民""利民""恤民"等措施，调动农民生产积极性，解决好老百姓的日常生产、生活、生存问题，维持、促进社会秩序的稳定和发展。

其中，孟子的仁政思想对于政在养民体现的最为彻底。同时，传统思想中的"为民父母"思想深刻体现了政在养民的观念。《孟子》书中所追述的昔者文王治岐、公刘好货、大王居邠等故事，其意都是在说明治国就是"为民父母"，就是要像这些古代的圣王那样爱民如子、与民同乐，从而"从之者如归市"（《孟子·梁惠王下》）。孟子反复说："为民父母，行政不免于率兽而食人，恶在其为民父母也？"（《孟子·梁惠王上》）"为民父母，使民盻盻然，将终岁勤动，不得以养其父母，又称贷而益之。使老稚转乎沟壑，恶在其为民父母也？"（《孟子·滕文公上》）孟子主张"仁政"，其核心思想是"推恩"与"扩充四端"。他劝谏诸侯王把自己的好货好色之心推恩到百姓，他认为推恩足以保四海，推己及人，让百姓也能满足好货好色之心，那就会成就仁政与王道。能否行仁政是判断王道霸道与历史兴衰的唯一标准。孟子的仁政思想包含很多具体的内容，如制民之产、轻徭薄赋、救济穷人、保护工商等，但是归结起来，其核心内容与最后的政治理想就是"为民父母"。总之，孟子主张的"为民父母"强调君主应当爱民如子，行仁政以"为民父母"（《尚书·洪范》）。

后来荀子也主张行仁政以"为民父母"，他说："汤武者，民之父母也；桀纣者，民之怨贼也。"（《荀子·正论》）汤武是荀子极其尊重的

"先王"，因而荀子在原则上也是同意"为民父母"的。但是，与孟子极力强调的由上至下、爱民如子的"为民父母"相比，荀子的立场和着重点更加突出了君主的地位，强调的是由下至上、民众对待君主应当"亲之如父母"。荀子说："故仁人在上，百姓贵之如帝，亲之如父母，为之出死断亡而愉者，无它故焉，其所是焉诚美，其所得焉诚大，其所利焉诚多也。《诗》曰：'我任我辇，我车我牛，我行既集，盖云归哉！'此之谓也。"（《荀子·富国》）

儒家"为民父母"的政治思想，除了突出强调为政者的爱民、亲民主张之外，还特别指出为政者要重视民意，以民之好恶是非为准则。《大学》篇中论述的治国之道，除了以孝悌之道亲民之外，重点强调了"民之所好好之，民之所恶恶之"。"所谓平天下在治其国者：上老老而民兴孝，上长长而民兴弟，上恤孤而民不倍，是以君子有絜矩之道也。所恶于上，毋以使下；所恶于下，毋以事上；所恶于前，毋以先后；所恶于后，毋以从前；所恶于右，毋以交于左；所恶于左，毋以交于右：此之谓絜矩之道。《诗》云：'乐只君子，民之父母。'民之所好好之，民之所恶恶之，此之谓民之父母。"（《礼记·大学》）所谓"为民父母"的思想并非所谓的封建家长主义、所谓父权政治的落后思想，而是强调了为政者的责任意识，代表了一种理性主义的政治精神。它是强调把遵从民之好恶作为"为民父母"的必然要求。

第四，朴素的民权思想。先秦民本思想中最具有民权特色的观念是孟子的诛暴君观念（《周易·象传下·革》："汤武革命，顺乎天而应乎人"）。古代民本思想虽然是在君主制条件下产生的思想，虽然它并不具有现代人民主权或者公民权利的特质，但是它依然具有朴素的民权思想色彩。这方面最集中的体现是孟子的民本思想以及明末清初黄宗羲的思想。

孟子在和齐宣王对谈时提到了一种观点，认为国君在选人、决定刑罚时应该广泛听取民众的意见，而非一意孤行。"国君进贤，如不得已，将使卑逾尊，疏逾戚，可不慎与？左右皆曰贤，未可也；诸大夫皆曰贤，未可也；国人皆曰贤，然后察之；见贤焉，然后用之。左右皆曰不可，勿听；诸大夫皆曰不可，勿听；国人皆曰不可，然后察之；见不可焉，然后去之。左右皆曰可杀，勿听；诸大夫皆曰可杀，勿听；国人皆曰可杀，然后察之；见可杀焉，然后杀之。故曰国人杀之也。如此，然后可以为民父母。"（《孟子·梁惠王下》）

由于孟子所说的"民"不仅仅是天意和君德的受体，而具有政治主体的意味。孟子特别重视《尚书》里的"天视自我民视，天听自我民听"一语。他认为，人民能够直接与天相通，天意要由民意（民视、民听）来显现。因而，国君进用贤人，要"国人皆曰贤"则用贤；国君决狱施刑，要"国人皆曰可杀"才可杀。"用之""去之"和"杀之"全部以国人的意见为准，这其实也是儒家所崇尚的尚贤思想的体现。因而孟子的民本思想体现了民的尊贵与民的尊严，遵从民意乃是遵从天理。如果君王违背民意，那就违背了天意。有西方学者认为中国古代有着自己特殊类型的民治思想和民治法则，如洛弗尔（B. Laufer）在《中美的接触点》（"Sino-American Point of Contact"）一文里认为民治精神为中美两国民族的共同的特征。他说："远在公元前四世纪，中国的孟子，已倡导'民贵君轻'的大义，自秦废封建，取缔贵族，中国即为民治的社会。"[1]

明末清初的黄宗羲认为秦汉以来的法制都是为了保护君王的私利而设立的，它陷万民于严酷的法网，也束缚了贤能者施政，是"非法之法"（《明夷待访录·原法》）。一方面，呼唤能够自觉尽"兴天下公利"之义务的明君；另一方面，强调用制度来扼制政治权力的滥用，因为"天子之所是未必是，天子之所非未必非"（《明夷待访录·学校》）。惟有真正的法（原法），是为谋求人民的福祉而设立的。为此，他还设计了一个包括民选、议政、弹劾、罢免在内的新制度蓝图。他试图把对君王的道德约束转变为权力制衡，而且，这种权力制衡不仅仅是重相权一类的统治者内部权力分工关系，还要"使治天下之具皆出于学校"（《明夷待访录·学校》），使得"天子亦遂不敢自以为非是"（《明夷待访录·学校》），其中包含着

---

① 转引自金耀基：《中国民本思想史》，（台湾）商务印书馆1993年版，第5页。

对作为权力之要素的力量与能力的倚重。

总之，民本思想的基本理念是将清明政治的希望寄于明君圣主，使其在施政中以人民之忧乐为优先考虑，以人民的福祉为政治的目标。我们看到，虽然民本思想仍然是以君主制为前提，与现代西方的人民主权不可相提并论。但是这丝毫不妨碍民本思想先进性的光芒。陈顾远从"政理"的角度评价中国古代民本思想对于洗涤政治污弊、造就中华政制类型的作用。他说："中国的民主政制不过民国以来的事，倘追溯往古数千年的史实，也无非演变在神权与君主政制中，然而在其政制上，虽为神权而非永为巫觋政治，虽为君主而非即是独裁政治，这就是因为在政理上有一个民本思想巨流，冲洗了实际政治可能发生的弊害，便和他族的神权或君主政制有其分野。"① 虽然我们不同意陈所说的中国乃"神权政治"的观点，但他"虽为君主而非即是独裁政治"的判断却是正确的。民本思想蕴含着丰富的治理谋略和政治智慧，是中国古代治国安邦的重要指导思想，在中国传统的治国之道中一直居于十分重要的地位。因此，研究中国历史上的民本思想，努力挖掘其有价值的思想，对新时代治国理政十分必要。

第二节　西方近代民主主义的冲击与挑战

传统中国遭遇西方文化的冲击与挑战，可谓"三千年未有之大变局"。传统君主制受到西方民主主义思想潮流的冲击而受到批判。传统的民本思想被拿来与西方的民权、民主思想进行比较，并嫁接与转换，从而激发起中国近代新旧民主主义运动。

一、民权的兴起

晚清中国遭遇了李鸿章所说的"三千年未有之大变局"，西学东渐，

---

① 陈顾远：《中国政制史上的民本思想》，《中国政治思想与制度史论集》，（台湾）文化出版事业委员会 1956 年版。

西方启蒙思想跟随坚船利炮进入古老东方，对于沉迷于华夏文明优越感的东方士大夫们的思想构成了巨大的冲击。西方启蒙思想中的自由、民主、权利、平等、民权等观念开始进入士大夫们的视野，尤其是近代西方资产阶级革命所引发的民权运动的思想潮流也深刻激荡了中国的士大夫们，他们开始把先秦的民本思想与西方的民权思想进行思想上的接引，探讨中国人的权利观，由此开启了近代中国的民主革命的潮流与步伐。

西方思想中对中国近代革命志士影响最大的莫过于卢梭的人民主权、平等观与社会公约的激进革命思想。卢梭反对旧社会的等级制度，倡言经济制度的不平等乃造成政治不平等的原因，要求铲除不合理的剥削制度，并建立基于公意的社会公约以及兴民权等思想，对于当时处于内忧外患中的中国知识分子形成了极大的吸引力。当时的知识分子把生活于明末清初的大儒黄宗羲比作中国的卢梭，试图以民本思想把民权观念接引到中国土壤中，从而促进近代民主政治的发生。

在这个过程中，关键的一步是严复翻译的"权利"概念的诞生，引发近代思想家对民权的歌颂。严复在翻译斯图亚特·穆勒的 *On Liberty*（他翻译为《群己权界论》而非现在流行的《论自由》）时，把西方的"right"翻译为"权利"，然而严格来说，这并非"right"的恰当译法。所以，严复在不同的场合分别将"right"译为"民直""天直"和"权利"，以表达英文中"right"的复杂内涵。因为英文中，right 除了人民所赋予的自然权利之外，还包括是非曲直意义上的"直"与"天然正确""自然正当"的意思。① 加上晚清中国革命潮流风起云涌，革命党人把中国落后的原因归结于中国皇帝制度所造成的"专制统治"，因而无论是改良派还是革命派都主张兴民权，开议院，让庶人参与政治，广开言路，才能有利于国计民生。兴民权成为当时的思想潮流。

随着"权利"一词的引介，权利诉求蔚然成风，其中最强烈也最时

---

① 参见夏勇：《人权概念起源——权利的历史哲学》（修订版），中国政法大学出版社2001年版。

眊者当推民权的诉求。中国先进的知识分子开始从中国本土的民本思想中寻找民权思想的源头，以对接西方的民权概念。王韬说，"天下之治，以民为先。所谓民惟邦本，本固邦宁也"（王韬：《园文录·重民中》），"国之所立者，而君听命于民者也"（王韬：《格致书院课艺》）。何启、胡礼垣对"权"的解释是，"夫权者，非兵威之谓也，非官势之谓也。权者，谓所执以行天下之大经大法，所持以定天下之至正至中者耳。执持者必有其物，无以名之，名之曰权而已矣"（何启、胡礼垣：《新政真诠》）。显然，在这里，"权"被视为一种西方自然法和中国天道的混和物。梁启超认为，《礼记》里讲的"民之所好好之，民之所恶恶之，此之谓民之父母"，《孟子》里讲的"国人皆曰贤，然后察之；……国人皆曰不可，然后察之；……国人皆曰可杀，然后察之"，都是议院民权思想的基础。① 他还认为，"三代以后君权日益尊，民权日益衰，为中国致弱之根源"。"《春秋》大同之学，无不言民权者。"②

　　然而，思想家们看到古代民本思想与现代西方民权概念毕竟存在差异，简单地把前者附会为后者是不准确的。他们看到中国民本思想的局限性在于：民本只是指出了政治的目的在于造福民众（民享），但并没有在制度上实现"民治"，没有给民众参预国政提供渠道。如萧公权认为，"孟子民贵之说，与近代之民权有别，未可混同。简言之，民权思想必含民享、民有、民治之三观念。故人民不只为政治之目的，国家之主体，必须具有自动参预国政之权利。以此衡之，则孟子贵民，不过以民享达于民有，民治之原则与制度皆为其所未闻"③。于是乎，思想家们把目光转向政治制度的改革（从学习西方器物到学习西方政治制度的层面），认为西方强大的原因在于政治上的自由与民权。他们希望通过赋民众以权利，用民权来武装民众，使他们自立、自为、自强，真正成为坚不可摧的国家之本。

---

① 参见梁启超：《古议院考》，《时务报》第 10 期。
② 梁启超：《湖南时务学堂课艺批》，《戊戌变法》（二），第 550 页。
③ 萧公权：《中国政治思想史》，新星出版社 2005 年版，第 91 页。

可以说，晚清民权思想里有非常强烈的强民诉求。严复认为，仁政的关键不在仁人而在仁制，仁制的关键又在民权。① 其次，他们把民权作为国富民强的重要凭持，认为国之富强，必民自强；民之自强，必民自由；民之自由，必民有权；富强有赖于民主，民主有赖于民权。（梁启超：《爱国论三·民权论》）再次，他们把民权作为救亡图存、除旧布新的重要内容，认为民无权，则国无权；民权弱，则变法不通。这些论说为传统的民本思想注入了新的革命性要素，或者说启动了传统民本说的革命性变化。从根本上，民本思想已经不再是以民为本，而是以民权为本了。总而言之，当时的知识分子把民权当作强国变法的一种工具，或者把民权作为医治社会政治病症的一种药方。

二、民权运动与近代民主革命

西方自由民主的思想潮流激荡着中国的知识分子，尤其是严复在翻译穆勒的 *On Liberty* 时已经对自由与民主的关系理解得非常深刻。他主张"以自由为体，以民主为用"，无疑是从民之所本出发来理解自由，把自由落在民权上，把民权表现在民主上。他写道："政欲利民，必自民各能自利始；民各能自利，又必自皆得自由始；欲听其皆得自由，尤必自其各能自治始，反是且乱。"（严复：《中俄交谊论》）梁启超言辞更激烈锐利，他把国家比作树，把权利思想比作根，认为倘若国民无权利意识、无权利保障，国家就危险了。② 梁启超还从自由权利的角度对传统仁政的局限作了深刻的分析："出吾仁以仁人者，虽非侵人自由，而待人于仁者，则是放弃自由也。"（梁启超：《新民说》）他认为，讲仁政、讲爱民亲民的，只能论其当如是，而无术以使之必如是。根本的原因是，治人者有权而治于人者无权。所以，他主张贵自由定权限。权利不是政府给的，因为

---

① 参见［法］孟德斯鸠：《法意》，严复译，北京时代华文书局 2014 年版，第 19 章"复案"，第 359 页。

② 参见梁启超：《新民说》，《饮冰室专集》之四，中华书局 1989 年版。

"赵孟之所贵，赵孟能贱之，政府若能畀民权，则亦能夺民权。"① 也因此，他主张政治的目的在公益，要以自由为公益之本，而非以仁政为公益之本。

这样翻天覆地的理论，实际上为革命运动奠定了合法性。相比较于古代以为政者是否有德来决定天命转移，此时是以一个政权是否以民权为本或者侵犯民权来决定革命的合法性。这样的思路，一直贯彻到孙中山、陈独秀、李大钊、毛泽东等最先进的中国知识分子之中。这批人的民权话语转移到了在政治操作层面"如何去实现民权"，"如何去保障民权"。民权已经成不言自明的前提，工作就成为如何实行民权，如何唤醒民众，如何施之于民的事情了。

然而，他们对政治自由的理解，和西方启蒙学者也不大相同。第一，在自由的主体上，他们更多的是从群体、国家而非从个人的角度来理解。这是因应于中国救亡图存的时代主题需要而强调群体的利益为首要目标。第二，在自由的内容上，他们所主张、所关注的主要不是消极的自由（即"freedom from"），不是要求免于何种干涉或侵害，而是积极的自由，是"freedom to"，即如何去自我做主，如何主动地去表达和实现自我意志和利益。这样的自由观念极易与民主相结合，尤其与平民主义相结合，最终指向改造政权、夺取政权、改天换地的政治自由。在当时的历史条件下，体现和运用这种政治自由的最好方式就是大规模的民众运动，还有与大规模民众运动的道德威力和技术需要相适应的对既有的文化秩序、政治秩序、经济秩序几乎全面的怀疑和否定。②

中国近代的改良派与革命派都主张兴民权，然而革命党人更为激进，主张废除君主制，实行民主共和。孙中山主张"民权革命"，他提出了著名的三民主义：民族主义、民权主义、民生主义。其中，民权主义主张实行为一般平民所共有的民主政治，而防止欧美现行制度之流弊，人民有选

---

① 梁启超：《论政府与人民之权限》，校订版见《公法》第 1 卷。
② 参见夏勇：《民本与民权——中国权利话语的历史基础》，《中国社会科学》2004 年第 5 期。

举、罢免、创制、复决四权（政权）以管理政府，政府则有立法、司法、行政、考试、监察五权（治权）以治理国家。其核心观念强调直接民权与权能区分，亦即政府拥有治权，人民则拥有政权。治权与政权的区分来源传统中国治道与政道的区分。孙中山说："政是众人之事，集合众人之事的大力量，便叫做政权，政权就可以说是民权；治是管理众人之事，集合管理众人之事的大力量，便叫做治权，治权就可以说是政府权。所以政治之中，包含有两个力量：一个是政权，一个是治权。这两个力量，一个是管理政府的力量，一个是政府自身的力量。"① 总之，孙中山的民权落脚在"民治"上。也就是说，民权被界定为民众主动地、积极地治理国家的权利。

然而，孙中山对欧美的民权制度表示失望，认为"近世各国所谓民权制度，往往为资产阶级所专有，适成为压迫平民之工具。若国民党之民权主义，则为一般平民所共有，非少数人所得而私也"②。基于此，孙中山对不同于代议制的俄国"人民独裁"政体颇感兴趣。他不愿步欧美之后尘，立志把中国改造成一个"全民政治"的国家，一个"最新式的共和国"。③

第三节 从民本到中国特色社会主义民主

传统中国的民本思想是一种思想理念，但是并没有在制度上产生制度性的架构与创造。而中国特色社会主义民主创造性地将民本理念、将人民当家作主、将民众的广泛参与转化成具体可行的制度成果，这是中国共产党人的伟大创造，也是对资产阶级代议制民主的全面超越。

由于近代西方对中国的殖民侵略，落后的东方向西方这个老师学习，

---

① 孙中山：《民权主义第六讲》，《三民主义》，九州出版社 2011 年版，第 157 页。
② 孙中山：《中国国民党第一次全国代表大会宣言》，《孙中山选集》，人民出版社 1956 年版，第 592 页。
③ 参见孙中山：《总统新年在桂之演说》，《民国日报》1922 年 2 月 23 日。

而老师总是打学生，毛泽东提出了这个问题。民国实行的资产阶级议会民主与多党政治实践的失败，以及俄国 1917 年十月革命的胜利创造一个工农苏维埃的社会主义国家，这些让中国最先进的知识分子意识到了资产阶级民主在中国这样一个半殖民地半封建的国情下并不适用。孙中山晚年提出的新三民主义也是在看到资产阶级的议会内阁制（代议制）并不能有效地嫁接在中国的土壤中，于是转而学习苏联的体制。孙中山看到欧美国家在资本主义体制下地权的不均所带来的剥削与劳资矛盾激化、社会贫富不均等问题，所以他提出了"平均地权、节制资本"的主张，并主张在中国实行把政治革命与社会革命结合起来的"毕其功于一役"的方案。在这个意义上，以毛泽东等为代表的共产党人所走的人民民主的道路正是对孙中山先生遗志的继承。

共产主义的先驱李大钊提出"以劳工阶级的统治，替代中产阶级的少数政治"，建成人与人之间"只有自由联合关系"的"纯正的平民主义"社会。[①] 曾服膺康有为、梁启超的毛泽东，在"五四"运动大约前两年已经认识到，"今日变法，俱从枝节入手，如议会、宪法、总统、内阁、军事、实业、教育，一切皆枝节也。枝节亦不可少，惟此等枝节必有本源，本源未得，此等枝节为赘疣，为不贯气，为支离灭裂。"[②] 这样的思路引着毛泽东直接关切劳苦大众的需要，思考彻底的解决办法，最终从改良走到革命。

由于看到资产阶级民主的虚伪性以及私有制条件下的经济与社会不平等，毛泽东从中国革命的实践中，总结出应该分两步走的论断：第一步是由于中国民族资产阶级先天的软弱与局限性，中国的无产阶级先锋队共产党应该代替民族资产阶级，领导新民主主义革命取得胜利，铲除阻碍民族资本主义发展的三座大山，新旧民主主义革命的区别在于领导阶级的不同；第二步是实行社会主义革命，实现无产阶级领导的人民民主专政，实

---

① 参见李大钊：《平民主义》，《李大钊选集》，人民出版社 1956 年版，第 425—427 页。
② 毛泽东：《给黎锦熙的信》（1917 年 8 月 23 日），转引自徐显明：《人民立宪思想探原——毛泽东早期法律观研究》，山东大学出版社 1999 年版，第 33—34 页。

行社会主义的公有制与按劳分配，消灭剥削。1949 年，毛泽东在《论人民民主专政》一文中把人民民主主义与孙中山的民权主义作了比较："除了谁领导谁这一问题以外，当作一般的政治纲领来说，这里所说的民权主义，是和我们所说的人民民主主义或新民主主义相符合的。只许为一般平民所共有、不许为资产阶级所私有的国家制度，如果加上工人阶级的领导，就是人民民主专政的国家制度了。"① 新中国成立后，他主张："我们的这个社会主义的民主是任何资产阶级国家所不可能有的最广大的民主。"正如夏勇指出的，毛泽东人民民主思想里的"人民"，并不是一个抽象的宽泛的概念，它指的是活生生的以劳动阶级为主体的广大民众。毛泽东不仅接受了马克思主义的阶级学说，而且承袭了中国传统的民本精神，张扬了民本思想里的权利要素。他运用阶级斗争理论赋予底层民众以翻身求解放的巨大力量。这种力量是自古以来从"天道""天法"里所得不到的，但又从传统的天道人性观念里获得了不同于西方基督教文化的关于道德正当性的价值论证。从这个意义上讲，"人民民主"引中国民本文化以为道统，采阶级斗争学说和权利观念以为政统，试图通过动员和组织最广大的人民群众、让人民中的每一分子都起来参与政治、监督政府而形成自己的法统，从而建立和实现最广泛的民主。这种民主，既要祛除中国传统政治的痼疾，又要克服西方金元民主的流弊。

实际上，我们看到，毛泽东人民民主的观念来自马克思主义的群体本位的民主观，来自马克思对西方自由主义个体本位民主观的批判。严复在翻译英国思想家斯图亚特·穆勒的《群己权界论》时，提出当时的中国"所急者乃国群自由非小己自由也"②。及至晚年，严复甚至提出了"两害相权，己轻群重"的论断，这与穆勒原著的本意已经有很大差别。③ 孙中山先生晚年反复强调，"今天，自由这个名词究竟怎样运用呢？如果用

① 《毛泽东选集》第四卷，人民出版社 1991 年版，第 1477—1478 页。
② 严复：《〈群己权界论〉译凡例》，《严复集》第一册，中华书局 1986 年版，第 134 页。
③ 参见黄克武：《自由的所以然：严复对约翰·弥尔自由思想的认识与批判》，台湾允展文化实业股份有限公司 1998 年版，第 4 页。

到个人，就成一盘散沙。万不可再用到个人身上去，要用到国家身上。个人不可太自由，国家要得到完全自由。到了国家能将行动自由，中国便是强盛国家。再这样做去，便要大家牺牲自己。"① 可以说，中国思想在群己关系上向来是更加注重群体而轻个体，群体本位是我们的伦理取向。尤其是在近代中国面临着救亡图存的紧迫任务之际，救亡压倒启蒙，群体的利益要远远优先于个体的权利。

林尚立指出，西方民主虽然以人民主权为现代国家的政治前提，但实际建构的民主制度却是以个体自由权利为核心，形成了个体本位的自由主义民主。由此，马克思认为这种民主是不彻底的，因为这种个体自由是以人与物的分离为前提的，其背后是资本对人的奴役。只有联合起来的人民掌握生产资料，并将整个国家掌握在手中，个体的自由才能真正实现。所以，马克思主张社会主义民主应该是以人民为本位的民主。以人民为本位的民主在中国的探索与实践，创造了中国式的民主，即社会主义人民民主，其所具有的兼顾个体自主与人民当家作主的新型特征。人民当家作主，既是个体自由发展的实践，同时也是人民整体掌握国家权力的努力。②

中国共产党的伟大创造就在于把传统民本思想落实为社会主义协商民主，既避免了西方票决民主导致的社会撕裂与民粹主义政治，也充分地实现了社会各阶层对政治的广泛参与，真正地实现了人民当家作主。西方的代议制民主正如熊彼特所说，是一种精英竞逐人民选票而获得统治地位的精英民主，根本不是人民在统治，而是由人民选举产生的精英来统治。而且，西方近年来兴起了强烈的民粹主义潮流，一些政客为了获得选票，刻意迎合选民的心理，以反政治正确的意识形态而上台的特朗普就是这种民粹主义的典型现象，造成社会严重的撕裂与分化。

社会主义协商民主有着广泛层次的协商渠道与制度化渠道：政党协

① 《孙中山全集》第9卷，中华书局1981年版，第282页。
② 参见林尚立：《论以人民为本位的民主及其在中国的实践》，《政治学研究》2016年第3期。

商、人大协商、政府协商、政协协商、人民团体协商、基层协商、社会组织协商等。协商民主在我国传统文化中就有强烈的底蕴，彰显和继承了传统文化"尚和合"、有事大家商量、和而不同的优良传统。同时，在新的时代下，以广泛多层次的制度性协商创造实质性的人民参与；以平等的协商来实现和保障不同的利益表达。在协商中，党和政府的决策以协商形成的共识为基础，可以最大限度地凝聚共识、充分反映和照顾各方面的利益要求。

第 六 章

"文明以止"的人文精神

　　如果从整体上来把握中国传统文化，人文精神可以说是其最主要和最鲜明的特征。人文精神有两个最为突出的特点：一是重视人的价值和主体性，强调"以人为本"，充分发挥人的主动性、能动性，反对信仰偏执和宗教极端主义。二是强调人文教化和德性提升，强调人要懂得自尊、自律，把道德情操的自我提升与超越放在首位，提防拜物主义和消费主义对人的侵蚀。

第一节　中华人文精神的基本内涵

　　人文思想的独特之处在于把人及人的世界作为思想和思想对象的源头。中国文化既不是以神为文化建构的中心，也不是以物质为社会发展的鹄的，而是充分重视人自身在天地万物中的地位，并以此为中心构建了一个以人为本、以天为则的人文文化。

一、以人为本：人文精神的根本特征

　　首先，"以人为本"的理念，源自"人"为天地所生万物中最灵、最贵者的思想。《尚书·泰誓》云："惟天地，万物父母；惟人，万物之灵。"① 天

---

① （唐）孔颖达：《尚书正义》卷十一《泰誓上》，《十三经注疏》上册，中华书局1980年版，第180页。

地是万物父母,而人则是万物之灵。《孝经》中则借孔子的名义说:"天地之性,人为贵。"① 此处"性"字乃"生"的意思,意思是天地生万物,人是最为宝贵的。

荀子则通过层层对比,更加细致而清晰地指出了,为何天地万物之中,人"最为贵":"水火有气而无生,草木有生而无知,禽兽有知而无义,人有气有生有知,亦且有义,故最为天下贵也。"② 水火有物质实体,但是没有活的生命;草木有生命,但是无知觉;禽兽有知觉,但是没有"义";只有人是有气、有生、有知,并且"有义"的,所以最为天下贵。荀子指出了人为贵的最关键一点:义。"义者,宜也","义"就是人的认知理性、道德理性,就是人明辨是非的能力,就是生而为人,明白何者当为何者不当为,何者当取何者不当取。这一能力是人所独有的,是人"最为天下贵"的根本原因。但是需要注意,这里的"最为天下贵"不同于极端化的"人类中心主义",恰恰相反,人之"有义"意味着人类被赋予了最大的主动性、能动性,万物只能消极地、被动地接受自然的安排,而人类的智能、灵性远远超出其他生命体,人类向上提升,可以成贤成圣,可以与天地精神相往来;而人类向下堕落,甚至禽兽不如。因此,人类需要真正认识到自身"最为天下贵"的特殊地位,需要自觉自律、自我提升,最大限度地管理好自己,需要主动担负起"为天地立心"的使命和责任,最大限度地尽到人之为人的义务,这是中华文化人文精神的基础和前提。

其次,"以人为本"意味着"人"是社会发展和文化创造的主体。离开了"人"这个主体,一切的发展和创造便无意义可言。《淮南子》说:"遍知万物而不知人道,不可谓智;遍爱群生而不爱人类,不可谓仁。"③在此思想的影响下,懂人道、明人伦、重人事、"仁者爱人"这样的价值

---

① (唐)孔颖达:《孝经注疏》卷五《圣治章第九》,《十三经注疏》下册,中华书局1980年版,第2553页。
② (清)王先谦:《荀子集解》,沈啸寰、王星贤点校,中华书局1988年版。
③ 何宁撰:《淮南子集释》,中华书局1998年版,第698页。

观念成为中华文化的主流，一切的学问、学术和技术发明，均是为了提升"人"而服务，中华文化反对一切脱离了"人"而汲汲外求或哗众取宠的学问。由此，中国历史上一些著名的流派及其命题，如春秋战国名家的"白马非马""离坚白"等论说，虽辩理精细却于人的生命提升无益，故为主流思想所痛斥。中国历史上那些伟大的、进步的发明创造，其原动力都是为了提升人的生活或者生命品质，而不是相反。在宗教领域，中国文化重视的不是对超自然力量的信仰和崇拜，不是把人生的希望寄托于来生或彼岸，而是强调人的自我提升和道德完善。中国人信仰的很多"神"，其实是在中华大地上真正生活过，智慧过人、德行圆满，并为国家、社会作出巨大贡献的人生楷模。某种程度上，"以人为本"潜在地塑造着中华文化内向而求的性格：只有明乎人道、人事，事事反求诸己，将人自身的价值发挥出来，人才真正可以挺立于天地之间。

再次，"以人为本"的精神深刻影响了中华文化的政治伦理。这一方面最为典型的体现便是中华政治哲学中的"民本"思想。中国人很早就意识到，人民群众才是历史的创造者，才是所谓的"天"，君主和统治集团的权力和地位也是由"民"所赋予，"水则载舟，水则覆舟"，君主如舟，人民如水，君主唯有如履薄冰、终日乾乾才能保其位、保其民。这种"以人为本"的人文精神落实到政治领域，就体现为"以民为本"的民本传统，其内涵关涉中华文化的整体观和历史观：一方面，君民一体，民安才能国泰，"以民为本"才能保政权长久；另一方面，人民群众才是历史的创造者，才是推动历史发展和社会进步的真正动力。在新时代，"以民为本"也体现为人民利益至上的价值追求，体现为中国共产党为中国人民谋幸福、为中华民族谋复兴的初心和使命。

二、以天为则：人文精神的重要来源

人文精神不是凭空产生的。中国文化素有"以天为则"的传统，尤其在生产和生活方式更为自然的远古社会，"天"与人类的关系更加紧密，"天"对人的影响也更加直观。早在先秦时期，中国人便通过"仰观天文，俯察地理"获取了很多知识，认识了很多道理。"天文""地理"就是天之文、地之理，天地是有文理的，文理就是规律，就是天地运行的法则。这些规律和法则经过先哲们的辩证吸收和转化，渐而成为指导人类社会运行发展的德性和法则。如古人通过观察天地万物的自然变化，领悟到了天地自强不息、厚德载物的精神，故而将其视为君子的根本德性，这就是《周易》说的"天行健，君子以自强不息；地势坤，君子以厚德载物"。四时的恒常有序运行让古人明白"至诚不息"是天道根本法则，所谓"观天之神道，而四时不忒"，故而"真诚无妄"也应当是人道之根本。这也就是孟子所说的"诚者天之道也，思诚者人之道也"。古人还用这个道理来教化民众，让社会达到一种和谐有序的文明境界，这就是《周易》所说的"圣人以神道设教，而天下服矣"①。

天地的运行规律、万物的生存原则对中国人的思维方式有一重大影响，这一影响不但使得中华文化走上了一条独具特色的文明之路，而且这一文明模式对当今时代也尤其有借鉴意义。这一思想集中体现在《周易·贲》卦之中："刚柔交错，天文也；文明以止，人文也。观乎天文，以察时变；观乎人文，以化成天下。"②

在《周易·贲》卦中，"天文"与"人文"是对举为文的，分别指代自然界和人类社会的运行法则。从"天文"的内涵中可以窥见"人文"的要义。

一方面，"天文"的首要特征是"刚柔交错"。所谓"刚柔交错"就是阴阳消长、寒暑推移、昼夜变化、日月交替等自然变化的现象。这说明万事万物都有阴阳对立的两个方面，而且彼此之间存在一种相互转化的辩证关系。正如汉代大儒董仲舒所说："天地之常，一阴一阳""凡物必有合，合必有上，必有下，必有左，必有右，必有前，必有后，必有表，必有里，有美必有恶，有顺必有逆，有喜必有怒，有寒必有暑，有昼必有

---

① （宋）朱熹：《周易本义》，北京大学出版社1992年版，第94、109页。
② （唐）孔颖达：《周易正义》卷三，《十三经注疏》上册，中华书局1980年版，第37页。

夜，此皆其合也。"① 阴阳不仅是对立的，也是相互依赖的，在一定条件下还可以相互转化。这一认知对于中国人的思维方式有着重大影响，它使得中国人看到，组成这个世界的各个因素之间处于一种彼此依赖而又相互制约、相互联系的关系之中，它使得中华文化不会轻易偏于一端，并在这种天人相与、阴阳消长、刚柔交错的动态思维中逐步形成了辩证的、中和的人文精神。同时，先民们所认识到的四季变化、寒暑推移、斗转星移等规律，成为他们认识自然环境、安排自身生产生活次序的重要参照，这就在一定程度上为他们摆脱鬼神信仰、探索自然规律奠定了重要的基础。

另一方面，《周易·贲》卦对什么是"人文"作了一个形象的比喻。《贲》卦上卦为《艮》卦，对应山，下卦为《离》卦，对应火。故而《大象传》说"山下有火，贲"②。意思是有一座高山，山下有燃烧着的火，火把山照得很光明。这个象就是"贲"，也即"文明"。"火"代表纹饰、人文；"山"代表被修饰、纹饰的对象。古人通过火对山的文饰认识到人类社会也当有所文饰。这种文饰包含内外两个层面：一方面，人类需要礼乐、典仪、服饰等加以修饰；另一方面，人类需要人伦、道德加以修养。在此，中国人由《周易·贲》卦之象突出了人类文饰的重要性，而其中最重要、最根本的文饰，即是人内心的道德自觉、人的智慧和理性。古人认为，这是人之为人的关键之所在，是君子区别于小人、人区别于禽兽之所在。正如三国时期的王弼所说："止物不以威武，而以文明，人之文也。"③ 中华文明崇尚的是"人文教化"而非武力征服，是追求以诗书礼乐来教化人民，由此建立起一个文明有序、自然和谐的理想社会和天下秩序。可以说，道德自觉是中华文化人文精神的核心内涵。

总的来说，中国文化是人本的文化，是配天的文化，也是重德的文

---

① （汉）董仲舒：《春秋繁露》卷十二，清武英殿聚珍版丛书本。
② （宋）朱熹：《周易本义》，北京大学出版社1992年版，第118页。
③ 转引自（唐）孔颖达：《周易正义》卷三，《十三经注疏》上册，中华书局1980年版，第37页。

化。中国人尊重自然，尊重天地万物，尊重自然规律；同时，中国人又追求以人为本、以民为本，把人放在一个主体性的位置，认为"天地之性，人为最贵"。在天与人之间达到一个平衡，一方面能做到"无以人灭天"，即不因人的私欲而妨碍自然万物的生存发展；另一方面又防止了"蔽于天而不知人"，即不因对于外物的盲目崇拜而丧失了人自身的主体意识。不但"以人为本"，而且"以天为则"，人文精神就是这样一种辩证、中和、重德的精神。

第二节　重人本：防止极端宗教主义

进入 21 世纪以来，世界面临的不稳定性不确定性日益突出。社会危机、战争危机、文化危机以及各种极端主义日益威胁人类的生存和发展。一些宗教极端主义打着宗教信仰的旗号，不但歪曲经典教育，使宗教信仰脱离了尊重生命、与人为善、中和不偏的常规，而且煽动宗教狂热、信仰偏执与族群仇恨，把世界带向宗教暴力、恐怖主义乃至宗教战争，是威胁世界和平与人类发展的重大挑战之一。中华文化"重人本"的人文精神在应对这些挑战以及克服信仰偏执方面有着十分重要的作用。

一、信仰偏执与宗教极端主义

宗教徒信仰神灵本来是无可厚非的。但是，如果在信仰中不能妥善处理好此世与彼岸、生活与宗教的关系，甚至彻底沦为某种"神灵"的奴隶，把一切都交由神灵来决定，这就会给宗教信仰者个人乃至社会带来很多问题。

一方面，信仰偏执和宗教极端主义曾经给人类带来很大伤害。根据西方心理学家奥尔波特的观点，"神本"信仰容易造成三个方面的信仰偏执：一是信仰的排他性，就是认为只有自己的宗教信仰是唯一正确的、自己信仰的对象是唯一的至上神。二是有关拣选的极端教义，认为唯有自己或本民族才是"天选之民""拣选之人"。三是对神权政治或政教合一的认同，甚至主张君主受神权统治，教会或宗教组织领导公民政府。① 信仰的排他性很容易造成群体疏离、种群隔阂乃至宗教战争。有关拣选的信仰偏执则是傲慢的，它会使得部分信徒产生凌驾于他者的优越感，甚至会将别的民族、不遵守宗教信条者或信仰其他宗教者归为"异端"。而神权政治则对科学发展、法律制度等形成了很大的制约，曾在很大程度上阻碍了社会进步。在西方中世纪的黑暗时期，神权显著地超过世俗政权，神学也凌驾于哲学、科学和艺术等学问之上，凡事都强调要以上帝的意志和《圣经》为根本。罗马教皇为了巩固自己的独立地位，建立起了政教合一的教皇国（Civitas Ecclesiae），并设立了宗教裁判所来惩罚各种所谓的"异端"。哥白尼提出了著名的"日心说"，试图更正人们长期形成的宇宙观。然而，由于"日心说"与《圣经》和托勒密"地心说"背道而驰，哥白尼被教会冠以"妄议罪"，最后抱病含恨离世。布鲁诺因为捍卫"日心说"，遭到了教会的长期迫害，最终被宗教裁判所诱捕入狱并烧死于罗马鲜花广场。由此可见，宗教偏执和极端宗教主义曾经在很大程度上阻碍了人类进步，并给人们留下了苦难深重的记忆。

另一方面，信仰偏执和宗教极端主义也容易导致功利主义的鬼神信仰和消极遁世、去理想化的价值虚无主义。功利主义鬼神信仰就是忽略人自身的主观努力和道德提升，认为唯有神灵才是决定人生命运的关键，把一切都寄希望于虚无缥缈的鬼神，凡事成则归功于鬼神，败则归咎于鬼神，鬼神也沦为人获取心灵慰藉、求取世俗利益的工具。去理想化的宗教虚无主义就是消极遁世、逃避责任、放弃理想，面对现实挑战，不去主动发挥自己的主观性和能动性，不主动地担负起修身养德、修身齐家乃至治国安邦的责任，而是把鬼神当作人生的指南和心灵的寄托，把宗教当作逃离现实、远离竞争的避难所。

问题的症结是这些人在对宗教和鬼神的极端信仰中，不但没有实现人

---

① Allport, G. W., "The Religious Context of Prejudice", *Journal for the Scientific Study of Religion*, 1966 (5), pp. 447-457.

自身的道德自觉和人格成长，反而丧失了人自身的主体性，成为"神"的奴隶。众所周知，在西方启蒙运动中，中华文化在帮助西方彰显人的精神、摆脱宗教对人的束缚方面曾起了很大的作用。可以说，如果没有中国文化的影响，没有中国的人文精神、人本主义的启发和帮助，西方人很难冲破中世纪的黑暗，很难从上帝的脚下真正站立起来。那么，中国文化究竟是怎么看待鬼神的呢？

二、中华文化对待鬼神的人文态度

根据《诗经》《尚书》等的记载，可以看到在上古时期中国人也曾具有十分强烈的宗教意识，有十分频繁的祭祀活动，并且祭祀的对象十分广泛，从天地、日月、星辰，到圣贤、先祖、鬼神，都可以成为中国人信仰和祭祀的对象。

在殷墟考古遗址中，人们更是发现有成千上万的卜用甲骨与青铜器共存。甲骨被殷人用作卜筮，青铜器则与殷人祭祀、祭祖有关。殷人认为先祖是他们与上天、天帝之间沟通的桥梁，因而频繁地祭祀先祖。正如徐复观先生所言："殷人的宗教生活，主要是受祖宗神的支配。他们与天、帝的关系，都是通过自己的祖宗作中介人。"[①]

然而，殷王室对"帝""天""先祖"的虔诚崇拜并没有赢得上天的眷顾，他们昏庸无道的奢靡生活反而激起天怒人怨。据出土的西周利簋的铭文记载，武王伐纣，在牧野决战，一夜之间就将商灭亡了，所谓"战一日而破纣之国"。自此，周人开始认识到"天命靡常""皇天无亲，惟德是辅"的道理，认识到对鬼神的盲目崇拜并不能确保天下太平或维系王权永续。周人因此特别强调德行，如《尚书·召诰》"肆惟王其疾敬德？王其德之用，祈天永命"[②]。防止信仰偏执和宗教极端主义的人文意识也就此萌芽。与殷人重视鬼神、迷信占卜相对应的，是周人对民生、民

---

① 徐复观：《中国人性史论》，三联书店 2001 年版，第 15 页。
② （唐）孔颖达：《尚书正义》卷十五，《十三经注疏》上册，中华书局 1980 年版，第 213 页。

意的关切。所谓"天矜于民，民之所欲，天必从之"①"天视自我民视，天听自我民听"②。人事急于神事，民意重于神意的观念自此深植于中国传统文化之中，并成为历代圣贤、明君无时不以为诫的教训。

自殷周之变后，人们看待鬼神的态度有了重大转变。这种转变，首先体现在价值取向上的"先人而后神"。如上文所说，中国文化重视人生的现世意义，把人视为文化建构和社会发展的根本，对彼岸世界和神秘主义大体采用一种存而不论的现实态度。这一点，孔子的态度最为典型。孔子很少谈论鬼神，而是试图以人伦和人道彰显人的主观能动性，引导人们重点关注人自身的道德自觉和社会担当。如：

《论语》："樊迟问知，子曰：'务民之义，敬鬼神而远之，可谓知矣。'"③

这句话的语境大约是樊迟问孔子如何正确地为官做事。孔子或许针对了弟子的性情之偏，而有此答，指出应当"专用力于人道之所宜，而不惑于鬼神之不可知"（朱熹语），这便是"知者之事"。由樊迟之问，孔子点出了中华文化中对待鬼神的一个至关重要的态度：敬而远之。唯其敬，人的内心才有所管束，有所敬畏；唯其远，人才能与鬼神保持适当的距离，而不至于因为过度的寄托而忘记了人事本身的意义。

另有："季路问事鬼神。子曰：'未能事人，焉能事鬼？'曰：'敢问死。'曰：'未知生，焉知死？'"④

孔子没有直接回答鬼神之事究竟何谓，而是以反问且警示的语气提醒弟子：生事未明，何以明死事？人职未尽，何以尽他责？对此，钱穆先生有一段话说得十分精彩："死生本属一体，蚩蚩而生，则必昧昧而死。生而茫然，则必死而惘然。生能俯仰无愧，死则浩然天壤。今日浩然天壤之

---

① （唐）孔颖达：《尚书正义》卷十一，《十三经注疏》上册，中华书局1980年版，第181页。

② （唐）孔颖达：《尚书正义》卷十一，《十三经注疏》上册，中华书局1980年版，第181页。

③ 《论语·雍也》，《四书章句集注》，中华书局1983年版，第89页。

④ 《论语·先进》，《四书章句集注》，中华书局1983年版，第125页。

鬼神，皆即往日俯仰无愧之生人。茍能知生人之理，推以及于死后之鬼神，则由于死生人鬼之一体，而可推见天人之一体矣。"①

由此可见，儒家主张人们关注点、将精神的重心放在现实世界、放在活着的人身上。孔子对于鬼神，从未直接回答"有"或者"没有"，甚至不愿多谈（子不语怪、力、乱、神）。那么，这里还有一个问题：既然鼓励人们重视人事而远离鬼事，孔子为什么不直接否定鬼神呢？

孔子的弟子曾子对此做出过一个回答："慎终追远，民德归厚矣。"②

"慎终"和"追远"指的是对待逝者的心意态度。在儒家看来，灵魂存在与否并不重要，重要的是如何对待逝去的人。对待逝者，始终葆有一颗诚敬之心、报本之心，这种诚敬之心是不以人之死后是否有知、不以灵魂之实存与否而易减的。将这样一种超越实证、不论功利的诚敬之心、报本之心扩充开去，施及一切人事，可使一个群体的风俗得到淳化。如果相反，生时对其敬，死后对其慢，此乃功利心、无耻心，其害甚远。钱穆先生将这一态度称为"从人类心情深处立教"。

这种转变，还体现在对鬼神概念的认知上。鬼者，归也，人死为"鬼"；神者，伸也，人生命的升华成为"神"。在中华文化中，经由先哲们的阐释，"鬼神"的形象不再是完全超脱人之外、人之上的天外之物，在如孟子和荀子等先哲看来，"神"是由人而成的，并且人成为"神"的条件也实则内在于人。依荀子，"诚信生神"。何谓"诚"？《中庸》谓："诚之者，择善而固执之者也。"③ 荀子又说："积善成德，而神明自得。"④ "神"并非一个与人有着不可逾越之界限的存在，也并非只有禀赋异常之人才可与"神"相通，在儒家看来，人人都具备成"神"的可能性。这种可能性在于：选择"善"，并义无反顾、坚定不移地执守之、须臾不失之，如此日积月累，则自能够通于"神明"。这是中国文化中由

① 钱穆：《论语新解》，生活·读书·新知三联书店2002年版，第304页。
② 《论语·学而》，《四书章句集注》，中华书局1983年版，第50页。
③ 《中庸》，《四书章句集注》，中华书局1983年版，第31页。
④ （清）王先谦：《荀子集解》，沈啸寰、王星贤点校，中华书局1988年版，第7页。

"人"而"神"的重要进路。由此，人自身德行、后天努力的重要性被突出出来了。那么由"人"而成的"神"，其功用在哪儿？他以什么样的形象存在？

且看《荀子》中的一段话："天之所覆，地之所载，莫不尽其美，致其用，上以饰贤良，下以养百姓而安乐之。夫是之谓大神。"①

由此可见，在中国文化中，对于人间秩序的妥善安顿才是"神"最为本质的特征。如此之"神"，可以选贤任能、慈爱百姓，可以兴兵伐恶、止暴除乱，还可以顺天应物、平治天下。观其德、论其功、察其效，不难发现，这样的"神"与儒家所尊奉的圣王并无二致。

在中国人的传统观念中，这样的"神"是层出不穷的，曾经生活在人们身边的先祖、君师、圣贤人物等，都可被尊奉为神灵而加以敬仰。中国"神"虽多，但是"敬神"的背后，乃是一种对于共同价值的肯定和认同，是一种对道德境界的追求。因此，这种崇奉众多"神灵"的行为背后反而洋溢着十分强烈的道德情怀与人文精神，"正表现一开放的心灵，故儒家的祭祀虽不是直接的道德活动，但可通于道德，而助人培养一种博大的情怀"②。通于道德、培养道德情怀，正是中国文化中神灵信仰的要义。正如楼宇烈先生所说，中国文化中很多的"神"是从人类的现实生活中涌现出来的，是在德行、智慧方面出类拔萃、为人类作出重大贡献、堪为人们榜样的人物，将其树立为百姓心目中的"神"，正是一种教化方式——教导人们学习他们的品格、德行、智慧，最终借"神"的作用来提升自己、完善自己，而不是放弃自己的主体性去祈求"神"的加持。这便是《周易》所讲的"圣人以神道设教（教化）"的意涵。在这层意义上，虽说"神"具有世俗性（"神"来自人间、由"人"所成），但是此世俗之中又有恭敬、庄严和神圣性——《中庸》所谓"君子笃恭而天下平"，《荀子》谓"坐于室而见四海，处于今而论久远"。理解儒家

---

① （清）王先谦：《荀子集解》，沈啸寰、王星贤点校，中华书局1988年版，第162页。
② 韦政通：《荀子与古代哲学》，（台湾）商务印书馆1992年版，第216页。

"敬鬼神而远之"的人文态度,正确认识"鬼神"信仰背后的人文含义,不但可以有效对峙信仰偏执和宗教极端主义,而且能够从传统中国的宗教文明中汲取人文智慧,从而为新时代中国宗教的健康发展提供宝贵的思想资源。

三、礼乐精神:克服宗教偏执的重要方式

中华文化虽然反对盲目崇拜鬼神,但并没有完全否定鬼神信仰和那些带有宗教色彩的祭祀礼仪,而是将其纳入礼乐文明和人文教化中去。正如徐复观先生所说:"中国之所谓人文,乃指礼乐之教、礼乐之治而言,应从此一初义,逐步了解下去,乃为能得其实。"① 一方面,中国文化吸收借鉴了殷商对于"帝""天"和先祖的敬畏精神,并主之以德性而非崇拜;另一方面,又用"以人文本"的人文精神消除、克服了祭祀文化中的鬼神崇拜和信仰偏执。礼乐中虽然也有对神灵的祭拜,但其本意并非崇拜、凸显神灵,而是试图通过这些仪式培养起人们的感恩心和敬畏心,以及激发人们自身的道德自觉,进而引导人们在社会生活中正确地发挥人的主观能动性。

"礼"本是起源于祭祀,与鬼神信仰和原始宗教有着千丝万缕的联系。《说文解字》:"礼,履也,所以事神致福也。"从文字学的角度来说,"礼"字的本义就与祭祀神灵、人神沟通的宗教礼仪相关。② 《礼记·祭法》中说:"夫圣王之制祭祀也,法施于民则祀之,以死勤事则祀之,以劳定国则祀之,能御大灾则祀之,能捍大患则祀之。"③ 可见,祭祀的原则和宗旨是"报""报本""报本复始",凡是对于人生有根本意义之人、事、物,皆可列入祀典之中。按照这个制祀原则,凡天地、日月、山川、

① 徐复观:《中国人文精神之阐扬——徐复观新儒学论著辑要》,中国广播电视出版社1996年版,第135页。
② 参见陈来:《古代宗教与伦理:儒家思想的根源》,生活·读书·新知三联书店1996年版;刘翔:《中国传统价值观诠释学》,上海三联书店1996年版。
③ (汉)郑玄:《礼记》卷十四,《四部丛刊》景宋本。

社稷、圣贤、先祖皆在祭祀之列。不仅如此，《礼记·郊特牲》讲"天子大蜡八"，所祭祀的不仅有农耕的创始者"先啬"，甚至还有"猫、虎、堤、渠之神"。"蜡之祭也，主先啬而祭司啬也，祭百种以报啬也。"祭猫，"为其食田鼠也"。祭虎，"为其食田豕也"。① 因为猫可以为人捕捉田中的老鼠，老虎可以捕食田中的野猪，从而保护庄稼，于人有益，故而可以成为人感恩、祭祀的对象。由此也可见古人是借由祭礼来表达报本、感恩之心意的。

前文讲到"慎终追远，民德归厚矣"，这是儒家通过丧祭之礼表达对逝者的感恩和怀念，"礼"在其中起到了培养人情厚德的作用。同时，人情与政事是相通的，"礼"在中国传统社会中所发挥的移风易俗、教化百姓的作用，正可通于治国理政。《礼记·祭统》说："凡治人之道，莫急于礼。"② 《中庸》亦引孔子的话说："明乎郊社之礼，禘尝之义，治国其如示诸掌乎！"③ 《礼记·祭统》："礼有五经，莫重于祭。"④ 《礼记·昏义》言礼"重于丧祭"。⑤ 然而，儒家关注的重点并不是放在"礼"所明确指向的神灵世界或祭祀对象，而是通过这种与神圣世界的特殊关联，所实现的人自身的道德自觉、人文反思和精神升华。由此，儒家的祭天、祭地、祭祀社稷之礼，成为治国理政和教化天下的一大要素："礼"在社会上下的表现形式不同，然其根本作用是一致的，即培养人的报本、感恩、敬畏之心。这一点在《荀子》和《大戴礼记》的论述中更为清晰。《大戴礼记》和《荀子》中有相似的内容，均指出礼有三本：

"天地者，生之本也；先祖者，类之本也；君师者，治之本也……故礼，上事天，下事地，尊先祖而隆君师，是礼之三本也。"⑥

人类生活的一切物质资料来源于天地，"天有其时，地有其财"，天

---

① （汉）郑玄：《礼记》卷八，《四部丛刊》景宋本。
② （汉）郑玄：《礼记》卷十四，《四部丛刊》景宋本。
③ 《中庸》，《四书章句集注》，中华书局1983年版，第27页。
④ （汉）郑玄：《礼记》卷十四，《四部丛刊》景宋本。
⑤ （汉）郑玄：《礼记》卷二十，《四部丛刊》景宋本。
⑥ 《荀子·礼论》，《诸子集成》第二册，中华书局1954年版，第233页。

地的配合造就了丰富多样、生生不息、各具其用的自然万物,作为人应当感恩天地的这份厚德,学习天地的仁德。在传统中国人的观念中,先祖是血脉之源,父母则赋予人肉体生命、关照人最初的成长;同时,"类"的含义不唯族群血脉这一维度,先祖之于后代子孙的意义,更重要的还在于文化上,即一代代人将一个民族的生活方式、生产经验和信仰习俗传承下来、积累起来,使得后代子孙在"文化"这一维度上有了"类"的意涵。对此,作为人应当感恩先祖赋予的肉体生命以及文化生命,唯其如此,作为个体的人才能自一降生于世,便脱离野蛮状态,并可以按照一定合理的方式、作为"文明人"而活着。"君"则是施行教化的主体。在某种意义上,君王将天地提供的自然资源加以合理分配,将先祖创制以及积累的文化资源加以选择和施用,以成为一个时代社会治理的方针政策、人们生产生活的方向和准则,百姓"得之则治,失之则乱""得之则安,失之则危",因而也是礼和社会的根本;"师"则侧重于传授知识学问和为人之道,通过言传身教而让文明传承得以延续。人们经由"师"之教化,才得以传承文化、懂得做人的根本道理,从而成为一个"文明人",故而对"师"也当怀抱感恩和报本之心。①

在儒家看来,祭祀的要义,就在于反本归宗,追思生命和万物的本原,并由此养成报本、感恩、敬畏之心。具体而言,则是自"尊亲"而"法祖",自"法祖"而"敬天",由亲亲发端,自亲及疏,由近及远,最终上达到天地万物之本,让人在原始反终、返本归原的心路历程中实现情感的超越、内心的安顿和终极价值的确立。

如果不单纯以基督教的有神信仰作为评价标准,那么,也可以就此回答一个对于中国人的常见误解和质疑:那就是中国人是否有信仰?中国传统文化中显然有对于"天地""先祖""圣贤"的崇敬和信仰,但没有西方基督教崇拜上帝的一神教信仰,也不追求所谓的彼岸世界或"神"的国度,而是在对"天地""先祖""圣贤"的感恩、敬畏中,实现人自身

---

① 参见徐佳希:《荀子礼治文明思想研究》,北京大学博士研究生学位论文,2019年。

的道德提升和内在超越。

　　另有一个经典的例证说明儒家通过"礼"而培养人内在的敬畏之心，进而实现了对于鬼神崇拜的人文转向：

　　《荀子·天论》篇记载："雩而雨，何也？曰：无何也，犹不雩而雨也。日月食而救之，天旱而雩，卜筮然后决大事，非以为得求也，以文之也。故君子以为文，而百姓以为神。以为文则吉，以为神则凶也。"①

　　"雩"原是一种宗教色彩很浓的求雨仪式。虽然荀子认为"求雨得雨"并不能说明什么，但他也没有完全否定舞雩。相反，荀子认为舞雩很必要，只是需要对人们举行雩祭仪式时的用心善加引导，而不能将其完全宗教化。这就是荀子所谓的"君子以为文"，这里的"文"指的是内心的文饰——借祭祀行为向天表达一种诚意、敬意。这种诚意、敬意是不以结果，也就是天最终是否下雨而改变的。君子所看重的正是通过雩祭实现人与"天"在冥冥中的沟通和感应。人们或许可以想见，面对苍苍之天和干旱的大地，君子心中所存、念之所之，应是天下黎民苍生的生存、自然万物的枯荣，而无需实实在在地看到天之神灵，但是当这种虔敬之心、大爱之心涵养纯熟，天之神灵便自然清晰可感。荀子将这种人文取向、重内心教化的祭祀行为概括为"君子以为文"。与之相对，百姓在求雨祭祀的仪式中或许难有如此丰富、醇厚的内心感受，而只是"以为得求"，即急切地盼望一个应验的结果，荀子将其概括为"百姓以为神"。"以为文"的背后是一种虔诚心、敬畏心，"以为神"的背后是一种外求的功利心；而这里的"文"则成为儒家精神的重要载体，成为一个能提供恭敬心、意义和神圣感的文化系统。

　　由此可见，儒家对礼的反思和人文转向，使礼发生了一种内在性的道德转向。经过儒家的改革，礼不再是崇拜鬼神、祈福消灾的功利性仪式，而是成为人文教化的根本途径。通过礼，不但可以培养起人的报本、感恩、敬畏之心，而且可以由此通达天地之原、万物之本和生命之道，从而

---

① 《荀子·天论》，《诸子集成》第二册，中华书局 1954 年版，第 211 页。

为人的道德自觉建立起超越性的人文根基。

这种对于宗教信仰进行人文转向的重大意义不仅在于人本身，它对于中国人的思维方式、对于中国社会的文化格局乃至国家体制，都有深刻、深远的影响。具体说来，儒家从早期开始，便不将"神"的实存与否作为信仰和学术的重点，在儒家这里，是否有"神"其实是一个模糊的问题，然而，正是模糊才见其可贵——因为死后世界究竟如何、人生从何来死往何去，天地万物如何枯荣如何生灭，这些都不是一个简单的"有神"或者"无神"所能回答的，以人短暂的生命和有限的智慧来说，也很难获得一个让所有人满意的最终答案。故而，儒家对待鬼神，从一开始就避免走上实证的道路，这与科学的发达与否无关，而是因为儒家看清了问题的实质，那就是人类对于鬼神的执着必然是劳而无功。因此，儒家非常注意将人们对鬼神的好奇心、注意力引到人心、道德上来，教给人们一种人人能把握的、中庸的方式去认识鬼神、应对鬼神。

因此，同情理解儒家的这种人文精神对于解决当今世界的宗教问题也大有裨益。正如有学者指出："儒教①给宗教研究提供了一个新的典型，它使人们看到，把某些宗教才有的个性作为判断是教非教的标准，是错误的。如果对这种个性的认识本来就不正确，那就离题更远。再进一步，对于儒教的研究，有助于使世界各国的学者以平等的心态对待宗教问题，并且把这种心态推广到其他一切方面。"②

受此影响，对于外来的各种不同宗教，中国始终保持尊重与包容，呈现出了海纳百川的气度和求同存异的胸怀，中国也很少因宗教而产生战争或极端冲突。一切宗教在进入中华大地之后，也要在教理教义上作出相应的人文转化，如此方能在中国落地生根。这其中最为典型的便是佛教。在儒

① 对于"儒教"这个概念是否成立，目前学界仍有争议，而争议的一大原因正在于对于"宗教"一词的定义。在不同的定义标准下，儒家礼教是否可被视为宗教就有疑义。笔者认为，将极具人文特性的儒家礼教视为一种人文式的、不同于西式的宗教，具有一定的合理性。

② 李申：《中国儒教论》，河南人民出版社 2005 年版，第 53 页。

家思想和中华人文精神的帮助下，中国佛教创造性地融合了印度佛教和中国文化，在理论上完成了佛性的内在性转化和伦理性建构，把佛教的信仰从"彼岸"迎回到人间，让自性清净、自作明灯的人文精神成为中国佛教的核心。佛教中国化之完成，可以说是中国宗教史上最浓墨重彩的一笔。

第三节　尊德性：提防拜物主义

工业革命以后，工业化生产的浪潮席卷全球，人类的物质变得越来越丰富；但是与此同时，人们并未在丰富的物质面前获得相应的满足感，恰恰相反，人类在物欲面前似乎走上了某种迷失自我的道路，物质成为了很多人最重要的人生追求。而当物欲横流到一定程度，很多人为了物质利益不择手段、争相竞逐的时候，人类必然要去反思，要寻求办法应对社会的失序。反思的结果，是重新发现中华传统的重德性的人文思想对于此一问题有重大的借鉴意义。

一、拜物主义与人本主义的异化

在现代社会，"拜物主义"一直在被重新演绎：财务自由、阶级提升、时尚、速度、激情等符号更是将其包装得天衣无缝。可以说，拜物主义不仅盛行，而且很大程度上被合理化了，其带来的腐蚀作用令人防不胜防。尼尔·盖曼在《美国众神》一书中用魔幻的方式给现代生活中备受人们推崇的物品赋予了神格，如高科技之神、媒体女神、飞机之神和汽车之神等。①《美国众神》中所描绘的人们对物质崇拜，甚至让其成为神灵的故事是魔幻的，但是却真实地反映了当今时代的一些拜物现象。商品、货币和资本作为人所创造出来的东西，本是为了帮助人更好、更合理地生活，结果反而成为许多人的上帝，让很多人沦为物质和欲望的奴隶。不少人将成功、希望与幸福寄托在货币和资本上，而不再相信德性、宁静、淡

---

① 参见［英］尼尔·盖曼：《美国众神》，戚林译，北京联合出版公司 2017 年版。

泊这一类内在的幸福，因此许多文化、习俗和传统都不可避免地受到了拜物主义的挑战和冲击。马克思将人的这种异化称为"拜物教"，认为在这种"感性欲望的宗教"① 中，物被赋予了人格，而人则退化到了物的维度。

在荀子看来，人是"生而有欲"的，这本无可厚非；但是，人的欲求是无穷无尽的，在满足了温饱的基础上人还会产生"五声""五色"等诸多欲求，满足了基本的感官需要，可能还有更加刺激的欲求。总之，没有自觉、没有束缚的物欲是永远无法彻底满足的。那么，如果一个社会道德缺失、习俗败坏、法律失效，物欲泛滥给社会带来的后果就是荀子所说的"争则乱，乱则穷"②，"穷"指的是社会整体环境陷入一种困窘、无序的境地，在此社会环境之下，最终的结局是人人自危，是每个人的生存和发展都陷入困境。

这样的困境离当今的人类社会很遥远吗？细思之下，如今的世界似乎已经呈现出一些端倪。《道德经》云："失道而后德，失德而后仁，失仁而后义，失义而后礼。"③ 道、德、仁、义、礼，是一步步后退的社会底线；当"礼"被突破之后，"法"作为一种具有"国家强制性"的社会底线就会被凸显出来。朱子云："礼之所去，刑之所取。"④（在儒家文本中，现代意义上的"法"多被表述为"刑"。）在社会习俗所不能规范到的地方，为了保证社会的基本良好秩序、保证基本的人伦道德，"刑"和"法"就必须出场。但是，正如孔子所言，"道之以政，齐之以刑，民免而无耻"⑤。即使社会规范是存在的，法律是不断被完善的，但是如果没有羞耻心、人的内心没有自觉和约束，那就会"刑繁而邪不止"。在资本为上、拜物主义流行的社会里，严刑峻法也无法阻止人们不计后果地追求

---

① 《马克思恩格斯全集》第 1 卷，人民出版社 1995 年版，第 212 页。
② （清）王先谦：《荀子集解》，沈啸寰、王星贤点校，中华书局 1988 年版，第 165 页
③ 楼宇烈：《王弼集校释》，中华书局 1980 年版，第 93 页。
④ （宋）黎靖德：《朱子语类》第四十三卷，明成化九年陈炜刻本。
⑤ 《论语·为政》，《四书章句集注》，中华书局 1983 年版，第 54 页。

利益，这点正如马克思在《资本论》中对唯利是图者的描述："当有百分之二十的利润，他就活跃起来；有百分之五十的利润，他就铤而走险；为了百分之一百的利润，他就敢践踏一切人间法律；有百分之三百的利润，他就敢犯任何罪行，甚至冒绞死的危险。"① 当一个社会疯狂失序到如此境地，人便不再是真正意义上的"人"，而是沦为被物质所迷惑和异化的拜物主义信徒。

从理论上看，拜物主义的根源在于近代以来人本主义的异化。众所周知，18世纪欧洲的启蒙运动曾高扬人本主义去冲破中世纪神本主义的牢笼。但这种人本主义在帮助西方破除对"神"的迷信的同时，又渐渐走向了另外一种偏端——随着科学技术的发展、工业大生产的兴起以及资产阶级革命的成功，启蒙运动所主张的尊重人权、张扬人性等渐渐变成了对于人欲的无限满足和对于物质财富的无限攫取。这种欲望渐而演变为极端化的"人类中心主义"，其表现形式即是——人要去主宰一切、主宰天地万物。近代西方社会资产阶级的很多思想家因而喊出了"征服自然""改造自然"等口号。然而，人很难彻底征服或主宰天地万物。自然界和人类社会之间常常呈现出这样一种奇妙的局面：人类愈是尊重自然、善待自然，自然界愈是温和，也愈是"善待人类"；而一旦人类想要征服自然，想将自然完全纳于人的欲望之下，那么自然便愈是刚强不屈、愈是蛮横暴虐，甚至会用人类回天无力的大灾难反过来"征服"人类。因此，提倡"人类中心主义"的结果反而是人自身的堕落和物化，人从上帝的脚下站立起来后，又被技术、物欲所统治，成为物的奴隶。人不但丢失了自身的道德自觉，也在物质面前失去了人之为人的尊严。

异化的"人类中心主义"给人类生存的自然环境也带来了极大的伤害。近代以来，在现代高科技的帮助下，人类以"竭泽而渔"的方式从自然界中快速开采了大量不可再生的自然资源，与此同时也造成了许多非常严重的污染。这些做法虽然在短时间内极大地促进了社会经济发展，也

---

① 《马克思恩格斯全集》第23卷，人民出版社1972年版，第829页。

在一定程度上丰富了人类社会的物质生活。但它们同时也扰乱和破坏了地球原生的自然生态系统，给人类社会的正常生活也带来了很多伤害，可以说是"其害甚远"，因为它们违背了可持续发展的理念，提前消耗了人类子孙后代的资源，是极其短视和自私的。这一点，现在很多国家都已经意识到并已着手推进环境保护与可持续发展战略。

然而，即便人类的法律制度再完善、惩治措施再严厉，这些问题纠正起来也是困难重重。一方面，在异化的"人类中心主义"思想的影响下，人类常常自视为自然的主宰，把万物都当作是可以任意支配的对象；另一方面，在拜物主义盛行的风气之下，人很容易在物欲面前丧失自身的道德自觉，并异化为物质的奴隶。

第一次世界大战更是为人们敲响了警钟，人们发现西方近代以来所走的以发展物质文明为主的道路有可能将人类带到战争和死亡的边缘。因此，有一批思想家提出，要发展一种新的人文主义。如雅克·马利坦（Jacques Maritain，1882—1973）在 20 世纪 30 年代就曾指出，文艺复兴与宗教改革所酝酿的人文主义是一种"人类中心主义的人文主义"（anthropocentric humanism），因此他提出要建设"真正的人文主义""完整的人文主义"或"宗教人文主义"，企图再次以神为中心，将"神"作为一种制约力量，在"超越的主体性"之中重新发现真正的人性。[1] 第二次世界大战再次让人们看到了物欲的膨胀、人性的扭曲给全人类带来了极大的灾难，这种建立新的人文主义的需要变得更加迫切。于是，西方的两次人文主义复兴形成了相呼应的局面：17、18 世纪的人文主义思潮目的是冲破"神"的束缚；20 世纪以来的新人文主义是为了防止物欲对人的侵蚀。而不论是第一次世界大战还是第二次世界大战以后，西方的思想家在试图重建人文主义时，都自觉意识到要到东方的古老文明中去寻找精神来源。中华人文精神中的尊德性、严义利之辨，对于人欲、拜物有着现实而深刻

---

[1] 参见［美］詹姆斯·C. 利文斯顿：《现代基督教思想》，何光沪译，四川人民出版社 1992 年版。

的提防。下文即以此为主题而展开论述。

二、中华文化对拜物主义的提防

如前文所述，随着周人对殷商"拜神"思想的超克和纠偏，周人逐步建立起了一个极富道德精神和人文精神的礼乐文明。然而，周人之"德"并非完全出于人的道德自觉，而是在某种程度上也夹杂着一种对政治后果的考量和功利性的动机。故而周代的礼乐系统，也在一定程度上呈现出了功利主义的趋向。[1] 学界因此把周代的礼乐界定为一种"德礼体系"，并指出周人所谓的"德"主要表现为一种政治语境（而非个人道德自发自觉）中的"德"。[2] 一方面，在周人看来，殷商先王因为能够做到"明德恤祀"而受命于天，而后代诸王又因为"惟不敬厥德，乃早坠厥命"（《尚书·多士》《尚书·召诰》）；另一方面，周人所谓的"敬德"亦非完全出于对自身道德使命之自觉，而大多出于王权永续之功利动机。有学者因此指出：在形上学的角度来看，周人的"德"尚未形成一个以自因或自律为根据的自足性概念，因而无法构成社会伦理体系的价值基础。[3]

将周人的"德礼体系"完全归结为一个功利性的存在，这显然是有失偏颇的。然而，将人内在的德性、修为与外在的福报、命运勾连在一起，确立一个必然之因果关系，这在社会实践中肯定会遭遇不少现实挑战。特别是在周代后期，天下纷争、战乱频仍，在德与福、内与外非常显著地不能达到一致的时候，天与天命作为至善本原的超越性、确定性必然会遭遇人们的怀疑与否定。《诗经》中出现的大量疑天和否定无道之君的诗句，就充分表明了这一点。

---

① 参见李明辉：《儒家人文主义与宗教》，《儒学第三期的人文精神——杜维明先生八十寿庆文集》，人民出版社 2019 年版。

② 参见郑开：《德礼之间：前诸子时期的思想史》，生活·读书·新知三联书店 2009 年版。

③ 参见李景林：《义理的体系与信仰的系统——考察儒家宗教性问题的一个必要视点》，《儒学第三期的人文精神——杜维明先生八十寿庆文集》，人民出版社 2019 年版。

孔子及时发现了这个问题，亦即周人之宗教和信仰尚未在德性上实现完全的自觉，在社会动荡到一定的程度，德与福显著地不能达到一致的时候，一个缺乏自觉自律的礼乐系统在面对功利性的现实挑战时，会不可避免地趋向崩塌。因此，孔子及后儒都要解释一个现实问题，那就是：既然内在的"德"与外在的"福"或命运没有必然的因果联系，为何还要坚守道德、追求道德？

孔子曾经说过："富而可求也，虽执鞭之士，吾亦为之。如不可求，从吾所好。"① 可见，孔子也不否定财富和物质的现实意义。然而，财富、地位并不是每个人都必然能追求得到的。孔子指出，人唯一可自作主宰、自由决断者，乃在于选择居仁由义之道德自觉和意志自由。《论语》开篇就说："学而时习之，不亦说乎？有朋自远方来，不亦乐乎？"② 视学问的增长、德行的提升以及志同道合者切磋琢磨为人生最大的乐事。《论语·颜渊》："为仁由己，而由人乎哉？"③《论语·述而》："仁远乎哉？我欲仁，斯仁至矣。"④《论语·里仁》："有能一日用其力于仁矣乎？我未见力不足者。""仁者安仁，知者利仁。""君子喻于义，小人喻于利。"⑤ 这些论述，都充分体现了孔子对于幸福和意义的人文理解。在孔子看来，人真正的自由和幸福并非在于外在的物质和财富，亦非仰仗虚悬的天命或鬼神，而是完全在于人自身的自觉和德性：选择居仁行义、求仁得仁、安仁利仁不但是人不假外求、当下可得的自由和幸福，也是人的本质和本性之所在。

顺着此一问题，中国哲学史上还诞生了影响深远的人禽之辨、义利之辨等重大议题，孟子、荀子、阳明、朱熹等思想家都通过大量深刻而缜密的论述告诉人们：道德自觉是人之为人的根本，是人内在的自然本性，是

① 《论语·述而》，《四书章句集注》，中华书局1983年版，第96页。
② 《论语·学而》，《四书章句集注》，中华书局1983年版，第47页。
③ 《论语·颜渊》，《四书章句集注》，中华书局1983年版，第131页。
④ 《论语·述而》，《四书章句集注》，中华书局1983年版，第100页。
⑤ 《论语·里仁》，《四书章句集注》，中华书局1983年版，第70、69、73页。

不假外求且须无条件坚守的。

在人禽之辨方面，孟子和荀子均有精辟而异曲同工的论述。孟子说："人之所以异于禽兽者几希，庶民去之，君子存之。"① 人与禽兽的区别就那么一点点，但也正是那一点点，不仅将人与禽兽截然分开了，也将君子与小人区分开了。在孟子，人与禽兽的区别就是人的道德性，就是仁、义、礼、智四端，或恻隐、羞恶、辞让、是非四心。孟子认为，这种道德性是人与生俱来的本性，而人之所以会有种种"恶"的心理和行为，那是由于后天环境的影响、物欲的引诱，使得人丢失了自己的良善本性。丢掉了良善本性的后果非常严重，孟子用极其严厉的言辞来表达："无恻隐之心，非人也；无羞恶之心，非人也；无辞让之心，非人也；无是非之心，非人也。"② 孟子将人的道德自觉作为人之为人至为关键的标准和尺度，自孟子之后，"非人也"几乎也成为批评人性沦丧的最严厉判词。

荀子认为，人生来就具有自然的欲望、身体上的本能需求，在这一点上，君子与小人、圣人与常人，甚至人和禽兽，都是相同的。同时，人有父子兄弟，父子兄弟之间有天然的血缘关系，这一点人类与禽兽也是相同的；所不同的是，人在求取物质需要的时候，是有所为有所不为的；人与自己父子兄弟相处时，是有相应的人伦规范、道德准则的。这便是"人禽之辨"。

在荀子，人禽之别被浓缩于一个"义"字。荀子的"义"与孟子的仁义礼智，是有相似的指代的。荀子说：

"故学数有终，若其义则不可须臾舍也。为之，人也；舍之，禽兽也。"③

"材性知能，君子、小人一也。好荣恶辱，好利恶害，是君子、小人之所同也，若其所以求之之道则异矣。"④

---

① 《孟子·离娄下》，《四书章句集注》，中华书局1983年版，第293页。
② 《孟子·公孙丑上》，《四书章句集注》，中华书局1983年版，第237页。
③ （清）王先谦：《荀子集解》，沈啸寰、王星贤点校，中华书局1988年版，第11页。
④ （清）王先谦：《荀子集解》，沈啸寰、王星贤点校，中华书局1988年版，第61页。

所谓学之"义"是为人之道；所谓"求之之道"便是是否合"义"。君子小人，好恶相同，"义"亦共有，可谓相别几希；但是做君子还是做小人，在荀子看来，这不由天定，而是人主动的、自觉的选择。主动选择和持守"义"，是人对于自我价值、自我本质的一种高度的理解和体认，这种体认来源于心之所安，而不受制于任何外在的权威规范或者利益诱惑。这是荀子对于人之道德性的坚定肯认。

通过中国历史上的人禽之辨，中华文化"德"的一面被赋予了人之属性的根本性意义，在此话语体系下，丧失道德几乎等同于丧失做人的资格。换言之，只追求工具理性而不追求价值理性，便不堪为人；一切只具有工具意义而没有价值意义的创造，也无法称得上人类文明。

义利之辨也是中国哲学里的重要命题。义利之辨最主要的目的就是严防拜物、警惕物欲对人的腐蚀。对于个人来说，"喻于义"还是"喻于利"是君子和小人的重要区别。如荀子认为"士君子不为贫穷怠乎道"①，士人君子即使是遭遇贫穷和挫折也不会改变自己对于道义的坚守。孟子也同样指出"无恒产而有恒心者，惟士为能"②。相反，一个人如果缺乏对仁义和道德的追求，则必然难以抵挡物质的诱惑。这就是孔子所谓的"不仁者不可以久处约，不可以长处乐"③。

在义利之辨的命题中，中华文化对于"利"字并非简单地否定，而是承认之、接受之，并时刻提防之。对于君子而言，"提防"的一面就尤为切要了。程子说："君子未尝不欲利，但专以利为心则有害。"④《近思录》中有一句可作为这句话的补充："循天理，则不求利而自无不利。徇人欲，则求利未得而害已随之。"⑤ 君子同常人一样也有物质欲求，这本无可厚非；在儒家看来，君子循天理良心而为，虽不求名利而自无往不

① （清）王先谦：《荀子集解》，沈啸寰、王星贤点校，中华书局1988年版，第28页。
② 《孟子·梁惠王上》，《四书章句集注》，中华书局1983年版，第211页。
③ 《论语·里仁》，《四书章句集注》，中华书局1983年版，第69页。
④ （宋）蔡模：《孟子集注》卷第一，《孟子集疏》，清文渊阁《四库全书》本。
⑤ （宋）蔡模：《孟子集注》卷第一，《孟子集疏》，清文渊阁《四库全书》本。

利，但若为物欲所左右，不但得不到利，而且有害于君子的德性。

不但个人是如此，国家也是如此。"义利之辨"也关系到一个国家的社会风气和精神风貌。《礼记·大学》指出："国不以利为利，以义为利也。"① 中国人认识到，如果处处讲"利"、以"利"为主导和追求，其国民势必会"唯利是图"。国民唯利是图，社会必然陷于争乱。相反，一个社会如果以"义"为导向，人人为公，每个人在做一件事时首先考虑对集体的影响而非一己私利，这样的社会将是文明的、充满温情的，这样的民族也将是团结、有力的。在这样的社会里生存，每个人长远的"利"也才能够得到保障。《易经》将此概述为："利者，义之和也。"② 不能否认的是，求利、逐利是人的一大本能，人很容易在外物的引诱中失去重"义"之心，而竞相逐利。故而，如孔子、孟子、荀子、朱熹、阳明等圣贤后儒，都不惜笔墨强调"义"字当重而"利"字当防。

通过人禽之辨与义利之辨，尊德性、防物欲不仅成为中华文化的主流价值观，也被赋予了重大的社会价值和文明意义，成为人之为人、人类之为人类的必然追求。

三、道德教化：防治拜物主义的重要途径

如前文所述，中华文化主要是通过义利之辨、人禽之辨让人们意识到尊德性而防物欲的重要性。对于提升德性以对治拜物主义，中华文化不仅有态度上的强调，也有具体的落实方式和制度支撑。其中，提倡道德教化就是其中最为重要的途径。中国传统的道德教化主要通过三个维度的教育体系来实现：家庭教育、学校教育和社会教育。

首先，家庭教育是每个人最初、最基本的教育，与每个人的性格养成、人格成长都有着非常密切的关系。虽然"家"的概念古今有别，但是把道德教育作为个人成长、家庭和谐、社会进步乃至国家发展的基础，

---

① 《大学》，《四书章句集注》，中华书局1983年版，第13页。
② （三国）王弼：《周易》卷一，《四部丛刊》景宋本。

提倡由近而远、由内而外的差序伦理精神，以及贯穿其中的"以德为本"的理念则是完全一致的。《大学》云："欲治其国者，先齐其家；欲齐其家者，先修其身"①，齐家是治国之本，而修身则是齐家之本。在《大学》"三纲领、八条目"的体系中，"修身"成为贯穿沟通内圣外王的关键环节，前承格物、致知、诚意、正心，后启齐家、治国、平天下。所谓的"修身"，本质上就是道德教育，就是通过视、听、言、动、起心动念的方方面面去涵养自身的德性。《大学》之所以将道德教育放到如此重要的地位，因其不仅关涉每个人人格的涵养，更关涉家庭的和谐，关涉民风的淳化，进而关涉一个国家的治乱安危。

中国传统的家庭教育集中体现在大量的家规、家训中，家规家训是中华文化的重要组成部分，也是中国古代道德教育的一种重要的形式。为了维护家族的荣耀，历史上的文人士大夫都十分重视家庭道德教育，希望通过家庭教育来涵养子弟的淳厚德性，从而能够考取功名、顺利入仕，并有效抵制物欲的诱惑和侵袭。历史上许多的"家训""家诫""家规""家范""治家格言"都是由此而生。家规家训的历史悠久、内容丰富，文本也多种多样。如东汉时期最为出名的经学家和教育家郑玄，他不仅潜心著述、广收学徒，对家庭教育也极为重视。郑氏一族都有很高的文化素养，甚至连家中的婢女也懂诗，因而给后人流传下"康成诗婢"的佳话。郑玄在《郑氏诫子书》中对他唯一的儿子说："勖求君子之道，研钻勿替，敬慎威仪，以近有德。显誉成于僚友，德行立于己志。"② 郑玄以此教导儿子钻研学问不可松懈，要恭谦谨慎、仪态庄严，努力勤勉地去做一个品德高尚的人。荣誉和名声可以从外面得来，而良好的道德品质，则必须靠自己勤勉的修持才能实现。所谓"积善之家必有余庆，积不善之家必有余殃"，古人通过朴素的语言，将道德教育、家风建设融入长远的家族发展之中。"忠厚传家久，诗书继世长"是最为著名的楹联，古人认为，

---

① 《大学》，《四书章句集注》，中华书局1983年版，第3页。
② （清）沈可培：《郑康成年谱》，清昭代丛书本。

"忠厚"之功，甚于财富，唯"忠厚"可保家族绵延长久。清代纪晓岚留有一联："一等人忠臣孝子，两件事读书耕田。""孝"是中华文化的一大基石，《论语》云："孝悌也者，其为仁之本与？"① 孝悌是为仁之本、德性之本，因为父母是一个人最初来到世上的最亲最近之人，对每个人而言也是恩情最深厚之人，懂得敬爱父母、报答恩情，是一个人最基本的德性。舍此，其他的德性则是无源之水。因而，孝悌之道成为中国古代家庭教育中德性涵养的重要内容。将孝悌之道推广出去，移孝可以作忠，事父之道可以事长、事君。由此，君臣父子、父母官和子民这样的一种家国一体的伦理体系便可建构，家庭内部的人如何相互对待，便也决定了一个社会、一个国家将呈现何种面貌。

在中国古代的家训、家规中，较为人熟知的还有清代理学家、教育家朱柏庐的《朱子治家格言》（又称《朱子家训》），其开篇即云："黎明即起，洒扫庭除，要内外整洁；既昏便息，关锁门户，必亲自检点。一粥一饭，当思来之不易；半丝半缕，恒念物力维艰。"② 《朱子家训》将个人道德的涵养融入生活习惯之中，融入日常的洒扫、应对、进退之节当中。在传统社会，孩童在家庭或者家族生活里的行为表现、日常礼节甚至成为衡量其是否堪为孝子贤才的重要衡量标准。孔子云："爱之，能勿劳乎？"③ 爱护一个孩子，就必须让他在洒扫应对之中养成良好的习惯，生活自理、勤俭节约、尊重长辈、待人接物彬彬有礼、在每个场合照顾他人的需要。古人认为，这是为人父母者爱护孩子的正确方式。反之，如果一个人在孩童阶段未养成良好的生活习惯和人际交往的正常礼节，而是行为乖张、铺张浪费、事事以自我为中心，即便其接受了大量的知识、掌握了大量的技能，他走上社会后，仍然可能会面临更大的人生挫折。更严重者，若家庭未给予其合适的引导，导致其养成了错误的人生观、价值观，那么，这样的人很可能成为社会的隐患。因此，古人将"成人"放在首

---

① 《论语·学而》，《四书章句集注》，中华书局1983年版，第48页。
② （清）陈弘谋：《五种遗规》，《养正遗规》卷下，清乾隆培远堂刻汇印本。
③ 《论语·宪问》，《四书章句集注》，中华书局1983年版，第150页。

位，先"成人"而后"成才"；若不能"成人"，"成才"也必然失去了意义。

家庭教育之后，学校教育阶段成为一个人学习知识、技能，为走向社会做准备的阶段。在中国古代，学校教育依然是将德性的养成、人格的完善作为教育的首要目标。这一点可从位列四书之首的《礼记·大学》中窥见一斑。《大学》开篇云："大学之道，在明明德，在亲民，在止于至善。"① 所谓大学，其根本的含义乃是大人之学、成贤成圣之学，大学教育的最根本目的，是要人成为真正意义上的人。

朱熹为《大学》所作之《大学章句序》中对于学校教育的主要内容、学习阶段、教育对象等做了清晰而精练的划分和概括，其文云："人生八岁，则自王公以下至于庶人之子弟，皆入小学，而教之以洒扫应对进退之节，礼乐射御书数之文。及其十有五年，则自天子之元子众子，以至公卿大夫元士之适子，与凡民之俊秀，皆入大学，而教之以穷理正心修己治人之道。"②

8 岁之前，基本上属于家庭教育范畴；而在 8 岁至 15 岁之间，所有人，不论高低贵贱，均要进入小学，学习"洒扫、应对、进退之节，礼乐、射御、书数之文"③。洒扫应对进退之节在青少年阶段仍然是重要的教育内容，此外，此一阶段要加上基本的知识和技能学习，然而此种知识和技能一方面是为其立足社会做工具性的准备。另一方面，也是更重要的目的，是让人以更加合理的心态和面貌，为立足社会、开启下一段的人生做心灵上、品质上的准备。"礼乐"是教人以规矩，"射御"是教人以收摄身心、锻炼体魄，以及体会"其争也君子"的谦让之道；"书数"类似于如今的语文教育和自然科学教育，是认知世界的重要门径。《性理字训》将小学阶段教育的主要作用概括为"收其放心，养其德

① 《大学》，《四书章句集注》，中华书局 1983 年版，第 3 页。
② 《大学》，《四书章句集注》，中华书局 1983 年版，第 1 页。
③ 《大学》，《四书章句集注》，中华书局 1983 年版，第 1 页。

性"①，收摄放逸之心，养成醇厚的德性。这一阶段所学，可以归纳为"所当然之则"。

在满 15 岁之后，从天子王公、公卿大夫之子弟，到"凡民之俊秀者"，"皆入大学"，而大学中所教授的内容则是"穷理、正心、修己、治人之道"。② 这一点，无论古今都是应当如此的，因为进入大学、接受更高层次教育之人，多属社会中的精英层次，这部分人要担负相当程度的社会责任。这部分群体，在传统中国叫做"士"，在今天统称为知识分子。曾子云："士不可以不弘毅，任重而道远。"③ "弘"指的是士人广博的学问和胸怀，"毅"指的是士人坚强的毅力、坚实的担当。这是儒家认为士人所应当具备的品质。孔子也说："士志于道，而耻恶衣恶食者，未足与议也。"④ 士阶层以道义为求，如果一个国家担当道义使命、负有重大社会责任的群体耻于"恶衣恶食"，说明其重利而轻义，其后果是让整个社会丧失了良心的尺度，孔子对此严厉斥责。同时这里需要指出，在儒家看来，"为天地立心，为生民立命"者必然是少数，在当时的社会条件下也并不允许大多数人都去掌握"治国之道"，所以传统中国选择让一部分有条件接受大学教育之人修习"治人之道"。但是，如前文所述，这部分群体被赋予的，更多的不是特权，而是义务，是内修智慧德性、外学经世致用的责任担当。朱熹将大学阶段所学的内容，归纳为"所以然之故"。

以上就朱熹《大学章句序》对大学、小学进行了大致的分析。具体细分起来，中国很早就形成了丰富立体的学校教育体系。《学记》详细记载了中国传统的学校设置和教育体系，其文云："古之教者，家有塾，党有庠，术有序，国有学。"⑤ 二十五家为闾（同在一巷），设立学校称为"塾"；五百家为党（党属于乡），设置学校称为"庠"；一万二千五百家

---

① （宋）程端蒙：《性理字训》，清同治至民国间刻《西京清麓丛书》本。
② 《大学》，《四书章句集注》，中华书局 1983 年版，第 1 页。
③ 《论语·泰伯》，《四书章句集注》，中华书局 1983 年版，第 104 页。
④ 《论语·里仁》，《四书章句集注》，中华书局 1983 年版，第 71 页。
⑤ （汉）郑玄：《礼记》卷十一，《四部丛刊》景宋本。

为术（通"遂"，遂在远郊），设置学校称为"序"；诸侯国（也包括天子之国）设置学校称为"学"。每一阶段具体的学习目标，《学记》也有说明："比年入学，中年考校。一年视离经辨志，三年视敬业乐群，五年视博习亲师，七年视论学取友，谓之小成；九年知类通达，强立而不反，谓之大成。夫然后足以化民易俗，近者说服，而远者怀之，此大学之道也。"① 从此中可见，中国传统的学校教育将人格养成细化到了具体每一阶段的教育目标上，并将培养"化民易俗""近者悦"而"远者怀"之人，作为学校教育的最终使命。由此可以说，道德教化是贯穿传统社会学校教育之始终的，并且，培养人的道德自觉和健全的人格是学校教育至为关键的职责和任务。

最后，社会教育也是道德教化的重要途径。社会教育，其实就是社会大环境和社会整体风气对人潜移默化的影响、教育和引导，从而起到化民成俗、导人向善的作用。如果没有一个好的社会环境予以配合和强化，家庭教育和学校教育即使做得再好，也会受到不良社会风气的负面影响。

在中国古代，社会教育形式主要是"高台教化"，包括戏剧、戏曲、说唱和评书等。古代的普通百姓一般不认识字，大部分人无法通过读书而明理；但是，经由乡党邻里的言传身教，通过各种形式的民间娱乐和艺术活动，人们潜移默化地认识了善恶美丑，懂得了孝悌忠信。古人将人群中智慧圆满、德行圆满的道德楷模尊奉为"神"，引导人们学习其德性，学习其对社会的贡献。某种程度上，在传统社会，道德的典范就是社会上的"明星"，而高台教化就是社会上的"媒体"。古代著名的典范人物有忠君爱国的比干、屈原，有忠肝义胆、义薄云天的关羽，有鞠躬尽瘁、死而后已的诸葛亮……在中华文化中，这样的杰出人物可以说是层出不穷，他们有的智勇过人，有的身怀文韬武略，但都甘愿为了家国天下付出所有，甚至杀身成仁、舍生取义，在百姓心中留下了永不磨灭的光辉形象，他们的精神品格也深深融入了中华文化的血脉之中。

---

① （汉）郑玄：《礼记》卷十一，《四部丛刊》景宋本。

　　但是，传统社会环境终究是相对闭塞的，受传播媒介的局限，较之现代社会，传统社会教育方式的影响力相对较弱。在现代社会，这一情况发生了几乎是翻转式的变化：随着互联网尤其是移动互联网的快速发展，网络媒体的社会影响力越来越大，相当一部分人几乎完全依靠网络来获得对社会的认知；同时，经过商业包装与宣传的影视界、体育界的明星成为人们追捧的对象，其影响力远远超出传统的圣贤人物和道德楷模。总的来看，如今的时代环境下，社会教育的影响力和重要性愈发凸显，甚至成为整个教育的最大载体。为此，生活在现代环境下的人们必须厘清一个问题：公共领域究竟应当将什么样的人树立为典范，究竟应该引导人们向什么样的人学习；媒体，尤其是日益占据话语权的新媒体，其责任究竟是什么；再进一步，那些对公众思想意识产生巨大影响的媒介、人物或现代娱乐形式，应当选择怎样的内容进行宣传和演绎、应当秉持怎样的操守以从事其工作和活动。现代社会媒体以及娱乐媒介常因利益驱使，而以"自由"为名，为其良知与理性的匮乏、社会责任感的缺失而辩护。殊不知，"自由"是有条件和前提的，社会整体的风俗、他人长远的利益就是自由最大的前提，在社会整体的根本的关切面前，任何"为艺术而艺术""为娱乐而娱乐"的自由都是不坚实、不能经受考验的。为此，现代社会需要重新楷定社会教育的责任，重新树立起时代楷模的评价标准、重新厘定媒体人的操守和义务。对应现代社会的时代弊病，以道德风向抵御盛行的拜金主义、以责任伦理代替功利主义，或许是现代社会教育亟须完成的任务。时代需要新的载体唤醒人们的良知，人类也有责任用其本有的良知去创造更加和谐有序的社会环境。

　　纵观近几百年来的历史，人与自然的关系、人与人（社会）的关系、人类自身的身心关系，都日趋紧张、恶化，人类总是不自觉地陷入信仰偏执和极端宗教主义中去，盲目地沦为神的奴隶，抑或不自觉地陷入拜物主义中去，盲目地以"物"为人生追逐的理想。然而，不论是宗教偏执还是极端拜物，究其根本，都是缘于人类自我主体性的丧失，缘于人之自尊、自觉、自律的缺乏，缘于"以人为本"的人文精神的丢失。

人不应当"役于神",更不应当"役于物",人应当有自己独立的人格。有不少人以为,随着经济的发展和科学的进步,人类已经可以告别听命于"神"的历史,人类已经可以随心所欲地去支配"物"的世界了。然而,如果冷静地看看当今世界的现实,恐怕就不会这么乐观了。信仰偏执和极端宗教主义的问题是极其复杂的,绝非简单依赖科技发展就能解决。随着现代高科技的快速发展,品类繁多的科技产品和商业服务日益涌现,人类的物质欲求不断膨胀,并被进一步地刺激和开发,"役于物"的问题也日益凸显出来。

面对这两项难题,中国文化非常具有针对性和现实意义。一方面,中华文化提倡"以人为本",充分重视人在社会发展和文化建构中的根本作用,旗帜鲜明地反对信仰偏执和宗教极端主义;另一方面,中华文化提倡"尊德性""疾敬德",强调要通过德性的提升来抵御物欲对人的侵袭,因而有利于防治由于物质文明高度发达而带来的拜金主义和消费主义,以及由此导致的自我失落和精神空虚。

这样一种"重人本,尊德性"的人文精神,对现在、未来的中国和世界之发展都有迫切的积极意义,我们亟须继承并发展这种以人为本的辩证人文主义,以此纠正极端宗教主义和异化的"人类中心主义",以及与此相关的"信仰偏执""消费主义""科技万能"等思想。正确地阐释和弘扬中国文化"以人为本"的人文文化的思想本质和核心精神,并将其深远价值与世界共享,是当前继承和弘扬中国优秀传统文化的重要任务。

第 七 章

以责任伦理为核心的价值谱系

　　相比于西方个人权利优先的价值理念，中国文化强调责任伦理的优先性。当西方的社群主义与自由主义在争论权利优先于善还是善优先于权利的时候，中国文化不会陷入这样的争论。中华文明在长期历史中塑造了以天下为己任的责任伦理，造就了中国人浓烈的家国情怀，修身齐家治国平天下，修己以安人，修己以安天下，成为中国士人的最高向往。同时，我们也指出了中国责任伦理的根据在于强烈的忧患意识以及敬德，以及在社会关系之中的伦理本位与差序格局。我们也指出中华责任伦理的价值体系最集中地体现在：成己成物的仁者精神与礼义之分的责任意识。此乃中华文化的仁义之道。

第一节　以天下为己任的责任伦理

　　以天下为己任的责任伦理造就了中国的士人精神以及士人政治主体性的意识，以天下为己任也与中国的大一统以天下秩序的制度构造有关。以天下为己任的伦理观支撑了中国士人的精神世界，也造就了中国人家国天下的情怀与大局意识。

　　中国以天下为己任的责任伦理产生于中国周秦之变的剧烈社会变革之际。封建制下的周代实际上是一种贵族政治，"礼不下庶人，刑不上大夫"（《礼记·曲礼上》）。当时的教育体制是所谓"学在王官"，"礼乐则是章学诚所谓官师政教合一的古代王官之学"①。只有贵族子弟才能接受六艺的教育，以维持粲然文备的周代礼乐秩序。春秋末年礼坏乐崩，封建贵族渐趋破产，王官失坠，诸子百家从原来的王官之学中分离，这就是章学诚所说的"诸子皆出于王官"。民间的自由讲学成为风气，教育逐渐向下层民众开放并普及化。尤其是孔子有教无类、因材施教的做法打破了世袭贵族对教育的垄断，自由讲学的风气盛行，以儒家、墨家、纵横家为代表的平民学术兴起。这在中国历史上标志着"士"的兴起。孔子以仁发明斯道（周道）、推动民间讲学的伟大功绩正在于锻造了中国士人兼济天下的精神。

下逮战国，百家竞兴，游士声势，递增递盛。这一方面加速了古代封建统治阶层的崩溃，另一方面促成了秦、汉以下统一大运的开始。反映在社会结构的变迁上，中国形成了由"知识分子——士人"领导的士农工商的四民社会。世袭贵族阶级没落，平民学者取而代之而掌握了文化知识上的权威地位。士人的产生和壮大，对中国社会各方面都造成了深刻的影响，可以说是士人决定了中国传统文化的形态和内核，也使中国传统政治发展为一种平民政治。政府和社会的非贵族化倾向日益发展而成为士人政府和平民社会。战国时代以天下为己任的一辈平民学者，身怀天下一家世界大同的理想，到各国游说，宣传自己的政治思想。他们"谋道而不谋食"（《论语·卫灵公》），只为大群着想，不为一己之私利着想，背负着一种宗教信徒般的精神。这些学者大都出身于农村或者由没落的贵族转化而成，就是所谓的士人，他们被当时的诸侯重用，成为社会中心指导力量，因之钱穆称战国为"游士社会"。

中国由周代封建制过渡到郡县制大一统的官僚制帝国后，贵族阶层的世袭政治特权被取消并逐渐没落，随之而起的是士人。"士"本来是周代金字塔等级社会中最低级的爵位（天子、诸侯、卿、大夫、士），然而经

① 余英时：《士与中国文化》，上海人民出版社1987年版，第26页。

过战国到汉初的社会演变，士人成长为肩负文化使命（以道自任）的知识分子集团。钱穆先生指出，西汉为郎吏社会，而秦汉政府堪为一士人政府，秦汉以下承担文化使命的是士大夫。[①] 进入秦汉之后，"中国知识阶层发生了一个最基本的变化，即从战国的无根的'游士'转变为具有深厚的社会经济基础的'士大夫'"[②]。

余英时指出，孔子开创了中国的"士人精神"。[③] 孔子最先揭示的"士志于道"便已规定了"士"是基本价值的维护者。子曰："士志于道，而耻恶衣恶食者，未足与议也。"（《论语·里仁》）士人有志于追求远大的道，对于那些以穿破衣、吃糙饭为耻的人根本不值得与其谈论道的事情，士人的追求不是物质的富足与感官的享乐。子贡曰："如有博施于民而能济众，何如？可谓仁乎？"子曰："何事于仁！必也圣乎！尧舜其犹病诸！"（《论语·雍也》）孔子认为像"广博地对百姓施惠又周济救度大众"这样的功业不仅称得上是仁，就连尧舜那样的圣王都感叹不一定能达到。君子并不把个人的安危祸福放在最重要的位置，而是把天下苍生的福祉放在最神圣的地位。子路问君子。子曰："修己以敬。"曰："如斯而已乎？"曰："修己以安人。"曰："如斯而已乎？"曰："修己以安百姓。"（《论语·宪问》）孔子认为修己的最终目的不只是安顿自己的身心性命，最终的目的是安顿他人，以至于安顿天下的百姓。这与孟子讲的"穷则独善其身，达则兼济天下"（《孟子·尽心上》）的胸怀是一脉相承的。

曾参发挥师教，说得更为明白："士不可以不弘毅，任重而道远。仁以为己任，不亦重乎？死而后已，不亦远乎？"（《论语·泰伯》）《大学》提出"亲民""明德""止于至善"与"正心、诚意、格物、致知、修身、齐家、治国、平天下"的三纲八条目，把儒家的修齐治平之道熔铸在中国文化的深层心理结构之中。孟子说："禹思天下有溺者，由己溺之也；稷思天下有饥者，由己饥之也，是以如是其急也。"（《孟子·离娄

---

① 参见钱穆：《国史新论》，生活·读书·新知三联书店 2001 年版，第 18 页。
② 余英时：《士与中国文化》，上海人民出版社 1987 年版，第 77 页。
③ 参见余英时：《士与中国文化》，上海人民出版社 1987 年版，第 35 页。

下》）儒家塑造了以天下人的安危祸福为己任的圣贤气象与人格理想，一种充盈浩然正气的大丈夫气概和人格完美的道德理想主义。孟子说："故天将降大任于斯人也，必先苦其心志，劳其筋骨，饿其体肤，空乏其身，行拂乱其所为，所以动心忍性，曾益其所不能。"（《孟子·告子下》）庄子把儒家的修齐治平之道概括为"内圣外王之学"，可谓非常恰当。一方面，强调内在的心性修养，注重内在德性的自我完善和精神境界的提升；另一方面，内在的修为是为了外王的事功，不断践履经世济民、平治天下的理想目标。内圣外王之道可谓原始儒家社会责任的践履模式，这也与我们上文所讲的圣贤强烈的忧患意识是分不开的。

"人能弘道，非道弘人"（《论语·卫灵公》）以及"士不可以不弘毅"的原始教义对后世的"士"产生了深远的影响，而且愈是在"天下无道"的时代也愈显出它的力量。所以汉末党锢领袖如李膺，史言其"高自标持，欲以天下名教是非为己任"（《世说新语·德行》），又如陈蕃、范滂则皆"有澄清天下之志"。《世说新语》载："陈仲举（陈蕃）言为士则，行为世范，登车揽辔，有澄清天下之志。"

然而，正如余英时指出的，先秦的"士"主要是以仁为己任，他们是价值世界的承担者，而"天下"则不在他们肩上。东汉是历史上一个士人群体闪耀的时代，当时士大夫领袖李膺提出"以天下名教是非为己任"，仍然局限在精神领域之内。[①]"以天下为己任"的意识直到宋代才完全明朗化了。而宋代范仲淹倡导"先天下之忧而忧，后天下之乐而乐"（《岳阳楼记》）的风范后，"以天下为己任"一语才开始传播，激发了一代士人的理想和豪情。南宋思想家朱熹在《语类》中说："且如一个范文正公，自做秀才时便以天下为己任，无一事不理会过。"且不论范仲淹是否完美践行了"以天下为己任"或"先忧后乐"，但在他提出这一新规范之后，很快便在士大夫群体中激起了巨大的回响，以至于朱熹评价他

---

① 参见余英时：《朱熹的历史世界：宋代士大夫政治文化的研究》，生活·读书·新知三
  联书店 2004 年版，第 211 页。

"振作士大夫之功为多"①。如果用现代观念作类比，可以说"以天下为己任"蕴含着士人对国家和社会事务有直接参与的资格，成为"士"的集体意识，并不只是少数理想极为高远的士大夫所独有。②

北宋承五代之浇漓，范仲淹起而提倡"士当先天下之忧而忧，后天下之乐而乐"，激起了一代读书人的理想和豪情。陆游说"位卑未敢忘国忧"，即便地位低微，但心心念念的仍是国家；文天祥说"人生自古谁无死，留取丹心照汗青"，人固有一死，但这一颗赤胆忠心完全献给江山社稷。顾炎武说"天下兴亡，匹夫有责"。晚明东林人物的"事事关心"一直到最近还能振动现代中国知识分子的心弦。林则徐说"苟利国家生死以，岂因祸福避趋之"。如果根据西方的标准，"士"作为一个承担着文化使命的特殊阶层自始便在中国史上发挥着"知识分子"的功用。

钱穆先生说，这个士人阶层构成了足以领导社会前进的中间阶层，正是他们的作用使得政府与社会紧密联系，呼吸相通。孔子所说"士志于道，而耻恶衣恶食者，未足与议也"（《论语·里仁》），孟子也说"劳心者治人，劳力者治于人；治于人者食人，治人者食于人"（《孟子·滕文公上》）。孔子讲的士就是所谓劳心者，这个壮大的士阶层，不直接从事生产事业，他们由劳力者供养（士人有"代耕之禄"），但是却掌握了学术和知识，代表着先进文化的前进方向，而且注重德性修养，他们要劳心而治人。在钱穆先生看来这些士构成了社会的中心指导力量，自从封建制崩溃以来形成了四民社会——士、农、工、商的社会，而士人成了这一社会的领导力量和核心。"远溯自孔子儒家，迄于清末。两千四百年，士之一阶层，进于上，则干济政治，退于下，则主持教育，鼓舞风气。在上为士大夫，在下为士君子，于人伦修养中产出学术，再由学术领导政治。广土众民，永保其绵延广大统一之景运，而亦永不走上帝国主义资本主义之道

---

① 《朱子语类》卷一二九《本朝三·自国初至熙宁人物》。
② 参见余英时：《朱熹的历史世界：宋代士大夫政治文化的研究》，生活·读书·新知三联书店2004年版，第211页。

路，始终有一种传统的文化精神为之主宰。"①

　　为何到宋代士大夫的政治主体意识突然兴起了呢？为何宋朝会成为士人的"黄金时代"？日本学者内藤湖南指出自从周秦之变以来，经历的第二次巨大社会变革是"唐宋之变"，中国由贵族社会彻底转变为平民社会，形成了"门阀衰落""平民兴起""科举兴盛""君臣共治""商业发达""佛道脱魅"的特征，宋代开启了中国的近世。② 由此，社会上的阶级成分由封建制下的贵族和平民的对立而成为平铺的无特殊集团特殊力量的平民社会。宋代大规模的科举取士使得大量贫寒士子进入仕途，这一新兴士大夫阶层通过自己的奋斗脱颖而出，他们作为群体的自觉意识已经比较成熟了。宋代士大夫从整体而言，占据其价值取向主导地位的是"承当天下事"。代表言论如范仲淹的"先天下之忧而忧，后天下之乐而乐"，张载的"为天地立心，为生民立命，为往圣继绝学，为万世开太平"，还有南宋的监察御史方庭实义正词严地面对高宗说，"天下者，中国之天下，祖宗之天下，群臣、万姓、三军之天下，非陛下之天下"③。邓小南指出，仁宗朝是宋代士大夫政治发展史上的关键时期。"士大夫对于自身的定位较前积极，也在更为广泛的意义上、更加理直气壮地讨论与君主'共治天下'的话题。"④

　　在宋代，士大夫的政治主体意识空前高涨，"以天下为己任"成为士大夫的普遍理想与责任担当，加之宋代的宽厚的政治文化氛围与养士国策，形成了文彦博所谓"君主与士大夫共治天下"（《宋史》卷三一三《文颜博传》）的格局。无论宋代新儒学各派观点有何分歧，但其"经世"理想是一致的。因为宋代新儒家已不复出自门第贵族，他们的"天下"也是指社会上所有人而言的，包括所谓士、农、工、商"四民"。士自然是四民之首，他们以"天民之先觉"自居，把"觉后觉"看作是当仁不

---

① 钱穆：《国史新论》，三联书店 2001 年版，第 51 页。
② 参见［日］内藤湖南：《中国史学史》，马彪译，上海古籍出版社 2008 年版。
③ 《宋史纪事本末》卷七十二"秦桧主和"条。
④ 邓小南：《祖宗之法：北宋前期政治述略》，生活・读书・新知三联书店 2006 年版，第 419—420 页。

让的神圣使命。"经世"之道在北宋表现为政治改革，以王安石变法为代表，南宋以后则日益转向教化，尤以朱熹等人创建书院和社会讲学为显著特色。由于这一转变，新儒家伦理才逐渐深入到中国人的日常生活之中，发挥其潜移默化的作用。

宋代士大夫政治主体的精神一方面体现在士大夫积极投身于政治改革，革除弊政，试图再造理想之三代图景；另一方面，士大夫在民间兴办书院、大兴教育、完善家礼、主持乡约、巩固宗族，推进了地方治理与道德教化，实现了荀子所谓"儒者在朝则美政，在乡则美俗"（《荀子·儒效》）的期许。"无论是王安石的'新法'、吕氏的'乡约'或范氏的'义庄'……宋代从中央到地方的许多革新活动，背后都有一股共同的精神力量。这便是当时所谓'以天下为己任'。"① 尤其是随着宋代理学的昌盛，儒家士大夫在民间推行了一系列渗透儒家精神的礼制，完善婚丧嫁娶等礼仪，普遍建立宗族祠堂等祭祀礼仪与制度等，把儒家的人伦道德落实在乡间，巩固了地方宗族制度。"士大夫已明确认识到：治天下必须从建立稳定的地方制度开始。"② 北宋思想家吕大钧兄弟在关中制定的"德业相励、过失相规、礼俗相交、患难相恤"的《吕氏乡约》，成为中国历史上第一部乡约。《吕氏乡约》便要把儒家精神客观化、具体化，普遍渗透进社会群众之日常生活里，来代替宗教团体之任务。③ 南宋理学家朱熹制定了完善的《朱子家礼》，颁行于乡间，他还开创了赈济灾民的"社仓互助法"。朱熹在地方任职时获得官府同意和支持，在当地建立社仓储备存粮，并与当地乡贤共同制定《仓规》，允许百姓在每年春夏青黄不接时借贷一次，秋冬偿还，这种办法在赈灾、社会救济方面发挥了重大作用。王阳明在赣南仿照北宋的《吕氏乡约》制定了《南赣乡约》，主要内

---

① 余英时：《朱熹的历史世界：宋代士大夫政治文化的研究》，生活·读书·新知三联书店 2004 年版，第 220 页。
② 余英时：《朱熹的历史世界：宋代士大夫政治文化的研究》，生活·读书·新知三联书店 2004 年版，第 220 页。
③ 钱穆：《宋明理学概述》，九州出版社 2010 年版，第 92 页。

容有六点：孝顺父母、尊敬长上、和睦乡里、教训子孙、各安生理、毋作非为。乡约以十家牌为单位，定期宣讲，以敦风化俗。实际上，王阳明的《南赣乡约》是寓教化于保甲之中的做法，推动了社会救济与地方教化。

"以天下为己任"的理念在宋代之后继续支撑着士大夫们经世致用、兼济天下的责任感与使命感。在国家与民族面临危难之际，他们总是站出来，担负起拯救家国天下的使命。尤其在近代中国遭遇三千年未有之大变局的世变时代，中国先进的知识分子以天下为己任，心系国家与民族命运，在救亡图存、振兴中华的时代洪流中，始终走在前列，涌现出一批批可歌可泣的英雄人物与光辉事迹。林则徐"苟利国家生死以，岂因祸福避趋之"，领导虎门销烟提振民族精神。魏源、郑观应等开明士大夫开眼看世界、开师夷长技以制夷风气之先。康有为、梁启超、谭嗣同等改革家托古改制、变法图强以保国保种保教。孙中山、黄兴等革命党人先觉觉后觉，以天下为公的精神勠力革命。毛泽东、周恩来等中国共产党人以大无畏之革命浪漫主义精神敢教日月换新天，救民于水火，带领中国人民实现民族解放的伟业。中国近代在拯救民族危亡、实现中华民族伟大复兴的征程中，正是以天下为己任、救民于水火的兼济天下的情怀指引他们前仆后继，谱写了灿烂的可歌可泣的诗篇。

第二节　中华责任伦理的核心价值体系

西方语境中的责任伦理归属于上帝信仰之下的自由意志与个体对自身行动的负责，而不再把责任推卸给上帝。西方语境中的责任伦理是与精神除魅后的个人主义伦理挂钩，自己要对个体的行动负责。而中华责任伦理一开始就把个人置于群体网络的关系之中，看待个人担负的使命、责任与义务。因而中华的责任伦理具有强烈的忧患意识与敬德精神。

一、西方语境中的责任伦理

当我们讲到责任伦理的时候，这首先是从西方舶来的词汇。我们需要在中西方文明对比的视野下看待中国责任伦理的价值体系的特色。首先，"责任伦理"一词是德国社会学家马克斯·韦伯在《学术与政治》的演讲中提到。他在该演讲中区分了"信念伦理"（Gesinnungsethik，或译为"心志伦理""意图伦理"）与"责任伦理"（Verantwortungsethik），这两种准则有着不可调和的冲突。"这不是说心志伦理就是不负责任，也不是说责任伦理便无视于心志和信念。……一个人是按照心志伦理的准则行动（在宗教的说法上，就是'基督徒的行为是正当的，后果则委诸上帝'），或者是按照责任伦理的准则行动（当事人对自己行动［可预见的］后果负有责任），其间有着深邃的对立。……若一个纯洁的意念（Gesinnung）所引发的行动，竟会有罪恶的后果，那么对他来说责任不在行动者，而在整个世界、在于其他人的愚昧、甚至在于创造出了这般愚人的上帝的意志。与之相对，按照责任伦理行动的人会列入考虑的，正是平常人身上这些平常的缺陷。"①

简而言之，信念伦理就是按照信念或信仰去做事，完全不考虑后果，将结果交给上帝，就像虔诚的信徒为了一个目标而不计后果、代价地去行动。这是中世纪典型的基督信徒所秉持的信念伦理。责任伦理是说，当上帝死了，世界被祛魅之后的世俗化时代，人们必须对行为的结果负责。就像韦伯说的："一个成熟的人（无论年纪大小），真诚而全心地对后果感到责任，按照责任伦理行事，然后在某一情况来临时说：'我再无旁顾；这就是我的立场。'这才是人性的极致表现，使人为之动容。"② 上帝不再照管后果，人们必须自己承担行为的后果，这成了严肃生活的价值尺度。马克斯·韦伯所关怀的是中世纪基督信徒所坚持的信念伦理，以及在祛魅时代以政治为业的政治家所应当秉持的责任伦理，政治家应当对国家、民族的命运勇于承担责任。

---

① ［德］马克斯·韦伯：《韦伯作品集Ⅰ：学术与政治》，钱永祥译，广西师范大学出版社2004年版，第261页。
② ［德］马克斯·韦伯：《韦伯作品集Ⅰ：学术与政治》，钱永祥译，广西师范大学出版社2004年版，第272页。

可以说，西方的责任伦理是在宗教信仰衰落的背景下，人们出于自己的道德良知勇于承担自身行为的责任，不再把所有责任都推卸到上帝身上，体现了人本主义的精神。责任伦理的兴起还有另外一个背景。第二次世界大战之后，针对纳粹战犯阿道尔夫·艾希曼的审判引发了犹太裔伦理学家汉斯·约纳斯对责任伦理的探讨。在此之前的宗教神学之中，有一种非常流行的"神正论"说法，即为什么全知全能全善的上帝创造了会作恶的，甚至会犯下滔天罪恶的人类呢？古罗马的奥古斯丁以人类拥有自由意志的理论解决了神正论的问题，就是说，上帝是全知全能的，但是人类拥有自由意志，有些人选择去做善事，而有些人有自由意志，选择去作恶，然而这并不能否定上帝的全知全能全善。然而，第二次世界大战中的纳粹集中营的一个看守人艾希曼却为自己辩护，在这场惨绝人寰的大屠杀之中，他并没有犯什么错误，他只不过是在执行上级的命令而已。这被思想史家阿伦特称为"平庸之恶"。艾希曼的自我辩护再次引发了"神正论"的危机，人类拥有自由意志，就可以随意作恶而不用承担责任吗？这场审判引发了约纳斯的思考，他认为上帝仅仅在创世时发挥了它的作用，在生成世界之后它便不再主动做什么。这也就意味着上帝浸入它所创造的世界中，随着世界的变化而变化。在这个意义上，上帝和世界是相互影响的。上帝不会主动地为我们做些什么，而恰恰相反，我们所做的却能够影响上帝。约纳斯的思路引起了一场神学的革命，创造未来的主动权从神的手上交到了人的手上。①

这意味着，"命令的"上帝隐退了，人类唯一可以依靠的便是自己。因而约纳斯提出了他的责任伦理学：人对他的行为负责，这种行为的责任是人无法摆脱的。人作为唯一能够负责人的存在者，对他所做的事负责。奥斯维辛事件中那种推脱个体责任的现象是不可接受的，再也不能盲目服从外在的权威与命令，每个人要对自己的思考和良知负责。约纳斯提供了一个神正论的当代版本：我们人类在上帝的注视下，自己为自己谋划。不

---

① 参见［德］汉斯·约纳斯：《责任原理》，方秋明译，世纪出版社 2013 年版。

但是为我们自己，更是为上帝，为我们生活的这个世界。我们应该清醒地认识到上帝和我们身处的世界一样处在不断变化、不断生成的过程中，而这种变化的动力正是来自人类内心的信念、决心与担负起来的责任。

综上所述，西方的责任伦理主要是在宗教信仰衰微之后，个人主体性价值的彰显，个体出于道德良知，要承担自身行为的责任，而不再把责任推卸给外在的绝对他者，或者是上帝，或者是外在的权威与命令。在这一点上，道德良知与中国哲学中的阳明心学讲的"良知"有一些相似之处，就是一种自然的道德良知，一种判断是非曲直的道德情感。在中国的语境中叫作"道德本心"。下面，我们主要来谈中国责任伦理的价值体系。

二、中国责任伦理的根据：忧患意识与敬德

与西方相比，中国早在西周时期就脱离了人格神宗教神权的笼罩，开启了一种人文主义精神的觉醒。在这个意义上，中国文化可谓早熟。梁漱溟先生指出，中国是伦理本位的社会，是以道德代替宗教。而西方的人伦道德建立在宗教的信仰基础之上，所有世俗伦理规范终极的根据都在于宗教。而在宗教形态下，人们的主体性是服从服务于对神的信仰的，抬高神权，让人自身的主体性与能动性拜倒于宗教的神学权威之下。西方有所谓"理性与启示"之争，就说明了西方哲学理性与宗教启示之间的纷争。而中国的责任伦理精神从一开始就拜托了宗教信仰的非理性与原始蒙昧。

中国的责任伦理来源于文化深处的忧患意识。《周易·系辞下》载："《易》之兴也，其于中古乎？作《易》者，其有忧患乎？"海外新儒家徐复观认为，圣人的"忧患意识"正是中国哲学从原始宗教的恐怖与蒙昧中轴心突破的精神动力。原始宗教下布满的是人对无常天命（人格神）的恐惧感，而哲学突破之后，恐惧感被人对天命的敬畏感代替，这是一种对人所背负的道德责任与使命的敬重。在徐复观看来，这种责任感与使命感的体现就是忧患意识。"'忧患'与恐怖、绝望的最大不同之点，在于忧患心理的形成，乃是从当事者对吉凶成败的深思熟虑而来的远见；在这种远见中，主要发现了吉凶成败与当事者行为的密切关系，及当事者在行

为上应负的责任。忧患正是由这种责任感来的要以己力突破困难而尚未突破的心理状态。所以忧患意识，乃人类精神开始直接对事物发生责任感的表现，也即是精神上开始有了人的自觉的表现。"①

忧患意识的出现表明了西周人文精神的觉醒，殷商时期人格神意味浓重的天命观转变为敬德保民、以德配天的人文化的天命观，标志着人作为德性主体的觉醒。不再是高高在上的天神主宰一切，天的意志依据人的行事而转移，"天视自我民视，天听自我民听"（《尚书·泰誓中》）。圣王就必须承担起吉凶祸福的责任，深谋远虑，为政治共同体确立大经大法。在轴心突破后，忧患意识所推动的人文精神觉醒的潮流下，儒家对待天命不再是原始宗教式的惧怕与屈服，而是以主体的责任精神与道德意识承担起天命，尽心知性以知天，并从天人合一中获得巨大的自足与快乐（自慊）。"乐天知命，故不忧。"（《周易·系辞上》）王弼注曰："顺天之化，故曰乐也。"孔颖达疏曰："顺天施化，是欢乐于天；识物始终，是自知性命。顺天道之常数，知性命之始终，任自然之理，故不忧也。"

《论语·子罕》载：子畏于匡，曰："文王既没，文不在兹乎？天之将丧斯文也，后死者不得与于斯文也；天之未丧斯文也，匡人其如予何？"孔子这种斯文在兹以及知其不可而为之使命担当精神，铸造了中华责任伦理的精神之源。中国文化推崇以文化人、文明以止的理念也是由孔子塑造的责任伦理的题中之义。然而，孔子并没有祈求天命，而是以人的主动担当与积极有为去顺应天命。《礼记·中庸》载："仁者，人也。"孔子强烈的忧患意识体现在他发明了"仁"道以标举人自身的道德能力，从而将人从无常的天命摆布中拯救出来，高举"仁者，人也"的道德主体性。陆九渊说："夫子以仁发明斯道，其言浑无罅缝。"（《陆九渊集》卷三十）

因而相对于原始宗教是消解自己的主体性，把自己彻底皈依于神的强大权威之下，在孔子看来，对天命的敬畏就转化为一种在世的忧患意识，

---

① 徐复观：《中国人性论史》，华东师范大学出版社 2005 年版，第 14 页。

其重心就从"敬天"转向"敬德"，转向对人的主体性的挺立与德性的修养与实践上。"在忧患意识跃动之下，人的信心的根据，渐由神而转移向自己本身行为的谨慎与努力。这种谨慎与努力，在周初是表现在'敬''敬德''明德'等观念里面。尤其是一个敬字，实贯穿于周初人的一切生活之中，这是直承忧患意识的警惕性而来的精神敛抑、集中及对事的谨慎、认真的心理状态。……周初所强调的敬，是人的精神，由散漫而集中，并消解自己的官能欲望于自己所负的责任之前，凸显出自己主体的积极性与理性作用。"①

忧患意识与人文精神的觉醒，并没有让中国人更加匍匐与拜倒于宗教神权的权威之下，而是挺立其人的道德主体性，以"人能弘道"的主体责任去承担成己成物的使命，尽心知性知天，把人的潜能充分发挥以臻于至善。

三、中华责任伦理的价值体系

中华责任伦理的价值体系体现在社会关系上，就是以伦理为本位，在个体与群体互动的网络关系之中，形成以个体为同心圆的差序格局，是实现群己和谐，实现个人义务与群体福祉的和谐。责任伦理对于个体的要求是成己成物的仁者精神与礼义之分的责任意识。

（一）伦理本位与差序格局

按照梁漱溟对中西方文化差异的研究，中国文化是一种早熟的文化，是由理性早启和周孔教化而成的一种人情文化。中国人历来以家族生活为重，在这种家族生活下形成了一个以伦理为本位的社会，将社会各方面关系编织为相互承担义务相与为情的伦理网。② 伦理，即是情谊关系，亦即是其相互间的一种义务关系。人一生下来，便处于各种伦理关系之中。家人父子，是其天然基本关系，故伦理首重家庭，父母总是最先有的，再则

---

① 徐复观：《中国人性史论》，华东师范大学出版社 2005 年版，第 15 页。
② 参见梁漱溟：《中国文化要义》，上海人民出版社 2005 年版，第 46 页。

有兄弟姐妹。既长，则有夫妇，有子女，而宗族戚党亦即由此而生。伦理始于家庭，而不止于家庭。① 居于此社会者，每一个人对于其四面八方的伦理关系，各负有其相当的义务；同时，其四面八方与他有伦理关系的人，亦各对他负有义务。全社会之人，不期而辗转互相连锁起来，无形中成为一种组织。

费孝通提出了经典的"同心圆"的差序格局。相较于西方社会关系是"一捆一捆扎清楚的柴"，群己之间界限分明，中国的社会关系是"好像把一块石头丢在水面上所发生的一圈圈推出去的波纹，每个人都是他社会影响所推出去的圈子的中心。被圈子的波纹所推及的就发生联系。"② 在这个意义上，中国的人伦秩序就体现为"从自己推出去的和自己发生社会关系的那一群人里所发生的一轮轮波纹的差序"。以个体为圆心形成一种向外推扩的、由亲到疏、由近到远的差序格局，从而形成互相信赖的社群关系。由此，他者与陌生人也能被容纳进一个共同体中，使得亲缘关系并不具有强烈的排他性。这种差序格局不是完全的个人主义，也不是集体主义，而是体现了包容个体主体性又照顾社群利益的中道平和的精神。

（二）成己成物的仁者精神

从字义上讲，"仁"就是"二人关系"，本来就是处理人与人之间的关系。梁漱溟认为中国文化是伦理本位。"伦理关系，即情谊关系，亦即是其相互间的一种义务关系。伦理之'理'，盖即于此情与义上见之。"③ 伦理是因情而有义。古人看到真切美善的感情起于家庭，即孝悌、慈爱、友恭等，便把这些情感推扩来制作社会的结构，这其中反映的情义关系是"絜其情"以"督责其义"。④ 因此，中国文化并不把个体与社群割裂开来，在儒家群己观中，"群"与"己"不存在非此即彼的矛盾和对立，中国文化的每一个体，都不是独立的、原子式的"个体的""自由的"存

---

① 参见梁漱溟：《中国文化要义》，上海人民出版社2005年版，第72页。

② 费孝通：《乡土中国》，江苏文艺出版社2007年版，第27页。

③ 梁漱溟：《中国文化要义》，上海人民出版社2005年版，第72页。

④ 梁漱溟：《中国文化要义》，上海人民出版社2005年版，第80页。

在，而总是在相互影响、相互联系中形成一个关系网络的整体。处于共同体中的个体，由于割不断的情感纽带与所处的身份位置，就必须首先要担负其对群体的责任（道义）。这就形成中国文化群体本位的共同体伦理，个体价值的实现必须在关系网络和群体中才能实现。这与马克思所说的"人的本质是社会关系的总和"有异曲同工之妙。

由个体发展（己立）到社群和谐（立人）的关键一步是"推扩"（孟子所谓"善推而已矣"），体现为《论语》所说的"推己及人"与孟子所说的"推恩"与"扩充四端"。孔子说："鸟兽不可与同群，吾非斯人之徒与而谁与？"（《论语·微子》）表明孔子对人类社群价值的持守。所谓"仁"，不仅仅是爱人，更重要的是推己及人（所谓忠恕之道，忠是尽己、恕是推己）的精神。"己所不欲，勿施于人"是从消极层面保持对他人的尊重。"己欲立而立人，己欲达而达人"是从积极层面成己成人，尽好自己的本分（尽性）同时也要帮助他人尽到其本分与责任，自己想要通达，同时也要帮助他人通达，自己能够安身立命，也要帮助他人安身立命。这就是中国文化的絜矩之道，通俗地说就是将心比心，换位思考。由此，才能实现自我的发展与社群的和谐。

孟子对于推恩精神发挥的最为极致。孟子说"老吾老以及人之老，幼吾幼以及人之幼"（《孟子·梁惠王上》），"故推恩足以保四海，不推恩无以保妻子。古之人所以大过人者，无他焉，善推其所为而已矣"（《孟子·梁惠王上》）。这就是将人们对亲人的爱（亲亲之情）外推向其他人、陌生人，这种亲爱之情一圈一圈地向外扩，由己到家，由家到国，由国到天下，最后达成四海之内皆兄弟、民胞物与的万物一体境界，就构成和谐紧密的关系网络。这就是孟子强调的"亲亲仁民爱物"（《孟子·尽心上》）的一体仁爱，其中的关键就在于推恩（善推而已）。当代新儒家杜维明说，儒家理解的自我并非孤立的原子，而是处在以自我为中心向外辐射形成的同心圆社群的关系网络中。儒家的成就自我是与推己及人同步实现的，成己甚至是要以成人与成物为前提，所以《礼记·中庸》讲"诚者，非自成己而已也，所以成物也"，成己与成物是同步的。由亲亲之爱的推扩就形成了共同体的本位意识，构成了孟子所谓"出入相友，守望相助，疾病相扶持"（《孟子·滕文公上》）的共同体伦理。

（三）礼义之分的责任意识

礼义的精神体现为"敬"与"分"，敬就是敬重、尊重，分就是分别、明分、职分。荀子对于群己观提出了"明分使群"的概念。他认为人类能战胜并驱使牛马的原因在于"人能群，彼不能群也"，然而能形成合力的原因在于"明分"。分也就是分别、责任与义务。相比于孟子从"推扩之爱"的角度建立个体与社群的联系，荀子提出的"礼义之分"思想，从划定"度量分界"的角度确定群体的秩序与规则，让个体各安其分，各尽其责，从而定分止争，实现群体的秩序和谐。在中国文化中，孟子强调仁爱，荀子强调礼义，更是提出了"礼义之统"的治道思想。《礼记·坊记》讲："礼者，因人之情而为之节文，以为民坊者也。"《礼记·乐记》讲："乐者为同，礼者为异。同则相亲，异则相敬。乐胜则流，礼胜则离。合情饰貌者，礼乐之事也。"礼的目的是规范人的情感达到无过与不及的中道状态，从而让人们之间生起敬意。

孟子说："义，人之正路也。"孟子又说："大人者，言不必信，行不必果，惟义所在。"（《孟子·离娄下》）《礼记·中庸》讲："仁者，人也，亲亲为大。义者，宜也，尊贤为大。""义"代表着应然、责任乃至正义。对亲人最大的义是奉养送终、敬慕不已（大舜对父母能做到五十而慕），对兄弟最大的义是礼让友爱，对妻子最大的义是相敬如宾、恩爱如初，对朋友最大的义是信任帮扶，对师长最大的义是尊重敬慕，对国家民族最大的义是舍生取义，誓死捍卫国家。儒家思想强调仁义精神，贱仁蹈义，每个人身上都肩负道义的责任。"铁肩担道义，妙手著文章。"（《杨忠愍公集》）中国文化的各项人伦之礼都是对个体责任与义务的规范。我们以孝悌为例加以说明。

首先，我们认为孝悌（对父母的孝敬与对兄弟的悌）是一种美德，但是这种美德主要是情感性美德，有着深固的情感基础与来源。从心理上看，孝悌的美德主要来源于一种报恩的情感原则，与人的生存体验、情感体验是紧密不可分的。"始者近情，终者近义"（《性自命出》），基于对父母养育之恩的情感体验，人们既从心理—情感上感受孝敬的自然应当，也在理性认知上接受孝敬作为一种不可推卸的责任与道义。孔子对孝敬美德的强调既突出了亲爱的一面（亲亲为仁），也突出了敬重的一面，正因为敬，对父母的养才不同于犬马之养。可以说，孝道体现为子女对父母的爱与敬。

在这个意义上，孝（家庭尊重）是代际传递，在孝中实现肉体血缘的传递，实现祖先血脉的不朽。这表明"仁"隶属于人的关联性而非个体性。在《论语》中，孔子强调孝的确是人的卓越之本，而且，"'孝'和'教'之间还有同源性的关系，孝将儒家教育的本质界定为每一代将他们完满而非削弱地继承的文化传播给后代的庄严责任。"①

海外汉学家安乐哲从关系至上的角色伦理阐释践行孝道是达成完美的人（仁）的必由之路。所谓"角色伦理"是把儒家伦理立身于生活经验之上，"所讲述的是人的实际生活经验，是把直接生活经验作为理念抽象的最终源泉"。角色伦理重视中华文化的关联性特征，主张关系性的自我，个体在家庭、社群和国家等构成的角色与关系中成就自我。角色伦理产生于日常生活中施惠者与受惠者之间的互惠关系，孝（家庭内的敬重）作为代际传递体现了施惠与报恩的情感原则。子女在终身践行孝的角色中实现祖先肉体血缘的传递与祖先血脉的不朽，这是孝道的宗教意义。"这些依序展开的整体将会超越社会而产生事实性的宗教效应。"② 因而，传统文化讲的父慈子孝、兄良弟悌、夫义妇听等，并非父对子、兄对弟、夫对妇的单向要求与责任，而是双向互惠的责任伦理。所谓"三纲"（君为臣纲、父为子纲、夫为妻纲）来自法家的韩非，并非儒学主流思想，是在汉代儒家受到法家思想影响（儒法合流）而形成的僵化教条。

---

① ［美］安乐哲、罗斯文：《〈论语〉的"孝"：儒家角色伦理与代际传递之动力》，《华中师范大学学报（人文社会科学版）》2013 年第 5 期。
② ［美］安乐哲、罗斯文：《〈论语〉的"孝"：儒家角色伦理与代际传递之动力》，《华中师范大学学报（人文社会科学版）》2013 年第 5 期。

　　中国的责任伦理也归因于中国文化深刻的"耻"感，即道德羞耻感。孟子讲人都有四端，其中一端是"羞耻之心"。《论语》中所见君子深以为耻的事情，即身处贫贱之位而不以贫贱为耻或以在邦有道时贫且贱为耻等。中国文化的耻是一种道德情感，这种道德情感更多地集中于一个人和外部世界相关的地位和品行，而不是对一个人受到玷污的、败坏的自我的一种内向指控（内自讼）。而西方的耻感属于"选择—责任—罪感"的概念体系。人的自由意志导致基督教的原罪的意识，即一个前定的罪感，这是因为人们在犯错的时候可以有别的选择。因此，人们就要为自己的选择而承担责任。这就是自由意志传统下的"选择—责任—罪感"的逻辑。"对孔子来说，核心的道德问题不是一个人要对出于自由意志选择的行为负责，而是他所面临的这样一种实际问题：一个人是否适当地得到'道'的教育，以及他是否愿意勤奋地学习行道？对于不能遵守道德秩序（礼），恰当的回应不是因为一种虽然邪恶但却自由的负有责任的选择而自我谴责，而是自我的再教育，以便克服一种单纯的缺陷、一种力量的不足，——总之是人在'塑造'过程中的缺陷和不足。"① 这就是孔子强调的"学以成人"，在不断的修养中成就完满的人格与道德，朝乾夕惕，进德不已。

第三节　礼法合治、德主刑辅与责任
伦理价值谱系的实现

　　从思想史考察，中国的国家治理从来是坚持德治（礼治）与法治的结合，儒家与法家的合流从荀子开始，形成的礼法合治、王霸并用的思想影响了中国儒法国家的建构。这既是对人性善的乐观主义期望（教化），也是对人性恶的悲观主义警惕（刑政），这把儒家的礼乐教化与法家的依

---

① ［美］郝伯特·芬格莱特：《孔子：即凡而圣》，彭国翔、张华译，江苏人民出版社2010年版，第36页。

法治国结合起来。今天，我们强调的依法治国与以德治国相结合，也是对传统中国礼乐刑政、德主刑辅思想的继承与转化。

一、儒法国家与礼法合治

《中共中央关于坚持和完善中国特色社会主义制度 推进国家治理体系和治理能力现代化若干重大问题的决定》指出，"坚持共同的理想信念、价值理念、道德观念，弘扬中华优秀传统文化、革命文化、社会主义先进文化，促进全体人民在思想上精神上紧紧团结在一起的显著优势"。中华文明历来重视政教体系的建构，重视道德感化，以政治推行教化，"政者，正也，子帅以正，孰敢不正？"（《论语·颜渊》）荀子说："儒者在本朝则美政，在下位则美俗。"（《荀子·儒效》）传统文化为我们提供了礼乐教化与社群治理的诸多智慧。

儒家思想向来被认为是一种注重道德教化的思想，所谓"为政以德"。《论语》中记载多条在上位者依靠德性的模范作用去影响下位者的语录。季康子问政于孔子曰："如杀无道，以就有道，何如？"孔子对曰："子为政，焉用杀？子欲善而民善矣。君子之德风，人小之德草，草上之风，必偃。"（《论语·颜渊》）子曰："为政以德，譬如北辰，居其所而众星共之。"（《论语·为政》）孔子与孟子始终劝诫统治者不要滥用刑罚，而是主张先教后杀，"不教而杀谓之虐"。因为儒家认为道德教化的力量可以深入人心，让人民内心服从，所以孔子说："道之以政，齐之以刑，民免而无耻，道之以德，齐之以礼，有耻且格。"（《论语·为政》）依靠严刑峻法威慑人民，只会让他们在表面上服从刑威而内心却无羞耻之心。道德教化（礼乐教化）能让百姓产生内在的道德自觉与羞耻之心，自觉地守本分守规矩。所以，儒家向来是强调德治与礼治，用软性的道德伦理去规范约束人们的行为。因为，礼乐的教化作用明显要比法律的惩罚更有效果。司马迁说："礼禁未然之前，法施已然之后；法之所为用者易见，而礼之所为禁者难知。"（《史记·太史公自序》）礼乐的教化作用是沁润人心、移风易俗的，而刑罚只是在犯罪事实已成之后去惩戒犯罪行为，是事后的追责。

也有一种说法，认为儒家这种的教化思想是一种"人治主义"，梁启超就认为儒家思想是典型的"人治主义"，区别于商鞅与韩非代表的法家"法治主义"。儒家的人治就是荀子说的"有治人，无治法"，也就是"贤人政治"，依靠在上位者德性修养的表率作用来德化下民，是"治人者"对"治于人者"的仁义道德的教化。而商鞅和韩非才是典型的法家，其理想是纯粹的"法治主义"，即完全按照客观标准（法）来治理国家，而排除了人格化的、任意的人为因素的干扰。梁启超说："法家之根本精神，在认法律为绝对的神圣，不许政府动秩法律范围以外。……就此点论，可谓与近代所谓君主立宪政体者精神一致。"① 梁启超认为韩非的法家是"奉公法，废私术"（《韩非子·有度》），是"纯以客观的物准驭事变，其性质恰如权衡规矩"②。在他看来，法的概念有四层含义，即不变之法、齐俗之法、治众之法、平准之法。"法有四呈：一曰不变之法，君臣上下是也。二曰齐俗之法，能鄙同异是也。三曰治众之法，庆赏刑罚是也。四曰平准之法，律度权衡是也。"（《尹文子·大道上》）他认为法家的法以第一、二、四种为体，以治众之法为用，这是狭义的法。

梁启超很赞赏法家任法的精神，因它"将一切主观的标准舍去，专恃客观的标准以'一人心'"③。所谓"因也者，舍己而以物为法者也"（《管子·心术上》），法家"舍己而以物为法"正是一种物治主义的思想。然而梁指出，这既是法家的长处，也是其缺陷所在。这是因为用"物准"可以"一物"，但是人心却不用机械的"物准"来"一"。"然量物与量人，决不能混为一谈。'物准'可以量物，量人则不能以物准而惟当以'心准'。"④ "法家之以权衡尺寸喻法而以被量度之物喻被治之人

---

① 梁启超：《先秦政治思想史》，东方出版社1996年版，第187—188页。
② 梁启超：《先秦政治思想史》，东方出版社1996年版，第171页。
③ 梁启超：《先秦政治思想史》，东方出版社1996年版，第181页。
④ 梁启超：《先秦政治思想史》，东方出版社1996年版，第192页。

也，彼忘却被量度之物不能自动而被治之人能自动也。"① 由此看，法家之物治主义不啻为一种空想，然而即便它能真正实现，也会带来很恶劣的后果。因之将人等同于机械，欲通过法律使之"齐一"，即使做到了，那也将会造就丧失了个性、被扼杀了生机而同出一个模子的人。秦朝二世而亡，实行严刑峻法，以法为教，以吏为师，这相当于把活生生有血有肉有情的民众当作物件来管束，泯灭人的个性。而儒家讲政治的目的在"能尽人之性"（《礼记·中庸》），在使"人人有士君子之行"（《春秋繁露·俞序篇》）。虽然也讲"齐一"之道，但这是通过礼义来确定上下尊卑贵贱的名分和职责，是有等差的"齐一"，所以说"唯齐非齐"（《荀子·王制》）。因而儒家尽性知天所达到的境界是"万物并育而不相害，道并行而不相悖"（《礼记·中庸》），既重视群生，又不妨碍个人自由。

《汉书·艺文志》提出了"诸子皆出于王官"的命题，并指出了儒家与法家治道的不同与短长。"儒家者流，盖出于司徒之官。助人君，顺阴阳，明教化者也。游文于六经之中，留意于仁义之际。祖述尧、舜，宪章文、武，宗师仲尼，以重其言，于道最为高。""法家者流，盖出于理官。信赏必罚，以辅礼制。《易》曰'先生以明罚饬法。'此其所长也。及刻者为之，则无教化，去仁爱，专任刑法，而欲以致治。至于残害至亲，伤恩薄厚。"（《汉书·艺文志》）儒家是出于周代负责管理民众、土地和教育的司徒之官，帮助人君明教化，所以注重经典的传授，标举仁义；法家是出于周代负责审理案件、处理争讼的理官，因而不重教化，而"专任刑法"，容易导致刻薄寡恩。

在中国思想史上，荀子是开创了儒法合流、礼法合治的第一人，他提倡"隆礼重法"、礼治是"道德之威"、法治是"暴察之威"的思想，主张把礼治与法治结合起来，而且他培养了法家的两个思想家韩非子与李斯。战国时期，各家学派思想潮流相互激荡，相互借鉴与学习，荀子作为齐国稷下学社的祭酒，长期主持当时的学术交流，因而他的思想虽然以儒

① 梁启超：《先秦政治思想史》，东方出版社1996年版，第193页。

家为主，但是借鉴与吸收了法家、道家、农家等学派的思想，形成了他特有的"隆礼重法""礼义之统""王霸并用"的思想，成为战国时期学术思想的集大成者。荀子主张礼法并用，他吸收了战国以来法家"以法治国"的思想，提出了"治之经，礼与刑"的礼法并用的主张。然而，与法家强调确立君上的绝对权势，专重法治不同，荀子采取人法兼重之义，强调君主道德的示范效应。这一点，荀子跟孟子非常相似，孟子曾说过"徒善不能以为政，徒法不能以自行"（《孟子·离娄上》）。

具体而言，礼义主要以教化为主，法治主要以刑赏为主，二者不可偏废其一，"礼义者，治之始"，"法者，治之端"。在两者关系上，礼义是第一位的，法是第二位的。隆礼包含了两层含义：首先是礼义生而制法度，礼是法度制定的依据；其次是"以礼表天下"（《荀子·大略》），国家要大力地推行礼义教化，把礼义灌输到人们的内心中以浸润人心，让其内化于心，外化于行，使礼义成为自觉遵行的行为法则。礼义是立法的精神，如果人们爱好礼义，其行为就会自然合法，甚至不用刑罚，百姓也能自然为善。这就是孔子所说的"道之以德，齐之以礼，有耻且格"（《论语·为政》）。

荀子本着现实主义的精神，提出了"隆礼尊贤而王，重法爱民而霸"的命题。在王霸之辨上，孟子尊王道，严厉排斥霸道，对王与霸做了区分，对齐桓、晋文等的霸业嗤之以鼻。"以力假仁者霸，霸必有大国；以德行仁者王，王不待大，汤以七十里，文王以百里。以力服人者，非心服也，力不赡也。以德服人者，中心悦而诚服也。"（《孟子·公孙丑上》）与孟子对霸道的排斥不同，荀子提出了"王霸并用"的思想。荀子认为"义立而王，信立而霸，权谋立而亡"（《荀子·王霸》）。最理想的治道是王道，依靠道义而立，其次是霸道，依靠信义而立，最下等的是依靠权谋诈术。所谓"信立而霸"是说德行、道义未能达到极致，但刑罚、赏赐、禁止、许诺等能取信于天下，颁布政令不欺骗百姓，签订和约不欺骗盟国，"兵劲城固，威动天下"。虽然不能以政教为本，不能极力推崇礼义，不能服人之心，但能"乡方略，审劳佚，谨畜积，修战备"（《荀子·王霸》），使君臣上下相互信任、密切配合，也可以天下无敌。这就是春秋五霸取信天下而实行的霸道。荀子说："粹而王，驳而霸，无一焉而亡。"（《荀子·王霸》）荀子继承孔子对管仲功业的肯定，肯定齐桓公的称霸有其道理，他对霸道的肯定首开儒家崇王用霸、王霸杂用的先河。

荀子的礼法合治、王霸并用的思想极大地影响了汉代的政治思想，因为西汉初年的儒生大多出自荀子门下及其后学，荀子是一代传经大儒。荀子的思想深刻塑造了汉代初年的政治走向。在荀子的影响下，儒学思想不断与法家思想合流，形成儒法合流、外儒内法的思想趋势，尤其是法家所建立的理性化官僚制与儒家意识形态结合，成为统治中国几千年的正统思想与制度形态。虽然汉武帝罢黜百家、独尊儒术，但是汉武帝内多欲而外施仁义，他所用重用的都是法家类型的酷吏与任法之徒，并不重用道德教化的儒术。以至于汉宣帝毫不避讳地说："汉家自有制度，本以霸王道杂之，奈何纯任德教，用周政乎？"（《汉书·元帝纪》）赵鼎新认为，西汉时，经汉武帝的推崇，由董仲舒等多人改造而成的"官方儒学"上升为政治显学和国家意识形态。此后两千多年中国的政治形态基本上可以被看作是一个"儒法国家"，即一个奉儒家学说为合法性基础，同时采用工具主义的法家作为御民之术的、中央集权的官僚制国家。①

二、礼法合治的原因

韩非法家的法治基于人性恶的预设，儒家的德治基于人性善的预设，一则侧重惩恶，一则侧重劝善，最好的方法是把两者结合起来。韩非认定人性恶，而且没有为善的可能。人人都有"计算之心"和"自为之心"，即便是血亲之间的爱也是出于"计利之心"。"夫民之性，恶劳而乐佚"（《韩非子·心度》），"且父母之于子也，产男则相贺，产女则杀之。此俱出父母之怀衽，然男子受贺，女子杀之者，虑其后便、计之长利也。故父母之于子也，犹用计算之心以相待也，而况无父子之泽乎！"（《韩非子·

---

① 参见赵鼎新：《中国大一统的历史根源》，《文化纵横》2009 年第 6 期。

六反》）韩非认为，人都是自私自利、趋利避害的，所以就能通过威逼利诱的方式来统御臣民。所谓"凡治天下，必因人情。人情者有好恶，故赏罚可用；赏罚可用则禁令可立，而治道具矣。"（《韩非子·八经》）

在人性恶的判断上，韩非无疑受了他的老师荀子的影响。荀子认为，"人性恶，其善者伪也"。人先天的性恶需要后天的教化和学习来改造，而这教化不是人的"自化"，而是圣王制作礼义法度来"化性起伪"，由作君作师的圣王来"化人"。而"化人"的工具有：君上之势、礼仪之统、法度之制、刑罚之禁（"立君上之势以临之，明礼仪以化之，起法正以治之，重刑罚以禁之"《荀子·性恶》）。韩非也认同老师荀子依靠外在的力量（主要是君主的威势）来改造人性，然而两者的侧重点不同。荀子尊君隆礼，强调礼法并用，然而还是以礼治为主（而且礼的目的在于"明分"、"养人之欲，给人之求"），而韩非变隆礼为尚法术，施行严刑峻法来矫正性恶就是他所说的"隐栝之道"。"韩非摒弃了荀子的'明礼仪以化之'，把荀子所说的'起伪'单一化为'不务德而务法'。"①

韩非在《韩非子·显学》中说："夫圣人之治国，不恃人之为吾善也，而用其不得为非也。恃人之为吾善也（谓儒家之德化），境内不什数；用人不得为非（法家之法治也），一国可使齐。为治者用众而舍寡，故不务德而务法。夫必恃自直之箭，百世无矢；恃自圜之木，千世无轮矣。自直之箭，自圜之木，百世而无有一，然而世皆乘车射禽者何也？隐栝之道用也。虽有不恃隐栝而有自直之箭、自圜之木，良工弗贵也。何则？乘者非一人，射者非一发也。不恃赏罚而恃自善之民，明主弗贵也。何则？国法不可失，而所治非一人也。故有术之君，不随适然（偶然）之善，而行必然之道。"

韩非在《韩非子·显学》中着力批评了儒家"导之以德，齐之以礼"德化方法的无力，从而为"不务德而务法"做辩护。他认为依靠人民自身的德性修养是治寡的方法，相当于"恃自直之箭""恃自圜之木"。"隐

---

① 黄克剑：《先秦诸子十讲》，中国人民大学出版社 2010 年版，第 253 页。

栝之道"就是依靠赏罚来迫使人"不得为非"，这个是治众的方法，所谓"齐之以刑"。然而正如孔子所评价的：道之以政，齐之以刑，民免而无耻；道之以德，齐之以礼，有耻且格。① 严刑峻法只能使人心畏服，而不能使之心悦诚服。梁启超提到的"设心准"的方案就是孔子所说的"导之以德，齐之以礼"。

韩非实际上误解了儒家，儒家虽然以德化为宗，但并不是不讲威势和刑罚，对于那些不可教化之人则主张重用刑罚。儒家认为"不教而杀谓之虐"（《论语·尧曰》），君子的道德表率作用就像草遭遇风必偃一样有效果。孔子也说："德之流行，速于置邮而传命。"（《孟子·公孙丑上》）所以施行仁义教化是治众的方法，而刑威只是用来对付少数不服从教化之人的。诚如熊十力所言："儒者之道，以德厚为主，以威势为辅。德厚，常道也，万物同由是而生，正如吾人不可一日离常食品，其珍异之味则偶御者也。威势所以恐怖人者也，人不能常生存于恐怖中，犹珍味不可为常也。唯人敢作恶犯罪者，乃以威势怖之耳。故用众则唯德厚宜遍用，其或被德惠而不知化者，则济以威势，使不敢逞，是用众矣而亦未尝舍寡也。"②

然而，法家有他思想上的进步性与先进性，那就是它注重法度的客观性与理性化的官僚制度。美国著名汉学家本杰明·史华兹就认为申不害的"术"意在建立一套有效率的官僚组织体制。韩非看到君主必须通过官僚机器才能将法律付诸实施，所以他吸收了申不害的是"术"，建立官僚组织体制以帮助君主控制官吏队伍。史华兹认为，"不论其细节多么粗疏，申不害的官僚组织'模式'从观念上更接近于韦伯的现代理想型，而不是'父系世袭的官僚制'"③。而理性化官僚组织体制的特征是合理的业绩标准、功能专业分工、受雇公务人员定期领薪水（而不再是封建制下

① 参见《论语·为政》，《四书章句集注》，中华书局1983年版，第54页。
② 熊十力：《韩非子评论》，上海书店出版社2007年版，第68、69页。
③ ［美］本杰明·史华兹：《古代中国的思想世界》，程刚译，江苏人民出版社2008年版，第454—455页。

依靠世袭爵禄的贵族官员）、非人格化的评价体系、按业绩升迁等制度。这些特征最典型地体现在韩非所倡导的"形名之术"中。所谓"形名之术"，"名"意味着"名称"，"一个职位的'名'或头衔（title）应当对这个职位的'工作职责（job description）'提供全面而精确的描述，例如应完成什么职能、拥有什么权限等。"① 而"形"，是指官员的实际表现（performance），"当官员的实际表现与他的头衔或职位的'工作职责'相符合，或者当'形'与'名'相符合时，有效率的政府就产生了"②。

因此，汉代把经过荀子吸收了法家思想而改造后的儒家思想确立为官方意识形态，从而就把务德和务法（礼乐刑政）结合起来，形成了礼法合治、德主刑辅的国家治理方略。

三、以德治国与依法治国相结合

习近平总书记指出，我国古代实行礼法合治、德主刑辅，为政之要莫先于得人、治国先治吏等。儒家思想提供了"为政以德""道之以德，齐之以礼"的政道、敬德保民的天命观、以德服人的王道、执两用中的中庸之道、"老吾老以及人之老、幼吾幼以及人之幼"的推恩之道、推己及人的絜矩之道、"亲亲仁民爱物"与"惟齐非齐"的社群之道、"圣人感人心而天下和平"的感通之道等修身为政之道。礼乐教化相比于刑罚能起到敦风化俗、熏陶人心、培养道德意识的作用，让民众"有耻且格"。然而，儒家并不是一味提倡道德教化，也强调在礼乐教化行不通时采用严格的刑罚，提倡"礼乐刑政""德主刑辅"的整全治理之道，即"礼以道其志，乐以和其声，政以一其行，刑以防其奸。礼乐刑政，其极一也，所以同民心而出治道也"（《礼记·乐记》）。

《中共中央关于全面推进依法治国若干重大问题的决定》指出，建设

_____

① ［美］本杰明·史华兹：《古代中国的思想世界》，程刚译，江苏人民出版社 2008 年版，第 456 页。
② ［美］本杰明·史华兹：《古代中国的思想世界》，程刚译，江苏人民出版社 2008 年版，第 457 页。

中国特色社会主义法治体系，以良法保障善治。坚持依法治国和以德治国相结合，完善弘扬社会主义核心价值观的法律政策体系。在中国思想史上，荀子开创了儒法合流、礼法合治的潮流，提出"隆礼重法""道德之威"的礼治与"暴察之威"的法治相结合的思想。相较于孔孟，荀子更重视制度化建设，重视法度的客观性与"礼义之统"。礼义之统的核心是确定度量分界的礼义之分，按着"礼义之分"，依照贤能技职所形成的分位的不同，而各予以和个人分位相称的待遇。"制礼义以分之，使有贫富贵贱之等，足以相兼临者"（《荀子·王制》），这就是"维齐非齐"的社群治理之道。圣王经由"知通统类"可以把礼义之分条贯化、系统化，形成有条理的操作性强的客观化制度。牟宗三先生指出，荀子对中国文化最大的贡献就是提出"礼义之统"，这就在中国历史上第一次系统地提出庄严规整的治道。它是客观精神的表现，即"重现实之组织，重礼义之统，重分重义"①。"礼宪是构造社会人群之法式，将散漫而无分义之人群稳固而贞定之，使之结成一客观之存在。"② 传统中国在历史上处于长期的领先地位，很大程度上缘于我们的制度优势，比如中央垂直管理的郡县制、三省六部制、理性化的官僚制（文官集团）、科举制、监察制度、多元差异化的民族治理体制等。

尽管重视制度建设，但传统文化坚持"贤能政治"的路线。荀子坚持儒家"为政在人"的贤能政治传统，重视发挥贤人政治的主观能动性。荀子认为："法者，治之端也；君子者，法之原也。故有君子，则法虽省，足以遍矣；无君子，则法虽具，失先后之施，不能应事之变，足以乱矣。"（《荀子·君道》）这是因为，创建、解释、适用与执行法律的是人而不是神，所以法律实施效果的好坏取决于使用它的人。因而，荀子说"有治人，无治法"（《荀子·君道》），只有善于治理的人而没有总能奏效的法度。孟子也讲"徒法不足以自行"（《孟子·离娄上》），只有法律

---

① 牟宗三：《名家与荀子》，吉林出版集团 2010 年版，第 134 页。
② 牟宗三：《名家与荀子》，吉林出版集团 2010 年版，第 134 页。

不能使之自动地发挥效用，还必须依赖于贤人君子的仁心妙用。儒家经典《礼记·中庸》也讲："为政在人，取人以身，修身以道，修道以仁。"这是传统中国强调选贤与能、为政之要莫先于得人的原因所在。

在这个意义上，真正意义上的"法治"是不可能存在的。再完美的制度也需要好的人把制度优势转化为治理的效能。传统中国在制度化建设之外，更加重视贤能政治的建设，即造就"君子贤人"的选官与用人制度建设。传统中国"选贤与能"的思想与制度建设都是为了保证贤人君子能够领导政治、建设社会、服务人民。其中，传统中国在人才选拔上最伟大的制度创造就是科举制，它保证了社会各阶层人士能够进入政治系统，打破了门阀世族的垄断，实现了人才资源的上下流动。明末清初的来华传教士高度赞赏中国的科举制，认为科举制能选拔社会上最优秀的人才担任官职，实现了"哲人王治国"或"专家治国"，而同时期的欧洲还处于贵族世袭统治的阶段。中国的科举制直接影响与启发了 19 世纪英国的文官体制改革。在新的历史条件下，我们需要把以德治国与依法治国结合起来，把"选贤与能"等古典政治理想在国家制度建设与基层社会治理中体现出来。

第四节　家国共同体的传承与创造性转化

中国传统文化向来是以家庭伦理为核心来组织政治社会共同体，形成亲亲为仁之本的伦理精神。历史学家许倬云指出，中国族群的融合向来以亲缘而非地缘关系作为结合的方式。[①] 商代的族群融合包括地区性的邑与亲缘性的族。而西周建立了宗法制，更是以血缘亲情来结合族群，邑变成族的附属品，亲缘关系成为所有关系里的基因，这构成中国文明相较于其他文明的很大特色。考古学家张光直指出，西方一般研究古代文明与国家的起源有一条经典法则，即在国家形成的过程中，血缘、地缘关系会被政

---

① 参见许倬云：《中国古代文化的特质》，鹭江出版社 2016 年版，第 18 页。

治的、地缘的关系取代。然而，这条法则并不适用于中国，因为在中国文明的起源中，血缘关系非但没有被地缘关系取代，反而得到加强。① 以亲缘关系组织政治共同体，导致中国人观念中家与国并非二元对立的关系，而是家国一体与家国同构的，所谓"家国情怀"就立基于此。

正是由于以亲缘关系建构政治共同体，造成中国人在面临共同的外部威胁以及共同的灾难时，能够形成强大的内部凝聚力与组织力。这也能解释为何古代中国早在秦朝就能完成福山所谓的"现代国家建构"② 的原因，抵御北方游牧民族的入侵、保卫农耕文明的宏伟事业都需要亲缘性关系所铸就的保家卫国的精神支撑。西方历史学家如雅斯贝斯曾经指出，"尼罗河、幼发拉底河、底格里斯河和黄河的河流管理及灌溉的组织任务加强了集中、行政机构和国家的形成"③。古代中国之所以能形成如此大型的中央集权的国家，与大规模的治水工程需要组织动员人力物力有密切关系。这背后也体现了亲缘关系在家与国之间的延伸，因为建设大的"国"家正是为了保护与造福众多小的家。家是最小国，国是千万家。血亲家庭是最小规模的家，众人共同体的国家是较大规模的家。

从家的本义来说，家是中国人祭祀祖先的地方。《礼记·王制》曰："天子七庙""诸侯五庙""大夫三庙""庶人祭于寝"。庶人的主室既称为寝，又可以称为家，寝祭就是家祭。"家"是人与祖先神灵对话的场所，同时也是"亲亲之谊"可恃、"休戚之情"可同以及享受天伦之乐（孟子所谓"父母俱在，兄弟无故"之乐）的温馨场所。在中国人心目中，国与家都是神性的存在。家庭关系是中国人安身立命的根本。正如哲学家赵汀阳所说："中国的家不仅是个社会学的家庭概念，同时也是一个

---

① 参见张光直：《中国青铜时代》，生活·读书·新知三联书店 1990 年版，第 118 页。
② ［美］弗朗西斯·福山：《政治秩序的起源》，毛俊杰译，广西师范大学出版社 2014 年版，第 25 页。
③ ［德］卡尔·雅斯贝斯：《历史的起源与目标》，魏楚雄、俞新天译，华夏出版社 1989 年版，第 56 页。

自然神学的本根概念。"[1] 注重家与家庭伦理正是中国文化的精髓，形成与西方文明最大的特色。西方的基督宗教正是以破除家庭关系的纽带而造就教会组织下人人平等的团契关系，西方的公民概念正是要打破亲缘的人格化关系而造就非人格化的契约关系，就是法学家梅因所谓的"从身份到契约"的转变。相应于中国的古今之变，我们看到，古代中国建立了以血亲为基础的宗族制度，在传统社会向现代社会过渡的过程中，宗族制度逐渐解体，传统大家族被现代核心小家庭所取代。然而，基于亲缘的家庭伦理并没有消亡，反而体现在中国人以"类家庭"的关系与结构来处理政治社会问题上。《尚书·尧典》说："克明俊德，以亲九族。九族既睦，平章百姓。百姓昭明，协和万邦。"

从伦理上讲，王国维指出殷周之变（周公制礼作乐）的重要创造就是"亲亲"与"尊尊"。"周之制度典礼，乃道德之器械，而尊尊、亲亲、贤贤、男女有别四者之结体也。此之谓民彝。"[2] 牟宗三指出："儒家于治道方面，我们概之三目以为体，此即亲亲、尊尊与尚贤。亲亲尊尊是维系人群的普遍底子……礼乐本于人之性情，其于人与人间方面之根据，则在亲亲之杀，尊尊之等。"[3] "亲亲"就是爱自己的亲人，爱自己的父母兄弟，亲亲可谓是人最天然的情感，其最典型的体现就是孝悌之情。《论语》载"孝悌其为仁之本"，《礼记·中庸》讲"亡人无以为宝，仁亲以为宝"，孟子讲"亲亲，仁也"。魏晋时期的哲学家王弼说："自然亲爱为孝，推爱及物为仁。"宋代理学家朱熹说得更明确："仁是根，恻隐是萌芽。亲亲、仁民、爱物，便是推广到枝叶处。"（《朱子语类·卷六·性理三》）明代心学家王阳明进一步指出，亲亲是人心自然生发与长成的，犹如木之抽芽。"父子兄弟之爱，便是人心生意发端处，如木之抽芽。自此而仁民，而爱物，便是发干生枝生叶。"（《王阳明全集》）汤一介指出：

---

[1] 赵汀阳：《惠此中国：作为一个神性概念的中国》，中信出版社2016年版，第65页。

[2] 王国维：《王国维论学集·殷周制度论》，中国社会科学出版社1997年版，第2—13页。

[3] 牟宗三：《政道与治道》，（台湾）学生书局1996年版，第25页。

"先秦儒家的伦理学说建立在以家族'亲情'扩而广之的孔子'仁学'基础之上。"① 孝悌之情是仁爱精神的自然根基，仁爱是孝悌之情的推扩。可以说，亲亲构成了中国文化的基本精神，形成为民族的集体意识和集体无意识。

中国文化的特色就在于不把亲亲局限在家庭范围内，而是将亲亲之道推扩到社会、国家与天下，乃至于天地万物。现代新儒家梁漱溟指出，古人看到真切美善的感情起于家庭，即孝悌、慈爱、友恭等，便把这些情感推扩来制作社会的结构。在家与国之间，中国文化是连续的，齐家才可以治国，而西方文化是断裂的，走出家庭（私人领域），才算从事政治（公共领域）。中国可以移孝作忠，西方则公私对立。在中国文化看来，一个在家庭中孝顺父母、友爱兄弟的人，在政治上同样也是一个忠君爱民正直的人。"有子曰：'其为人也孝弟而好犯上者，鲜矣；不好犯上而好作乱者，未之有也。'"（《论语·学而》）这也是古人选举人才特重"孝廉"德目与"求忠臣必于孝子之门"（《后汉书·韦彪》）的原因所在。

所以孟子讲"亲亲而仁民，仁民而爱物"（《孟子·尽心上》），北宋的理学家张载讲"民吾同胞，物吾与也"（《张载集·西铭篇》），从小家庭往大共同体延伸，中国人以类家庭的关系伦理组建村社共同体、社区共同体以至于天下共同体。儒家"老有所终，壮有所用，幼有所长，矜寡孤独废疾者，皆有所养"的大同理想正是这种家庭伦理（天下一家）的扩大。"单位是我家，防疫靠大家""社区是我家，防疫靠大家""一方有难，八方支援""同心同德，共克时艰""全国一盘棋"等，每当发生大的灾难之时，中国人都把灾区人民当作亲人一样对待与支援，每个单位、每个社区、每个村庄、每个小社群都以大家庭般的温暖与热情，要求成员相亲相爱，共担责任，密切配合，共克时艰。这次新冠肺炎疫情激发了中国人民空前的保家卫国的勇气与热情。

---

① 汤一介：《"道始于情"的哲学诠释——五论创建中国解释学问题》，《学术月刊》2001年第7期。

可以说，家庭伦理孕育了中国人家国天下的责任伦理，正如世界卫生组织观察员所说，他看到每个武汉人民眼神中都充满抗击疫情的责任感与战胜疫情的精神斗志，都把疫情当成自己责无旁贷的责任。中国人民在这场史无前例的疫情中，表现出了高度的责任感与大局意识，这跟我们的保家卫国的家庭伦理是密切不可分的。在这次疫情中，中国人民自觉配合政府的封城措施与居家令等各种防控措施。因为响应国家号召就是保护一个个的小家庭，这是责无旁贷的。我们也看到，中国的传统文化是"宅家"的样板。这也是为什么同样是面对疫情，中国人能安然地自我隔离在家里达两月之久。

中国士人能够以天下为己任，正在于中国不是一个文化同质、民族同质的现代民族国家（nation-state），而是一个以中华文化为认同核心而能兼容异质性文化的文明—国家（civilization-state）。由己及人、由亲及疏，从家庭到国家，从国家到天下，一圈圈外扩，形成了无远弗届的天下秩序。天下没有边界，将各种地方文化吸纳入中华文化，使"天下"的文化多元而渐变，共存而不排他。维持这种天下秩序的精神凝聚力正是在于中国士人的天下一家的观念，以及由此造成的以天下为己任的责任伦理。

今天，经历旧邦新命的转化，中国由原来的天下共同体发展为多元一体的中华民族共同体，中国人民始终把共同体的责任扛在肩上，由小家庭到家国共同体再到民族共同体，赖以为系的纽带就是这种以天下为己任的责任伦理。此次疫情中，全国各族人民无论身在何方、全国各地无论疫情如何，全国人民都主动自觉地承担防疫的责任，弘扬了传统以天下为己任的精神、以天下为一家的共识精神，投入到国家总体的抗疫战之中，同心同德，万众一心。这种高度的责任感与休戚与共的精神正是传统以天下为己任的责任伦理的当代转化。

第 八 章

中华文明的天下伦理与天下文明

作为具有高度原生性和延续性的超大规模文明体，中国在长期的历史发展中形成了一套完整而稳定的世界秩序观，其核心即天下理念。在此基础上，中国古代在对外交往的政治实践中也逐渐形成了朝贡体系这一独特的世界秩序模式。近代以来，在中国艰难进行"大国的历史转身"①的过程中，传统的天下观念与朝贡体系也逐渐被现代国际秩序所取代。然而，传统天下观的核心精神却顽强地保留和延续下来，成为构建现代中国世界秩序观的重要历史资源。

当今世界，随着全球化程度的不断深化，世界和谐稳定和人类共同发展的时代主题迫切要求现行国际秩序的调整和更新。在"世界百年未有之大变局"的历史背景下，重新挖掘中国传统世界秩序观的核心理念，积极探索其与现代世界秩序的交融互鉴之处，有助于为构建更加公正合理的新型国际秩序贡献中华文明的古老智慧。

第一节　中国传统的天下观念与天下伦理

早在先秦时期，中国古人就形成了比较完整的天下观念，建立了关于

---

① 参见罗志田：《中国的近代：大国的历史转身》，商务印书馆 2019 年版。

世界以及世界秩序的理解和想象。此后，天下观念以及与之相应的伦理原则和理想图景始终是中国古代认识和处理世界问题的基本理念。

一、"溥天之下"：天下观念的基本内涵[①]

从字面来看，"天下"即"天之下"。在中国传统思想中，"天"的含义混沌而抽象，但大致包含两个层面：一是自然意义上的，二是超自然意义上的。与之相应，"天"也有两个基本特点：一是至大无外，二是至高无上。因此，"天"往往用来指称中华文明中的最高存在。由"天"而来的"天下"也因此具有两个方面的基本含义。在地理学意义上，"天下"指天底下的所有土地，即整个世界。在政治学意义上，"天下"则指一整套理想的政治—伦理秩序。因此，"天下"是现实的地理空间与理想的政治—伦理秩序的统一，是将"溥天之下"作为一个整体来对待，并希望建立统一而普遍的世界秩序。从历史上看，随着中国古人对未知世界的了解不断加深，"天下"的实际范围始终处于不断扩展之中；但从概念来看，"天下"本身就包含有至大无外的意义。因此，"天下体系就只有内部性而没有外部性……任何尚未加入天下体系的国家或地区都被邀请加入天下的共在秩序"[②]；换言之，现实地理空间的扩大不仅不会否定其普遍性，反而意味着现实适用范围的扩展。

"天下"内部的地理空间并非同质性的均匀分布，而是被划分为由内向外的多个圈层。一般认为，"天下"大致有三层地理空间。王柯指出，在早期中国，"天下"的内层是由"天子"直接支配的王畿，称为"内服"；向外一层是各诸侯国，称为"外服"；这两个圈层共同构成"中国"。而最外一层则由"四夷"构成。[③] 这种差序的世界秩序格局不仅构

---

① 本小节内容，参见吕存凯：《近代中国世界秩序观的转变》，《中央社会主义学院学报》2020年第3期。

② 赵汀阳：《天下的当代性：世界秩序的实践与想象》，中信出版社2016年版，第4页。

③ 参见［日］王柯：《从"天下"国家到民族国家：历史中国的认知与实践》，上海人民出版社2020年版，第27—34页。

成了古代中国对世界的基本认识，而且直接指导了古代中国对外交往的实践。显而易见，同心圆结构的"天下"是一种等级秩序，但有两点需要说明。

第一，表面看来，"天下"的内部结构与地理距离的远近有关；但实际上，圈层划分的根本依据在于文明程度的高低，即文明/野蛮之分。按照中国古人的想法，既然"天"是无所不包的神圣性存在，是万事万物得以存在的最终根据；那么"天下"理应遵循一套共同的政治—伦理秩序。而"天子"是"天"在人类社会的代言人，自然是这种政治—伦理秩序的人格化呈现，他直接统治的王畿也就成为最为符合这套秩序的所在。以"天子"为中心向四周扩展，随着距离越来越远，受到"天子"之德教化和影响的程度也越来越弱。诸侯尚能认同和遵循这套源自天道的礼乐秩序，由此构成护卫"天子"的"外服"；而距离更远的"四夷"则完全不认同"中国"的秩序，甚至会对"中国"构成现实威胁。

第二，"天下"的中心不是针对"四夷"的"中国"，而是针对包括"中国"在内的整个天下的"天子"。① 天下体系的政治—伦理秩序根源于超越的天道，而"天子"由于是"德"的化身，因而能够承受"天命"，成为上天在人类社会的代言人。因此，天子不是某个国家的统治者，而是"天与地之间的调人、宇宙中的重要坐标、文明的顶峰、天下独一无二的人"，是"人类社会与宇宙之间的结合点"②。周代的诸侯定期向周天子朝贡，代表的是对普遍天道及其政治—伦理秩序的尊奉和服从。当周代的"天下体系"演化为秦汉之后的朝贡体系之后，各朝贡国向中国的朝贡行为同样表明的是对作为上天代言人的皇帝的遵从。正如马克·曼考尔指出的："向皇帝进贡是承认世界秩序的适当礼仪。朝贡承认

---

① 参见［日］王柯：《从"天下"国家到民族国家：历史中国的认知与实践》，上海人民出版社 2020 年版，第 36 页。

② ［美］马克·曼考尔：《清代朝贡制度新解》，载［美］费正清编：《中国的世界秩序——传统中国的对外关系》，杜继东译，中国社会科学出版社 2010 年版，第 58—59 页。

的不仅仅是（甚至不一定是）中国的优越文明，而是文明本身，它的顶峰是皇帝。他作为天子，是人类社会与宇宙之间的结合点。觐见皇帝时需要通过恭行朝贡礼仪来表示承认这些基本原则。"① 中国也并非现代意义上的国家，而是由"天子"或皇帝直接支配的土地范围。在这个意义上，将朝贡体系解释为"以中国为中心"的说法，至少是不准确的；严格来说，它是以文明为中心的。

因此，一方面，"天下"的等级秩序是以文明程度为根本标准的，因而可能会存在"文明优越论""自我中心论"的问题——尽管任何前现代文明都会有自我中心化的倾向，而肇始于欧洲的现代文明实际上也隐藏着更加强烈和深刻的西方中心论。但另一方面，以文明为标准也意味着等级性"天下"的内外界限并非绝对。由于"四夷"也是"天下"必不可少的一部分，而"中国"与"四夷"的区分并非基于种族血缘而是基于文明程度，因此也就为"四夷"进入"中国"提供了可能。② "四夷"能否被承认为"中国"的关键在于是否遵从"中国"所代表的一整套政治—伦理秩序，即"礼"。韩愈在《原道》中对这一原则做了很好的概括："孔子之作《春秋》也，诸侯用夷礼则夷之，进于中国则中国之。"换言之，夷夏之辨乃是相对的，文明和野蛮之间完全有可能发生转换。而理想的世界秩序及其形成过程则被凝结为《春秋》公羊学的"三世说"：第一个阶段为"据乱世"，其特征是"内其国而外诸夏"；第二个阶段为"升平世"，其特征是"内诸夏而外夷狄"；第三个阶段为"太平世"，其特征是"夷狄进至于爵，天下远近大小若一"。（何休：《春秋公羊经传解诂·隐公元年》）三个阶段前后相继，意味着"天子"教化由近及远的扩展过程，也就是文明的扩展过程，最终实现"天下"共享同一种文明秩序的理想世界。

---

① ［美］马克·曼考尔：《清代朝贡制度新解》，载［美］费正清编：《中国的世界秩序——传统中国的对外关系》，杜继东译，中国社会科学出版社 2010 年版，第 59 页。
② 参见［日］王柯：《从"天下"国家到民族国家：历史中国的认知与实践》，上海人民出版社 2020 年版，第 36 页。

二、和而不同：天下秩序的基本原则

如上所言，"天下"观念将世界设想为一个完整的政治主体，认为"溥天之下"都应遵循同样的政治—伦理秩序。但这并不意味着中国要向外部世界强制推行自己的文化或宗教。天下秩序以天道为根据，而天道本身就意味着多样性的各得其所与和谐共生。正如《礼记·中庸》所说："辟如天地之无不持载，无不覆帱……万物并育而不相害，道并行而不相悖。"在天下秩序初步建立的西周初年，周天子赋予各诸侯国以极大的内政自主权，本意就是要诸侯根据不同地区的实际情况采取不同的治理措施，因此齐、鲁之政有"简其君臣之礼，从其俗"和"变其俗，革其礼"的区别（《史记·鲁周公世家》），而宋国作为殷商后裔仍然保持殷商的政治传统。这些事实极具象征性地说明天下秩序并不拒斥甚至主张文明多样性的兼容共存。即便对于"四夷"之人，理想的态度也是"远人不服，则修文德以来之"（《论语·季氏》），使其诚心主动归服；退而言之，在"四夷"没有威胁到"中国"安全的情况下，双方也可以相安无事，和平交往。因此，天下秩序对于不同文明形态具有极强的包容性。正如陈来所说，中华文明所追求的和谐是以多样性共存互补为前提的和谐，"和而不同"是天下秩序对待外部世界的基本态度。① 这种和而不同的世界秩序观至少体现在如下两个方面。

第一，和平发展。一方面，中国是世界上现存的唯一没有中断的超大规模文明体，但这种超大规模的形成主要并不是通过外向型的武力扩张实现的，而是通过一种内生性的聚合方式实现的。赵汀阳将中华文明的成长模式概括为"旋涡模式"，这个文明"旋涡"以具有丰富物质和精神资源的中原地区为核心而形成强大向心力，众多相关者接连不断地主动或被动加入其中，使得旋涡逐步扩大，最终达到稳定而形成了一个

---

① 参见陈来：《中华文明的核心价值》，生活·读书·新知三联书店2015年版，第69—73页。

广域的中国。① 另一方面，中国在近代以前的历史上曾经长期领先于世界，但却很少主动向周边国家实行征伐扩张，主流的做法是以安边为本、睦邻为贵；而少数武力攻伐的行为也会在中国内部受到批判和反省。这与近代帝国主义以武力占领土地、侵夺财富的行为是根本不同的。② 这种对外政策直接来自中华文明以文化人、以和为贵的国际交往观，而这种观念在中华文明中是根深蒂固、源远流长的。《左传·襄公十一年》载："夫乐以安德，义以处之，礼以行之，信以守之，仁以厉之，而后可以殿邦国，同福禄，来远人，所谓乐也。"《礼记·中庸》也说："送往迎来，嘉善而矜不能，所以柔远人也。继绝世，举废国，治乱持危，朝聘以时，厚往而薄来，所以怀诸侯也。"都是强调要用德行对待远人，用文明吸引他们主动归附，而不主张以武力强迫远人归服。这既体现了中国古人对于自身文明的高度自信，也反映了中华文明和平主义的文明性格。

这种"宣德教而柔远人"的思想传统在孟子那里发展为关于国际秩序的"王霸之辨"。孟子区分了两种建构国际秩序的行为逻辑，一种是"以力服人"的"霸道"，另一种是"以德服人"的"王道"："以力假仁者霸，霸必有大国；以德行仁者王，王不待大……以力服人者，非心服也，力不赡也；以德服人者，中心悦而诚服也。"(《孟子·公孙丑上》)在按照"霸道"逻辑建构的国际秩序中，国际关系格局以国家间实力对比为基础，因此所有国家都必须努力增强本国实力；这不仅会造成人类有限资源的极大浪费（如军备竞赛），而且这种国际秩序始终处于不稳定状态，整个世界时刻面临着战争的威胁，和平成为战争之间的休战期。中国的战国时期和近代以来"大国争霸"的国际格局都证明了这种国际秩序的脆弱性。与之相反，在按照"王道"逻辑建构的国际秩序中，国际关系格局以国家行为是否符合公认的道德原则为基础，因此所有国家都致力

---

① 参见赵汀阳：《天下的当代性：世界秩序的实践与想象》，中信出版社 2016 年版，第 135—154 页。

② 参见陈来：《中华文明的核心价值》，生活·读书·新知三联书店 2015 年版，第 66—67 页。

于维护和实践共同的价值准则；而"公道自在人心"，最能体现这些价值准则的国家自然能够获得其他国家的真正尊重。这样的国际秩序不仅更为稳定，而且能够保持长久的和平。在世界文明史上，以中国为中心的东亚儒家文化圈以其长久的和平稳定而著称，在一定程度上实现了孟子理想中的"王道"秩序。有西方学者指出："在中国的全盛时期，中国在全球没有可以与之匹敌的国家，这是指没有其他大国向中国的帝国地位挑战，甚至如果中国想进一步扩张，也没有任何其他大国能够抵挡中国的扩张，但中国还是比较有限地使用武力。"① 尽管这一评价仍然有不准确之处（中国并非西方文明意义上的"帝国"），但在中西文明比较的视野下更加凸显了中华文明"强而不霸"、和平发展的显著特征，这与西方文明"强而必霸"的逻辑形成了鲜明对比。

第二，和谐共生。在不同文明和平共存的基础上，天下秩序更进一步追求"协和万邦"或"天下大同"。这种理想的世界观不仅要求文明多样性的兼容并存，而且希望不同文明之间能够交流互鉴，和谐共生。陈来指出，汉代以前，受到交往的限制，中国还缺乏对于一个无中心的、多文明的共同体世界的明确设想。佛教的传入开辟了中国人的多元文明视野，使人们明确意识到"在中华文明之外存在着其他的高级文明，这种文明在一些地方甚至高于中华文明"②，从而有助于突破自我中心主义。佛教的传入和发展也促进了中国思想史上"三教合一"的思想潮流，佛教与儒家、道教等中国本土思想资源共同成为中华文明的重要组成部分。此外，在近代以前，伊斯兰教、基督教在中国也都各自有所发展，并不同程度地实现了中国化。不同文明和不同宗教的相互融合，使得宗教战争和"文明冲突"在中国与外部世界之间不可能发生。这种不同文明、多元宗教融合的传统，正是和而不同原则的重要文化实践。③ 这些事实表明，"和

---

① ［美］兹比格纽·布热津斯基：《大棋局：美国的首要地位及其地缘战略》，中国国际问题研究所译，上海人民出版社 2007 年版，第 13 页。
② 陈来：《中华文明的核心价值》，生活·读书·新知三联书店 2015 年版，第 73 页。
③ 参见陈来：《中华文明的核心价值》，生活·读书·新知三联书店 2015 年版，第 73 页。

而不同"不仅追求多样性的兼容共存，而且追求多样性的互补交融，进而探索达成不同文明共同认可的普遍性的可能。

第二节　朝贡体系与中国古代世界秩序

以"天下"观念为基础，中国古代逐渐形成了一套处理对外关系的基本政治制度，这一制度一般被称为朝贡体系（Tributary System）。其基本内容是：以中央王朝为中心，周边国家和地区向其"称臣纳贡"，中央王朝则对这些国家和地区进行相应的册封和赏赐。由于朝贡体系建立在中国与他国双向交往、沟通的基础之上，因此也有学者指出，"朝贡体系"称为"朝贡—封赏制度"或"封贡制度"更为贴切。①

朝贡体系萌芽于先秦，基本确立于汉唐，经过宋元时期的进一步发展，到明清两代成熟而达到巅峰。其覆盖范围最远曾到达西亚和东非地区，核心区域则集中于东亚和东南亚。在近代西方条约体系进入以前，朝贡体系及其理念始终是东亚地区主导的、被各国共同认可的国际秩序，延续近两千年之久，并形成了一个以中国为中心的朝贡关系网络，在东亚国际关系史上发挥了不可替代的重要作用。然而，朝贡体系却长期受到西方人士的批评，认为它是"等级制的和不平等的"，"与欧洲那种民族国家主权平等的国际关系传统大相径庭"，因此是前近代的对外关系形态，理应被西方近代的条约制度所取代。② 这种观点影响非常广泛，被很多中外学者所认可。但究其实质，这种观点将西方近代形成的主权平等原则及在此基础上的条约体系设定为唯一合理的国际秩序，实际是"西方中心主义"在学术领域的反映。正因如此，这种观点受到了包括西方学者在内的国际学界日渐增多的批判和挑战。因此，从新的角度重新探讨中国古代

---

① 参见李云泉：《万邦来朝：朝贡制度史论》，新华出版社 2014 年版，"绪论"第 1 页。
② 这种观点在国际学界以美国汉学家费正清（John King Fairbank）为代表。参见权赫秀：《中国古代朝贡关系研究述评》，《中国边疆史地研究》2005 年第 3 期。

朝贡体系，逐渐成为国际学界的一个共识。① 因此，本节将在前人研究的基础上，结合相关史实，对中国古代朝贡体系的主要特征及其当代价值进行厘正和辨析。

一、形式等级制与实质平等关系

如上所述，西方学者对于朝贡体系的主要批评在于，朝贡体系是一种等级制的和不平等的国际秩序，与近代国际关系的主权平等原则完全相背离，这种前现代的国际秩序理应被抛弃。实际上，朝贡体系并非一成不变，也并非封闭保守，其内部具有高度的灵活性和复杂性。这使得朝贡体系在形式的不平等之下，呈现出实质性的平等关系。

首先，"华夷之别"是朝贡体系等级性的理念基础，但这种华夷之别是以文明而非种族为标准，是一种相对的而非绝对的标准。这就意味着不同地域、不同种族的政治和文化主体，只要接受这套文明体系，就能够成为文明者即"中华"；反之则会沦为"夷狄"。朝鲜、日本、越南等周边国家与中国共享了这套理念秩序，并对其内涵的解释空间进行了充分的挖掘，在特定的历史条件下，这些国家都曾产生以国别为基础的"小中华"思想，并出现了"华—夷"扩展、"华—夷"转换等相关的政治实践。这无疑使得朝贡体系的"中国中心主义"在理念和实践两个层面被相对化，从而蕴含了实质平等的可能性。②

其次，朝贡体系并非一成不变，在面对不同对象时会采取灵活的处理方式，从而在具体实践中呈现出一定的复杂性。当对方处于中国传统朝贡体系之外，并且实力与中国相当时，中国的对外交往通常会展现出某种实质性的对等关系，尽管中国会通过某些方式取得形式上的优越地位。例如，美国学者弗莱彻（Joseph F. Fletcher）在考察明清两代与中亚的对外交往时发现，明成祖曾在平等的基础上与帖木儿帝国皇帝沙哈

---

① 参见权赫秀：《中国古代朝贡关系研究述评》，《中国边疆史地研究》2005 年第 3 期。
② 相关史实可参见韩东育：《"华夷秩序"的东亚构架与自解体内情》，《东北师大学报（哲学社会科学版）》2008 年第 1 期。

鲁·伯哈德进行平等交往，清朝的乾隆皇帝也曾承认中亚浩罕国王的平等政治地位，尽管在明、清官修史书中，两国都被记载为中国的藩属国。①

就实而言，"基于华夏中心意识和大一统理念，历代史家往往将一切对外交往形态描述为'来朝'、'来贡'的君臣从属关系，从而掩盖了中外关系的多样化发展进程"②。因此，学者通常将中国古代笼统而言的朝贡关系进一步划分为"礼仪性的朝贡关系"和"典型而实质的朝贡关系"两大类。前者指与日本、缅甸、东南亚诸国以及清人所视英、法等西欧诸国的交往，其基本特征是不具有政治上的臣属性；后者则以朝鲜、越南、琉球等国为典型，其基本特征是具有较强的政治隶属性。③ 按照这一分类，上述史实基本都可以归为"礼仪性的朝贡关系"：从中国的立场出发，这些事件都可以被纳入朝贡体系之中；但从其他国家的立场出发以及从今人的视角来看，这些事件都属于平等基础上的国际交往，在很大程度上具有近代国际关系的平等性特征。由此可见，朝贡关系在具体实践中的多样性蕴含着一种实质性的相对平等关系。

再次，对中国而言，朝贡体系本身是一种礼仪性的对外关系模式，经济因素往往居于次要地位，因此对于朝贡国的贡品价值并不特别看重；同时，中国为了维持礼仪上的崇高地位，也必须对朝贡国进行回赐。由于秉持"厚往薄来"和"重义轻利"的传统理念，回赐的物品或者与贡品等价，或者超过贡品的价值。而对于大部分朝贡国来说，朝贡贸易所带来的巨大经济利益则是朝贡体系得以维持的一个重要因素，朝贡体系和通商贸易形成了表里一体的关系。因此，朝贡关系具有礼仪往来和经济贸易往来的双重性质，而"礼仪形式上的不平等与实质上的对等关系、朝贡关系

---

① 参见［美］约瑟夫·F. 弗莱彻：《1368—1884 年间的中国与中亚》，载［美］费正清编：《中国的世界秩序——传统中国的对外关系》，杜继东译，中国社会科学出版社2010 年版，第 199—232 页。

② 李云泉：《万邦来朝：朝贡制度史论》，新华出版社 2014 年版，"绪论"第 2 页。

③ 参见魏志江：《全海宗教授的中韩关系史研究》，《中国史研究动态》1999 年第 1 期；李云泉：《万邦来朝：朝贡制度史论》，新华出版社 2014 年版，第 59—60 页。

的礼仪性质和朝贡贸易的实质内容相互重叠"①，其中显然蕴含着实质平等的因素。

综上所述，朝贡体系固然是一种不平等的国际秩序，但这种不平等性主要体现在礼仪形式上，具有高度形式化和象征性的特点。就其具体内容来看，朝贡体系内部的各政治主体之间实际上处于相对平等的地位。

二、长期和平的国际秩序

对朝贡体系的另一种常见批评是：这是一种以中国为中心的霸权体系，是中国以军事和经济实力对周边国家的威胁和压迫。然而，这种批评与历史的真实情况完全相违背，是以西方"国强必霸"的逻辑解读朝贡体系所产生的臆想。实际上，很多学者早已指出，和平主义是朝贡体系的一个突出特点，这种和平主义性质在与欧洲国际秩序的对比中通常会体现得更为明显。有学者在考察历史上东亚主要国家之间的战争关系之后指出，"与欧洲国际关系模式不同的是，东亚体系最令人震撼之处恰恰就是它相对于欧洲的长期和平"②。东亚的古代国际秩序之所以能够保持长期的和平稳定，与朝贡体系的若干特征无疑有着密切关系。

首先，天下理念是朝贡体系的精神内核之一。如上所述，中国古代的"天下"虽然有华夷之别和等级之分，但这种分别是以文明程度而非力量强弱为标准的。由于朝贡体系内各主要国家都共享这一理念，因此提高本国地位、获得他国尊重的关键在于礼俗教化的华夏化或文明化，而非军事力量的强大。最能体现这种理念的当属朝鲜。朝鲜王朝始终怀有一种"小中华"理想，即"通过与中国的同质化而凸显其与其他周边国家的差距，从而提高朝鲜在东亚文明共同体内的地位"，因此积极参与对中原王朝的朝贡。在朝鲜看来，只有在某种程度上属于所谓文明的国家才能对中

---

① 汪晖：《现代中国思想的兴起》上卷第二部，生活·读书·新知三联书店2015年版，第692页。

② ［美］康灿雄：《西方之前的东亚：朝贡贸易五百年》，陈昌煦译，社会科学文献出版社2016年版，第103页。

国例行朝贡。因此当壬辰战争时，明朝想册封丰臣秀吉为日本国王，却遭到朝鲜君臣的激烈反对，理由是日本是悖伦之国。[①] 其中固然更多出于现实因素的考量，但也能反映出道德伦理在朝贡话语体系中的重要地位。与此同时，"和而不同""以德服人"等伦理原则也使得历代统治者大都秉持"先王耀德而不观兵"的理念，由此奠定了朝贡体系深厚久远的和平主义传统。

其次，在朝贡体系中，中国作为"宗主"居于主导地位：朝贡国向中国称臣、朝贡，中国政府则对其国王进行册封、赏赐，对其贡物进行回赐。但这种主导地位在大多数情况下都是礼仪或形式上的。正如罗志田所说，中国对于"徼外"（即域外）诸国只寻求象征性的"统"而不期望实际的"治"。[②] 对于与中国保持密切关系的属国，如朝鲜、安南、琉球等，只要不公开藐视天朝权威，按照既定制度称臣纳贡，中国基本不会干涉朝贡国的内部事务。明太祖在立国之初就颁布《皇明祖训》，将朝鲜、日本、琉球、安南等周边 15 个国家列为"不征之国"，并一再表明要与各国"共享太平之福"。此后，对于朝鲜、安南、占城等国在王位继立过程中出现的篡逆现象及不守华夏礼节等问题，明朝政府多以发布谕令、遣使问责、"却贡"等方式进行劝诫或惩罚，而不是粗暴干涉其内政。至于那些一般性的朝贡关系国，是否朝贡完全是一种自愿行为，不受中国武力强弱的左右。[③]

不仅如此，对于朝贡国彼此之间的交往，中国历代王朝一向持赞成态度。例如，明朝永乐年间，暹罗遣使与琉球通好，所乘船只遇风毁坏，漂至福建海域获救。明成祖闻奏，认为"暹罗国与琉球通好，是番邦美事"，因此责令福建布政司："舟坏者为之修理，人乏食者给之粟。候便

---

① 参见郑容和：《从周边视角来看朝贡关系——朝鲜王朝对朝贡体系的认识和利用》，《国际政治研究》2006 年第 1 期。

② 参见罗志田：《后现代主义与中国研究：〈怀柔远人〉的史学启示》，《历史研究》1999 年第 1 期。

③ 参见李云泉：《万邦来朝：朝贡制度史论》，新华出版社 2014 年版，第 257 页。

风，其人欲归或往琉球，导之去。"① 若朝贡国彼此交恶，中国还会以宗主的身份，承担起"协和万邦"的职责。明朝永乐年间，东南亚各国之间的政治关系纷繁复杂。针对安南、暹罗等国恃强凌弱侵略他国的行为，明成祖多次发布谕令进行劝诫，并遣使交涉，要求它们"保境安民，息兵修好"，"安分守礼，睦邻境"，"俾相辑睦，各保境土"。② 当朝贡国受到外部势力入侵而向中国求援时，中国政府通常会出兵相救。明朝万历年间的中朝联军抗击日本侵略的壬辰战争就是一个典型事例。而即便在国力衰退、外患频仍的清朝末年，清朝政府仍然应越南请求，派兵共同抗击法国侵略者。综上所述，在朝贡体系下，中国为维护东亚地区的和平稳定发挥了重要作用，充分体现了中华文明追求和平、和谐的国际关系的传统。

再次，在朝贡体系中，中国一般并不通过政治和军事实力强迫周边国家加入，周边国家的内政基本拥有完全的自主权。既然如此，为什么仍然有众多朝贡国愿意留在这一体系之内，使朝贡体系得以维持上千年？中华文明的影响力和吸引力当然是一个重要因素，但更基本也更现实的原因在于，中国与朝贡国之间的双向交往是互惠互利的。当然，双方的利益关切并不完全相同。费正清曾指出："对于中国的统治者而言，朝贡的道德价值是最重要的；对于蛮夷来说，最重要的是贸易的物质价值。"③ 这一判断看到了朝贡—封赐双方的不同利益关切，但并不全面。

对于中国的统治者来说，第一，"万邦来朝"是对其统治地位合法性的有力证明。这一点在中原王朝国力衰弱或统治者"得位不正"时体现得最为明显。而在国力强盛时期，"万邦来朝"也是统治者"声教远被"的重要表现。第二，通过与周边国家和边境少数民族建立稳定的朝贡关系，中国获得了安定的周边环境，从而达到"守在四夷"的政治目的。

而对于朝贡国来说，维持和发展与中国的朝贡关系也能获得经济、政

---

① 《明太宗实录》卷 34，转引自李云泉：《万邦来朝：朝贡制度史论》，新华出版社 2014年版，第 257 页。
② 参见陈尚胜：《试论明成祖的对外政策》，《安徽史学》1994 年第 1 期。
③ 转引自李云泉：《万邦来朝：朝贡制度史论》，新华出版社 2014 年版，第 258 页。

治、安全等各方面的利益。第一，由于明清两代实行海禁政策，因此朝贡活动成为其他国家与中国进行贸易的唯一途径。而历代统治者秉持"厚往薄来"的传统理念，对朝贡使团又往往给予丰厚的赏赐。因此，经济利益是很多国家频繁朝贡的主要原因。第二，对于那些与中国关系密切的朝贡国来说，中国的封赐也成为其统治合法性的重要来源。第三，由于中国的超强实力，周边国家通过加入朝贡体系，也可以获得自身的国家安全。一方面，稳定的朝贡关系可以避免本国受到中国的军事征伐；另一方面，本国的国家安全还可以受到中国保护，在受到外部侵略时，中国往往会应请求出兵救援。[①]

可以说，在朝贡体系内，中国与朝贡国各方都可以各得所需，这种互惠互利的国际交往是维持朝贡体系长久稳定、和平的根本原因。朝贡体系的和平主义特征与西方国际秩序的现实形成了鲜明对比，对于超越现有国际秩序、构建新型国际关系也可以提供诸多启示。

第三节　天下秩序的当代启示

与现代国际秩序相比，中国古代的"天下"秩序想象显然具有很大的不同。其一，现代国际社会以不同的民族国家为基本组成单位，形式的主权平等是现代国际秩序的基础性原则，而"天下"体系显然是一种以自我为中心的等级化秩序，这在现代世界当然是不可接受的。因此，想要在当代世界复现中国古代的"天下"体系是根本不可能的，当然也不会有任何国家敢冒天下之大不韪进行这样的尝试。其二，民族国家的主权具有至高无上性，它对内凌驾于任何权力之上并超越身份、地域、语言和宗教等一切差异，对外则独立于任何普遍性权威并排斥任何其他主权。世界由此被分割为大大小小的主权单位。这意味着世界整体利益和全人类共同利益无法被有效地思考和维护。在全球化不断深入推进的当代世界，这势

---

① 参见简军波：《中华朝贡体系——观念结构与功能》，《国际政治研究》2009 年第 1 期。

必会最终对各国及其人民的长远利益产生负面影响。无须赘言，民族国家体系的这种内在矛盾正在日益深刻地显现出来。而"天下"观念则可以为解决这一困境提供有益的启示。如上所述，"天下"体系先在地将"溥天之下"的一切存在都纳入其范围，它所主张的世界秩序是可以被普遍化的；换言之，"天下"体系是以世界整体为思考对象的。正如赵汀阳所说：

> 天下概念期望一个世界成为政治主体的世界体系，一个以整个世界为政治单位的共在秩序（order of coexistence）。从天下去理解世界，就是意味着以整个世界作为思考单位去分析问题，以便能够设想与全球化的现实相配的政治秩序。……天下方法论的出发点就是把世界看作是政治主体，这正是管子和老子提出的方法论："以天下为天下"（管子）或"以天下观天下"（老子），它意味着必须以高于并且大于国家的视野去理解世界政治，以世界为尺度去定义政治秩序和政治合法性。[①]

需要强调的是，在"天下"体系中，内外之别可以通过文明程度的变化而发生相应的转化，作为体系核心的"天子"也会根据"德"之有无而发生转移。这些都意味着"天下"体系的内部结构并不是完全固定的，从而使得自我中心和等级化的色彩被极大地相对化，而这种相对性之中也蕴含着某种平等的因素，即任何国家、族群乃至个人都有进入和成为"中心"的可能性。

因此，中国古代的"天下"观念超越某个或某些民族、国家的具体界限，主张以世界整体作为思考对象，追求人类社会的共同利益。这种古老的世界秩序观所蕴含的思想可能，无疑可以为解决现代民族国家体系的内在困境、构建新型国际秩序提供有益的启示。

此外，朝贡体系作为"天下"观念的具体政治实践，也应进行辩证

---

① 赵汀阳：《天下的当代性：世界秩序的实践与想象》，中信出版社2016年版，第2—3页。

看待。由于中国传统朝贡体系与当代国际秩序有着明显的"古今之别"，其所赖以建立的政治体制和经济形态早已不适用于现代社会，而自我中心化和形式等级制也与现代国际关系中主权平等的基本原则相违背，因此重建朝贡体系是完全不可能也不必要的。但这并不意味着朝贡体系一无是处。正如第二节的分析所显示的，朝贡体系的诸多特征，如实质平等、长期和平、相互尊重、互惠互利等，对于改变当代国际秩序的不合理之处都有着重要的借鉴意义。因此关键的问题在于，如何在当代条件下扬弃其中的不合理因素，继承并发展其中的合理因素。

不难发现，"人类命运共同体"理念构成了对"天下"观念的扬弃和发展。这一倡议主张世界各国在相互尊重和主权平等的基础上谋求实现利益共享、责任共担、合作共赢，增进人类共同利益。一方面，承认和尊重现代民族国家体系和主权平等原则，扬弃了传统"天下"观念内含的自我中心主义和等级秩序结构，从而更符合现代以来形成的国际秩序的基本规范；另一方面，强调各国在和平共处和互惠互利的基础上追求世界共同利益和人类普遍利益，这与"天下"观念在核心精神上是一脉相承的。实际上，近年来中国学术界关于"新天下主义"或"新世界主义"的热烈讨论与中国政府提出的"构建人类命运共同体"倡议构成一种相互呼应的关系。这种现象表明，随着中国综合国力的发展和当代国际秩序的变革，中国传统世界秩序观的价值正在被人们重新发现，成为构建新型国际关系的"中国方案"的重要思想资源。

第 三 部 分

文明交流互鉴：中学西传与西学东渐

　　文化自信基于历史自信，文化自信是从中西文明比较中确立起来的，是基于中西交流的历史形成的。习近平总书记在亚洲文明对话大会开幕式上讲道："文明因多样而交流，因交流而互鉴，因互鉴而发展。我们要加强世界上不同国家、不同民族、不同文化的交流互鉴，夯实共建亚洲命运共同体、人类命运共同体的人文基础。"①

　　珍视历史、交流互鉴，已经成为各国发展前进的共识。

---

① 习近平：《深化文明交流互鉴　共建亚洲命运共同体——在亚洲文明对话大会开幕式上的主旨演讲》，人民出版社 2019 年版，第 5 页。

第 九 章

天朝路远：中西文明的遥望

中西关系史源远流长，对于中国来说，"西"的概念不断演化。从秦汉到隋唐乃至宋元时期，随着中西交流的不断加深，中西文明各自的面貌也逐渐清晰起来。历史并非某一特定人群的历史，在人类文明逐步建立起来的过程中，中西文明各自闪耀。在上千年的历史进程里，中国曾不断创造出独步世界的伟大文化。李约瑟指出："在文艺复兴前和文艺复兴时期，中国在技术方面的影响占支配地位。中国工匠对世界的贡献要远比亚历山大里亚的理学家和能言善辩的理论家多得多。"①

第一节　秦汉：丝路勃兴，中西初遇

秦统一六国，历二世而亡。公元前202年刘邦重新平定天下、建立汉朝。经历了"文景之治"的休养生息，政治基础和社会形势逐步稳定。汉武帝时，设察举制、颁推恩令、"罢黜百家、独尊儒术"，对内加强中央集权；对外御匈奴，征四夷，成就汉武盛世。

秦始皇一统天下，在政治上形成了"大一统"的局面，然而在思想上却未有"大一统"之气候。到了汉代，中国哲学史上建立起了第一个

---

① 转引自何兆武、柳卸林主编：《中国印象：外国名人论中国文化》，中国人民大学出版社2011年版，第404页。

官方哲学，汉代思想因董仲舒的努力而被统一起来。他系统地提出了"天人感应"与"大一统"学说。自汉代始，儒学成为中国社会的正统思想，奠定了汉朝前后愈四百年统治的根基。

大一统的秦汉时期，边疆与内地、"中国"与"四夷"的观念加强。汉节出使西域，汉朝经营西域使得中国对西方的认识日渐丰富，中国也开始进入西方人的视域，尤其是中华文明沿着沟通西域的丝绸之路开始向外传播：丝绸西传欧洲，造纸术传向世界。

一、汉节出使与中西文化交流

早在汉代以前，中原地区与西域的交往就已广泛存在，而张骞的出使则为这种中西的相遇提供了契机，它正式揭开了过往并不为人所知的面纱，将东西文明流动的通道，在官方出面主导的背景下展现给世人，变得更加明晰、清楚。

（一）张骞出使西域

汉高祖刘邦统一天下，经过了"文景之治"的修养生息后，国力日渐增强，到了武帝时，西汉进入了鼎盛时期。武帝对内加强集权；对外抗击匈奴，加强与周边各民族的联系。在这样的内外政策下，中国大规模对外派遣政治使节由此开始。

匈奴是古代北方的游牧民族，频频南下侵扰占据大漠南北，并且控制着西域诸国、切断了西域地区与内地的联系、阻塞了中西交往的通道。

汉武帝建元二年（前139年），张骞奉武帝之命，第一次出使西域，寻找西迁的大月氏。大月氏与匈奴有弑君之仇，张骞出使的目的便是找到大月氏，与之联合夹击匈奴。谁知张骞一行人刚进入匈奴地界便遭到扣留，匈奴人将他们软禁起来，并让张骞娶妻生子，企图诱使他投降。经过了长达十一年的软禁生活，张骞终于寻到机会和随从逃出匈奴，重拾自己的使命，越过葱岭、继续西行，终于到了大月氏（今阿姆河上游）。[①]

---

① 参见王介南编著：《中外文化交流史》，书海出版社2004年版，第67页。

　　彼时，生活富足舒适的大月氏已经安于现状，新王更无心再向匈奴寻仇，张骞在大月氏没有达到结盟的目的，不得不返回。归途中不幸又被匈奴截获，所幸一年后，匈奴因单于去世而发生内乱，张骞借此得以逃脱。出发浩荡百余人，归来徐徐几人回：公元前 126 年，历时 13 个寒暑，张骞终于回到长安复命。他的这次出使并没有达到与大月氏联合、共同抗击匈奴的政治使命，但停留西域十余载使他深入详细地了解了西域地区的政治经济状况、地理位置、风土人情，这对于了解西域文化，打通中西方文化交流的通道来说，无疑是一次十分宝贵的尝试。

　　西汉对匈奴的战争并没有停止。公元前 127 年（张骞回国的前一年），卫青大败匈奴，控制了今天河套以南的地区；公元前 119 年，卫青、霍去病分道出击匈奴，将匈奴进一步驱逐至漠北。随着对河西走廊的占领和与匈奴间战事的胜利，西汉王朝在对匈奴的斗争中掌握了主动，前往西域的道路也基本畅通。然而，汉王朝的反击只是肃清了匈奴在漠南及河西走廊的势力，西北边境的安全仍然受到匈奴的威胁。公元前 119 年，为了联络乌孙等西域各国力量，彻底击败匈奴，张骞率使团再次出使西域。这次的出使要顺利得多，使团一行很快抵达了乌孙的赤谷城。抵达乌孙时，正值乌孙国内乱，加上该国素来有畏于匈奴，不敢与汉朝结盟，不过乌孙国王答应与汉通使。在乌孙停留期间，张骞分别派遣副使到中亚、西亚、南亚的大宛、康居、大夏、身毒各国，广泛联络。

　　公元前 60 年，汉朝设立西域都护府，管辖天山以南的地区，一并包括乌孙。至此，中国和大宛成为邻国，陆上丝绸之路的东段完全打通。[①]西汉政府与西域及中亚、西亚、南亚各地区友好往来：西来使节不绝于途，一队队的商客更是随之往来热络。

　　张骞出使西域，前后历时 17 年，行程万余里，一路艰难坎坷、几经困顿、备受辛劳。他的两次出使，打开了一条连接中国与西域的道路，开辟了中西政治经济文化交流的新纪元。

---

① 参见王介南编著：《中外文化交流史》，书海出版社 2004 年版，第 70 页。

（二）班超经营西域

张骞出使西域之后，为了巩固同西域各地的联系，汉代先后在河西走廊设立了酒泉、张掖、敦煌、武威，史称"河西四郡"，玉门关和阳关成为出入西域的门户。

到了王莽时期及东汉初年，匈奴势力复起，西域诸国逐渐脱离汉朝管辖，内地与西域的关系几近断绝。公元73年，班超随奉车都尉窦固出塞抗击匈奴，平定疏勒，恢复了西域多国与汉朝的臣属关系。由于班超英勇过人、屡屡建功，继而受命经营西域，花费了二十年的时间来巩固汉在西域建立的政治秩序。公元91年，班超被任命为西域都护，西域五十余国又重新臣服于汉。

为探明安息国的贸易情况和西方强大的大秦国的实情，班超派遣部下甘英出使大秦。大秦为《史记》中所记载的黎轩（公元前30年之前的黎轩指埃及托勒密王朝），在当时则是罗马帝国。① 甘英的出使路线大概从当时的西域都护驻地龟兹出发，经由疏勒到葱岭、过大月氏到达安息，准备渡过波斯湾、绕阿拉伯半岛、入红海最后到达亚历山大城。当甘英到达条支海边（即今天的波斯湾）的时候，被安息的开船人劝阻。也许他畏惧翻涌的波涛，也许他意识到大秦恐怕并不能成为汉的盟友。我们只知道，在浩瀚无垠的海边，甘英决定止步向前，就此折返。

虽然没有最终抵达大秦，甘英仍然创下了历史上出使最远的纪录，在他之前，从未有汉人过安息、到条支。甘英出使历时两年，他在西行的路上获得的信息也十分宝贵，推动了汉人对远西地区的认识。班超在西域苦心经营，保护了西北陆上丝绸之路的畅通，直到公元102年，班超返回京城洛阳。

值得一提的是，在西方的历史叙述中，是马其顿国王亚历山大一路东征、凯歌高进，率军直抵东亚，这条路逐渐形成了后来的陆上丝绸之路。

---

① 公元前27年，罗马进入帝国时代，直到公元2世纪初，罗马人统治的疆域达到了最大规模：东迄幼发拉底河、西抵不列颠，北达多瑙河、南至北非，形成了一个地跨欧、亚、非三大洲的环地中海帝国。直至公元395年，罗马帝国分裂。

而在中国的历史叙述中，连接中西交流的通道早已存在，陆上丝绸之路正式形成始于张骞的凿空之行，昌明繁荣于班超的苦心经营。一方是为了个人的军功与征服欲，核心在"争"；一方是以国为家的责任担当，核心在"和"，这也是中西文明初遇相较下，中华文明责任本位的具体体现。

二、丝绸西传欧洲

关于丝绸西传，欧洲流行的说法是一位西方人将蚕种藏在了手杖中，蒙混过了关卡的检查，顺利地将其从东方带到了欧洲。事实上，东罗马帝国的蚕种应该来自中亚地区。据6世纪上半叶东希腊历史学家博罗科俾乌斯（Procopius）的记载，552年，几个僧侣从印度来到拜占庭，为了迎合当时东罗马的皇帝查士丁尼不愿再从波斯人手中购买生丝的意愿，他们称自己从印度以北的塞林达国（Serinda）学来了养蚕之法，并能将蚕种带到拜占庭。之后他们果然从塞林达带回了蚕种，开始了东罗马帝国养蚕的历史。另一位6世纪的东罗马历史学家狄奥法尼斯也有类似的记载，只是将印度僧侣换成了波斯人，并称波斯人是将蚕种藏在竹杖中而混过边境盘查的。① 这也成为当下欧洲关于蚕丝如何从东方传到西方的一个公认的说法。罗马史籍中的塞林达国，正是中国。

蚕种传入东罗马后，丝织业在其境内快速发展，伯罗奔尼撒行省很快凭借丝织业成为富裕省份，来自西西里的历史学家细致地描述了伯罗奔尼撒纺织品的多样性："依据丝绸的重量和质地、丝品的细致、颜色的鲜艳、刺绣的风格和材料，分别列出不同的价格。单丝、双丝或三丝的织品通常可以在市场买到，至于六丝的绸缎需要更高的技术，售价极为昂贵。"②

公元79年，维苏威火山突然爆发，顷刻间将罗马帝国的庞贝古城覆

---

① 此处参见张国刚：《胡天汉月映西洋——丝路沧桑三千年》，生活·读书·新知三联书店2019年版，第53页。

② 张国刚：《胡天汉月映西洋——丝路沧桑三千年》，生活·读书·新知三联书店2019年版，第55页。

盖。公元18世纪中叶，经过考古工作者们的挖掘，庞贝古城得以重见天日。由于整座城市被火山灰掩埋，街道和房屋都得到了完整的保存，庞贝成为了解古罗马社会生活和文化艺术的一座无比鲜活而丰富的历史博物馆。古城中一所别墅的卧室内有幅壁画，这幅画被今人称为《花神弗洛拉》，壁画中描画了一位身着丝绸的女子，手捧鲜花在一片绿意盎然中漫步，衣袂飘飘，尽显曼妙身姿。这幅画向我们证实了早在庞贝古城毁灭之前，古罗马人已经开始穿戴美丽的丝绸。

三、造纸术的发明与西传

中国人最早用竹木、龟甲作为文字的载体，绢帛也曾被作为一种名贵的书写工具。公元前2世纪，中国发明了用植物纤维做成的灞桥纸。公元1世纪，即汉和帝刘肇时期，宫廷官吏蔡伦在前人经验的基础上，带领工匠们用树皮、麻头、破布和渔网等造纸。用蔡伦的方法造出的纸，体质轻薄，非常适合书写，且原料来源广泛易取，可以大规模生产，受到时人欢迎。汉和帝元兴元年（105年），蔡伦将造出的纸呈献给皇帝，汉和帝大为赞赏，并将这种新的造纸法推广至全国，并称他造的纸为"蔡侯纸"。

蔡伦改进造纸法，是人类文明史上值得标记的事件，它为文化的传播和继承提供了极为有利的条件。中国发明的造纸技术自中央到地方，首先传到了中国边远地区，继而传播到世界各地。公元3世纪，造纸术传到交趾；公元5世纪以前，传入朝鲜。中国胡僧摩罗难陀，率一众和尚渡海到达朝鲜半岛上的百济国，随行带了许多汉籍送给百济国王并向他介绍如何造出制成这些书的纸张，国王非常高兴，将他留下，请他在朝鲜传授造纸之术。公元285年，百济学者又将中国的《论语》带到日本。蔡伦改造纸术不久，纸张就大量传入西域、中亚。在印控克什米尔地区，发现了不晚于公元6世纪的写有梵文的古纸，唐代僧人义净于公元671年赴印度取经，发现印度已经开始使用纸张。中国的纸至晚在公元7世纪末期就已经传入印度。公元751年，中国的造纸术西传阿拉伯国家，它是由中国的造纸工人亲身传授过去的。唐玄宗天宝年间（751年），安息节度使高仙芝与大食军队交战，史称"怛罗斯之战"，此役唐军大败，被俘者很多，其中便有人曾经做过造纸工匠。有了这些人的造纸技术，大食国得以开办造纸厂，中国的造纸术传入大食国各地及周边地区，后又辗转传入阿拉伯，再经阿拉伯传入印度。至于中国造纸术何时传入欧洲，目前尚没有明确的文献为证。欧洲现存最早的纸文书，是1109年的一道法令，由西西里伯爵罗杰一世（Roger I）用阿拉伯文和拉丁文颁发，这已是中国造纸术传入阿拉伯世界很久之后的事了。[①] 公元1150年，阿拉伯人在欧洲的西班牙建立造纸工厂，中国的造纸术传入西班牙，很快，法国、意大利及欧洲各国也都陆续有了自己的造纸工厂。

随着中国造纸术向全世界的传播，人类文明的发展被极大推动，并由此催生萌发了欧洲16世纪的文艺复兴运动。

第二节　隋唐：开放交融，中西互识

隋唐时期，西北陆上丝绸之路进入了繁盛时期，中西之间往来更加频繁，胡乐入华、西教东来，文化、思想、艺术互相交融。秦汉以后，大一统的格局已经形成，国力日强、经济繁荣。天下一家、协和万邦的观念使得外族人纷纷向风慕义，外国和外族的在华侨民数量不断增多，他们在学习中华文明的同时也带来了异域文化，丰富了中国社会的文化元素。盛唐时期，物质生活丰富多彩，不同民族自然融入，体现出自信开放的宏大气度和中华文化的强大生命力。

一、胡乐入华——仙乐声飘处处闻

隋唐时期的中国国力空前昌盛，尤其是强大统一的盛唐时代，不仅经济文化空前发展，东西交流也更加开放，西北陆上丝绸之路进入了繁盛

---

① 参见张国刚：《胡天汉月映西洋——丝路沧桑三千年》，生活·读书·新知三联书店2019年版，第134页。

时期。

（一）箜篌

箜篌原为西亚两河流域的苏美尔人在公元前 3000 年创制，之后陆续历经埃及、波斯等地传入新疆①，型制上分为竖箜篌和弓形箜篌。竖箜篌从波斯东传入新疆应该早在汉代以前，因为在新疆地区，东汉末年至近代开凿的石窟寺壁画艺术中已经出现了这种乐器的形象。在隋唐时期，箜篌为 22 根弦，主要用于演奏龟兹、疏勒、高昌和西凉乐。"江娥啼竹素女愁，李凭中国弹箜篌。昆山玉碎凤凰叫，芙蓉泣露香兰笑。十二门前融冷光，二十三丝动紫皇。女娲炼石补天处，石破天惊逗秋雨。"②唐代著名诗人李贺在其诗《李凭箜篌引》中，便传神描写了乐工李凭弹奏箜篌的高超技艺。

（二）琵琶

琵琶自汉代由西方传入，最早起源于美索不达米亚地区。四弦琵琶直接自龟兹传入，所以也被称为龟兹琵琶。据宋代《乐书》称，四弦以法天地。四弦琵琶在汉代已经流行于北方黄河流域，汉灵帝时进入宫廷乐队。③此后，中国琵琶更传到东亚其他地区，发展成日本琵琶、朝鲜琵琶和越南琵琶。

白居易的《琵琶行》中绘声绘色地描写出了琵琶女的高超技艺：十三岁便学成琵琶技艺，也凭此在教坊乐坛中出类拔萃。"轻拢慢捻抹复挑，初为《霓裳》后《六幺》。大弦嘈嘈如急雨，小弦切切如私语。嘈嘈切切错杂弹，大珠小珠落玉盘。"这里琵琶女应江州司马白居易的邀请，用琵琶先是弹了《霓裳羽衣曲》，继而奏《六幺》，琴弦弹按、拨动，犹如珠玉撞击般悦耳、美妙。

---

① 参见伊斯拉菲尔·玉苏甫、安尼瓦尔·哈斯木：《古老的乐器——箜篌》，《西域研究》2001 年第 2 期。
② 张茂元选注：《唐诗选》（下），上海古籍出版社 2017 年版，第 714 页。
③ 参见张国刚：《胡天汉月映西洋——丝路沧桑三千年》，生活·读书·新知三联书店2019 年版，第 114 页。

"葡萄美酒夜光杯，欲饮琵琶马上催"，"行人刁斗风沙暗，公主琵琶幽怨多"在这些耳熟能详的唐人诗句中，琵琶俨然如中国本土乐器一样寻常。

（三）《霓裳羽衣曲》

《霓裳羽衣曲》是唐代汉乐与胡乐融合发展的最高成就。据传，乐曲是唐玄宗吸收印度《婆罗门曲》的素材创作的。著名的《霓裳羽衣舞》则是根据这首乐曲改编的舞蹈，常在宫廷和贵族的宴会中表演，以杨玉环的表演最为有名。白居易的《长恨歌》里即有诗句来描写唐玄宗和杨玉环迷醉于宫中歌舞、日日纵情享乐而丝毫未觉安禄山千乘万骑叛军早已逼近城下："骊宫高处入青云，仙乐风飘处处闻。缓歌慢舞凝丝竹，尽日君王看不足。渔阳鼙鼓动地来，惊破《霓裳羽衣曲》。"[1] 歌舞惊断之时，大唐王朝气象已变。马嵬之难后，唐玄宗孤身在六军护送下回朝。宫墙池苑光景仍在，却再不见昔日红颜。白居易诗中又写唐玄宗通过神仙方士于海岛仙山之处与杨玉环重逢，衣带飘飘、美人如旧，又似乎见到旧时霓裳羽衣舞："云鬓半偏新睡觉，花冠不整下堂来。风吹仙袂飘飘举，犹似霓裳羽衣舞。"[2]

一首《霓裳羽衣曲》，串起了唐太宗与杨贵妃的时过境迁、悲欢爱恨，也奏出了中西文化圆融并汇的交响，在历史的回望中依然婉转悠扬。

隋唐时期西域音乐能够大规模传入中原，这与中西交流的不断开放密不可分。中华文明的开放性和包容性更加促成了不同文明间对话的新局面。随着中西交流的不断扩大，越来越多的西方乐人来华，他们带来了精湛的技艺、富有异域特色的歌舞表演；胡姬当垆卖酒，一度成为唐诗中的一种文化意象。

二、佛教东来

佛教产生于公元前 6 世纪至前 5 世纪的古印度，是在婆罗门教和耆那

① 程千帆、沈祖棻注：《古今诗选》，陕西师范大学出版社 2019 年版，第 512 页。
② 程千帆、沈祖棻注：《古今诗选》，陕西师范大学出版社 2019 年版，第 518 页。

教的基础上发展而来，在悉达多·乔达摩（Siddhartha Gautama）初创之后，经过了长时间的发展才逐渐成熟和完善，并开始向外传播。

关于佛教传入中国公认的说法是汉明帝夜梦金人，飞行殿中，第二天问于群臣，太史傅毅对明帝说这金人大概是西方的神——佛。于是明帝派遣中郎蔡愔、羽林郎秦景、博士弟子王遵等十八人去西域，访求佛道。永平十年，蔡愔一行于大月氏遇沙门迦叶摄摩腾和竺法兰等人，又在西域抄回佛经四十二章及佛像等，用白马驮还洛阳，明帝特令人在洛阳城西雍门建立寺院，也就是洛阳白马寺。① 这应该是佛教在官方的认可下正式进入中原，实际上佛教或者有关佛教的信息在民间流传的时间应该更早。

佛教传入中国后，大量的中亚、南亚僧人以弘扬佛法为目的进入中原，魏晋南北朝时期，中国与印度洋之间的海陆交通更是因为有大量佛教僧侣频繁往返而被学者们称为"佛教之路"。② 而中国本土的佛教信徒因无法满足于零碎的教义解说，希望前往佛教的原生地探求佛法真意，一度也掀起了西行求法的热潮，自三国末期到北宋，持续长达五百多年，有名可考者 200 余人，这其中就包括法显和玄奘。法显自长安西行，历时三年到达天竺，又继续南行至摩揭陀国，搜求经律、学习梵文。后从恒河口乘船，几番周折后回国。法显参与翻译经律论六部，这对中国佛学的发展意义重大。另外他将自己十四年游历三十余国的经历写成《佛国记》，在航海史上也拥有重要价值。

唐太宗贞观元年（627 年），玄奘沿丝绸之路西行，一路历尽艰难，终于到达印度。他在印度潜心学习，学问日深、佛法愈精。公元 643 年，玄奘启程回国，经丝绸之路南道，于公元 654 年回到长安。他带回了大量印度教经典并将部分翻译为中文，同时他创立了法相宗，这一宗派在唐朝盛极一时。玄奘又撰写了《大唐西域记》，其中记述了他所经历或听闻的 130 个国家、地区的历史地理、风俗文化，至今仍然是研究中亚和南亚地

---

① 参见（梁）释慧皎：《高僧传》卷一《汉洛阳白马寺摄摩腾》，汤用彤校注，中华书局 1992 年版，第 1 页。

② 参见张国刚：《中西文化关系通史》上卷，北京大学出版社 2019 年版，第 268 页。

区的古代史、宗教史和中西文化交流史的重要文献。①

鸠摩罗什自龟兹到长安，潜心翻译介绍大乘佛学，在长安十年，《据开元释教录》记载，翻译佛典七十四部，不仅翻译数量庞大，而且大大提升了翻译的质量。梁启超曾经称赞其为"译界有名之元勋"②。鸠摩罗什采取直译与意译相结合的方法，一改过去译经"辞质胜文"的阅读遗憾，在保证了内容准确的同时又做到了文辞优美，至今仍被翻译界所称道。

佛教最初传入中国的时候，帝王家和贵族等社会上层多把它看成是神仙方术的一个支派。当时中国人只粗略地知道其戒律禅法，以为与当时在中国流行的神仙方术和黄老之学相似，初入中国的佛教也确实有意与这样的社会氛围相协调。到了三国两晋南北朝时期，是佛教在中国大发展的时代，也是佛教与中国传统社会文化相碰撞、磨合的时代。佛学一方面与中国的传统观念发生冲突，另一方面也对中国的传统思想有所补充。随着佛经的翻译、流布，佛教的影响力渐趋扩大，派别众多。隋唐一统之后，佛教发展也走向了鼎盛，与之相应的是，佛教中国化也进入了成熟期。

经历了最初进入中国社会佛儒冲突的阶段，佛教开始本土化，与儒家文化相融合。流行于唐代的天台宗、华严宗、禅宗则完全是佛教中国化的成果。尤其是禅宗，提出即心即佛、顿悟见性、解脱不离世间等思想，极大拓展了佛教世俗化、社会化的程度。唐宋以后，禅宗与主张念佛修行的净土宗合流，使得佛教终于成为中国文化的一部分。

唐代的外来宗教还有自波斯传入的景教、祆教、摩尼教三教，主要在居留大唐的西域人中流行，汉人鲜少信奉，武宗禁佛之时，一并禁止外来宗教，诸教几近消亡。而佛教经过了近三百年的争论，终于在与儒家的融合中发展成为中国本土化的宗教，扎根中华。

---

① 参见张国刚：《中西文化关系通史》上卷，北京大学出版社2019年版，第270页。
② 梁启超：《饮冰室佛学论集》，广陵古籍刻印社1990年版，第194页。

汤因比谈到，近代以前，对于中国给予很大冲击的只有一个印度，而来自印度的冲击又采取了传播佛教的和平形式，并且佛教传入中国就被中国化了，这正和从匈奴到满族这些北方民族几次征服整个中国或一部分中国而最后被中国化了的原理是一样的。[①] 他所指出的，正是中华文明兼容并包的具体体现。西域技艺在中国社会广泛传播，西方宗教进入中国发展，凸显了中国文化宽广的包容性。

第三节　宋元：横跨欧亚，中西相通

在中国历史上，无论哪个民族入主中原，都以一统天下为己任，以中华文化的正统自居。宋代的中国，已经建立起了比唐代更加彻底的中央集权政权，到了元代，统治者主动选择继承中华文明大一统体系，接受中原文化，以儒家正统的礼仪、典制来治理中国，建立起多民族融合的大一统国家。

宋元时期，中国和中亚、西亚、欧洲连接起来，并在这些交通线上建立起完善的传驿系统，使得此时中西陆路交通变得空前的畅通。四大发明向海外传播，成为西方文化发展的助推器，中国文化参与和影响世界的历史发展进程。

一、四大发明的外传

（一）指南针

中国是最早发现磁针指极性的国家，迟至战国时期，磁石式的"司南"已经发明。从司南到指南针，经历了一个漫长的演进阶段。公元9世纪，指南针被运用于陆地的勘舆测量，到了宋代，指南针已经运用到航海上。北宋宋或《萍州可谈》一书中记述了1099年至1102年间广州的海

---

① 参见何兆武、柳卸林主编：《中国印象：外国名人论中国文化》，中国人民大学出版社2011年版，第397页。

运情况，称晴天时观察太阳和横星以指引白天和夜晚的航行，阴天则凭借指南针指示航向。① 由于中西海陆交通日益繁荣，中国的指南针技术应用于航海后不久便传入西方。就目前资料显示，阿拉伯人最晚在13世纪初已使用指南针。海外学术界一度有学者认为指南针是由阿拉伯人发明并传到欧洲的。然而19世纪以来所有研究阿拉伯文献的专家都没有在阿拉伯11世后半叶的文献中发现有指南针的历史记载。事实上宋代时中国和阿拉伯世界的贸易非常频繁，中国与阿拉伯的商船往来于中国沿海与波斯湾之间。在这样的前提下，中国的航海技术被阿拉伯人所了解是自然而然的事情。公元785年，唐朝派遣使节杨良瑶出使大食国，其船队从广州出发，路过天竺，最后到达大食国的弗剌利河（今幼发拉底河），换乘小船至末罗国（今伊拉克）。这是中国官方船队第一次远航到西亚的阿拉伯世界。② 13世纪左右，欧洲人开始使用罗盘，从时间顺序上看，欧洲人所运用的罗盘知识当传自于中国。"显而易见，12—13世纪的欧洲早期航海罗盘是中国早就用过的水罗盘。其制造方法与中国一样，将经过磁石感应的铁针横穿在植物光滑的茎杆中，再漂浮在刻有方向的罗盘中间的圆形水槽（中国古时称'天池'）内，当磁针停止转动时，其两端便分别指向南北。"③

西方掌握了中国所发明的指南针，并将其结构进行改良调整。14世纪，欧洲开始出现"旱罗盘"：不管船体如何摆动，旱罗盘可以始终保持水平状态。这为日后以葡萄牙人为先导的远洋航行准备好了重要条件。④可以说，小小指南针的发明和传播，推动了整个航海业的巨大变革，为"地理大发现"提供了必要的技术前提。

---

① 参见（北宋）宋彧：《萍州可谈》卷二，李伟国点校，中华书局2007年版，第133页，转引自张国刚：《中西文化关系通史》上卷，北京大学出版社2019年版，第112页。

② 参见张国刚：《胡天汉月映西洋——丝路沧桑三千年》，生活·读书·新知三联书店2019年版，第138页。

③ 潘吉星：《中国古代四大发明——源流、外传及世界影响》，中国科学技术出版社2002年版，第494页。

④ 参见张国刚：《中西文化关系通史》上卷，北京大学出版社2019年版，第199页。

（二）造纸术与印刷术

自公元 1150 年起乃至其后的四百年间，中国的造纸技术逐渐传遍了欧亚大陆，从根本上结束了西方国家用皮革、树皮及羊皮作为书写材料的历史。直到 18 世纪以前，欧洲各国的造纸工厂中采用的技术和设备依然都是中国的传统样式，工艺和质量还远远不及中国宋代时的水平。

造纸术和印刷术实际上是密切相关的。纸张作为文字的载体，使得思想和文化能以更为便捷的方式留存并被阅读，而印刷术则将文化与知识的传播速度和范围大大地提升与扩展，文明才得以更快地向前发展。

通常认为出土于敦煌莫高窟藏经洞的唐咸通九年（868 年）王玠刻印的《金刚般若波罗蜜经》是现存世界上较早的雕版印刷制品。这部印本被斯坦因盗运至伦敦，现藏于不列颠博物馆。1966 年，韩国佛国寺释迦塔发现了一份汉字木刻本《无垢净光大陀罗尼经咒》，据有关学者研究[①]，认为它是在长安翻译和刻印的，大约于 704 年至 751 年之间，是目前发现的最早的印刷品。唐朝末年，长安、洛阳、四川和长江下游地区都有印刷中心。到了宋代，各级政府提倡刻书，推动各地印刷业的发展。

元明两代正处于雕版印刷向活字印刷发展的阶段，这个时期，中欧之间的接触空前活跃。

意大利史学家保罗·乔维奥（Paolo Giovio）在《当代史》一书中谈到广州的印刷技术，并称"早在葡萄牙人到印度之前，对文化有无比帮助的类似技术就通过西亚和莫斯科公国传到我们欧洲"[②]。英国东方学家柯增（Robert Curzon）于 1860 年发表《中国与欧洲印刷史》，指出欧洲与中国雕版印刷物在各方面完全相同后写道："我们必须认为欧洲木版书的印刷过程，肯定是根据某些早期旅行者从中国带回去的中国古书样本模仿

---

① 参见刘国钧：《中国书史简编》，书目文献出版社 1982 年版，第 58 页。
② Paulus Jovius, "Hisotria Sui Temperis（1546）", Vol.1, p.161（Venezia, 1558）：Ref.（6）, pp. 159, 164-165, note 4, 译文参见潘吉星：《论中国印刷术在欧洲的传播》，《传统文化与现代化》1996 年第 4 期。

的，不过这些旅行者的姓名没有流传到现在。"①

随着雕版印刷术的广泛应用，人们也逐渐发现它的弊端，就是印一页就需要刻一版，耗损大，成书相对较慢。为了克服这些弱点，一种新的印刷方式——活字印刷术随即被探索出来。

活字印刷是现代文明的重要支柱，被西方人誉为文明之母，它的发明大大提升了书籍复制的速度，有力地推动了文化知识的广泛传播和普及。

北宋的沈括在《梦溪笔谈》卷十八技艺门中详细记载了布衣毕昇在仁宗庆历年间（1041—1048 年）发明了以胶泥刻字制版印书的活字法。活字印刷术在元代得到了进一步发展，除了泥活字外，人们又尝试着用木、铜、锡等原料制造活字。

英国科学家李约瑟在其主编的《中国科学技术史》中曾推断："如果印刷术由东方传到西方的过程中有过那么一个中间环节的话，既熟悉雕版印刷又熟悉活字印刷的维吾尔人，极有机会在这种传播中起重要作用。"②

法国印刷史家古斯曼认为中国活字技术在元朝时期经两个途径传入欧洲：一是与维吾尔人有接触，后来住在荷兰的亚美尼亚人在卡斯特尔迪活动时将活字技术传入欧洲；二是谷腾堡在布拉格居住时学会了经中亚、俄罗斯陆上通道传入欧洲的这种技术。③ 谷腾堡对中国传统活字技术在活字的化学成分、压印方式和着色剂配置这三个环节上做了重大改进，在中西文化与技术交流史上画出了浓厚一笔，既是对中国传统活字印刷技术加以成功改进的革新者，又是欧洲金属活字技术的奠基人。

有了造纸术和活字印刷术，新的书籍得以快速刊印，人们对于世界的认识也随之爆炸性的增长，这一切都在迎接新的思潮、新的知识的革命——文艺复兴的到来。

---

① Robert Curzon, "The History of Printing in China and Europe", *Philobiblon Society Miscellanies*（London），1860, Vol.6, Pt.1, p.23.
② 李约瑟主编：《中国科学技术史》，上海古籍出版社 1990 年版，第 272 页。
③ 参见武斌：《文明的力量》，广东人民出版社 2019 年版，第 112 页。

（三）火药发明推动近代科学的进步与发展

火药的发明，是中国古代科技发展的一项重要成果。李约瑟将火药称为"中古时期中国社会最伟大的成就之一"。在唐代中期，已经有了关于原始火药的明确记载，被认为是中国最先发明火药的"久已著称"的证据。在宋朝初年，中国已经有了真正的军用火药。恩格斯说："现在几乎所有的人都承认，发明火药并用它朝一定方向发射重物的是东方国家……在中国，还在很早的时期就用硝石和其他引火剂混合制成了烟火剂，并把它使用在军事上和盛大的典礼中。"①

中国的火药陆续传播到海外，对各国的文明和历史发展，乃至对世界历史的演变都产生了重大影响。即使在现代社会生活中，火药也仍然发挥着重要作用。现在战争中的常规武器、建工行业中开山劈石的爆炸物、将各式飞行器送上太空的运载火箭，都是以中国古代发明的火药和火器技术原理为基础的。科学史家潘吉星认为："由黑火药制成的火器，较之前所用的冷武器具有无比的技术优越性。""火器的出现和使用是人类武器发展史中划时代的革命……逐渐将中外其他旧式武器取而代之，成为千年间人类在战场上通用的作战武器。"②

中国火药和火器技术的大规模外传，主要是从元代开始的。元代时，创制和使用了金属管型射击火器"火铳"，并且至少在 14 世纪初年将其用于实战。元朝军队东征西战，大规模对外用兵，业已使用了火药。随着蒙古人的西征，火药制造技术传入了阿拉伯地区。据波斯史学家拉施特（Rashidal-Din Fadl Allah，1247—1317）记载，1258 年蒙古军在郭侃率领下攻占阿拔斯王朝首都巴格达时，曾使用了"将火药桶绑在枪头上的武器"，即火箭③。阿拉伯世界在火药西传过程中起到了中转站的作用，当

---

① 《马克思恩格斯全集》第 14 卷，人民出版社 1964 年版，第 193 页。

② 潘吉星：《中国古代四大发明——源流、外传与世界影响》，中国科学技术大学出版社 2003 年版，第 547、548 页。

③ 参见武斌：《文明的力量——中华文明的世界影响力》，广东人民出版社 2019 年版，第 132 页。

阿拉伯人掌握了制造火药和火器的有关技术后，又将其传入欧洲。

"14世纪以后，欧洲出现了火铳、火箭、喷火枪、手榴弹、炸弹和烟火等都是根据中国技术和样器仿制的。在这个基础上，随着欧洲社会经济和技术的发展，欧洲人脱离了仿制阶段。从15—16世纪进入自主开发阶段。"① 火药和火器技术传到欧洲以后，得到了迅速的推广，并被应用于军队装备和战事中。

其时正是欧洲历史大革命的前夜，火药和火器技术的传入推动了欧洲发展的进程，甚至影响了世界历史的前进轨迹。堂·吉诃德所醉心沉迷的骑士阶层正是随着火器的到来而走向衰落。"火器一开始就是城市和以城市为依靠的新兴君主政体反对封建贵族的武器。以前一直攻不破的贵族城堡的石墙抵不住市民的大炮；市民的枪弹射穿了骑士的盔甲。贵族的统治跟身披铠甲的贵族骑兵队同归于尽了。"② 一方面，火药在战场上发挥重要作用：自15世纪起，葡萄牙的管型射击火器有了很快的发展并广泛用于军队装备，使得西欧人在世界海道上称霸；另一方面，火药在民用工程中广泛应用，同时为蒸汽发动机的发明、动力学新研究的发现创造了先决条件。可以说，中国发明的火药推动了近代科学的进步与发展。

二、马可·波罗的"东方理想国"

西方人描述东方，记述中国的游记有很多，比如《伯朗嘉宾蒙古行记》《鲁布鲁克东行记》《鄂多立克东游录》等，但这些游记中，没有任何一部的影响力能够超越《马可·波罗游记》。

马可·波罗（Marco Polo，1254—1324），威尼斯商人之子。在他小时候，其父及其叔父曾到东方经商。1271年，马可·波罗随父叔一同动身去往中国，在中国生活了整整16年。1291年初，马可·波罗离开中国。回到欧洲后，他参加了威尼斯与热那亚之间的战争，被俘入狱。狱

---

① 潘吉星：《中国古代四大发明——源流、外传与世界影响》，中国科学技术大学出版社2003年版，第470页。

② 《马克思恩格斯选集》第3卷，人民出版社2012年版，第547页。

中，他将自己在东方周游的故事讲给了当时同为囚犯的比萨小说家鲁斯蒂恰诺（Rusticiano），后者将马可·波罗的传奇故事记录下来，一部轰动世界的东方游记就此诞生。

在《马可·波罗游记》中，展现了一个物质财富极大丰富，文明程度很高的中国。蒙古在各地建立完善的驿站制度，东西交通，到这时已畅通无阻，陆路北穿南俄，南贯伊朗，海道则以波斯湾上的忽鲁漠斯为枢纽，从中国直到西欧，东西方商使往来不绝。他在《马可·波罗游记》中以大量的篇章和热情洋溢的语言，记述了中国无穷无尽的财富，巨大的商业城市，完善的交通设施，以及华丽的宫殿建筑。对于号称"天堂"的杭州，马可·波罗更是赞不绝口。他说："行在城所供给的娱乐，世界诸城无有及之者，人处其中自信为置身天堂。"①

同时，他还介绍了一个"尚未开化"、拥有无数黄金珠宝的东南亚。书里详细描述了东南亚诸国的物产和贸易情况：缅甸疆土广大，人口众多，财物富庶；爪哇岛上，商品种类丰富，出产胡椒、肉豆蔻、丁香和其他一切有价值的香料和药材，许多商人从这地方获得大量的香料，远销到世界各地；苏门答腊岛上十分富裕，盛产各种香料和各种药材。如此丰饶的物产、广袤的土地、兴盛的贸易，很多地方没有领属，许多国家未曾被征服，自然会激起欧洲人，特别是冒险家对东方的向往。

马可·波罗在中国受到很好的待遇，商人的立场决定了他的叙述专注于奇闻轶事，奇珍异宝，美物、美室、美城的描述，充分满足人的猎奇心理。概因商人重利，马可·波罗到一地有人、有货便言商，使人想象一种处处是商机，商人可以游刃于各处而获暴利的图景。所以全书中，他以极大的兴趣记录了各地的物产、贸易、集市、交通、货币、税收等与商业有关的事物。有人统计，《马可·波罗游记》中关于商务的记录，约占中国部分的六分之一以上，以致欧洲人曾把它看成是东方的"商业指南"。

总而言之，《马可·波罗游记》作为中世纪西方对中国认识的顶峰，

---

① 《马可·波罗游记》，冯承钧译，商务印书馆 1936 年版，第 350 页。

向欧洲人呈现了一个物质财富极大丰富、文明程度很高、有着无数奇珍异宝奇风异俗的东方，为西方人构建出了一个"东方理想国"。世上没有一个君主可以与忽必烈大汗相比，这也在日后形成了启蒙时代最受人喜爱的话题之一：中国之杰出。

中西之间的交流，从来都是相互的，秦汉时，西有亚历山大大帝东征，东有张骞出使西域，连接起来才是完整的一环。宋元至明代早期，西有马可波罗东来，东有郑和西行。相比于西方文明征服性、进取性的文明特征，中华文明始终追求自给自足，崇尚和平，修文偃武，不会驱使军队建立海外殖民地。中西文化从凿空之路上的初相遇到宋元时期的互通，彼此映照、互通往来。中国文化正是凭借着交互的一环环辐射到更深更广的人类文化的海洋。比利时学者普里高津在其《从混沌到有序》一书的"序言"中谈到中国对世界的贡献时曾说，中国思想对于那些想扩大西方科学的范围和意义的哲学家和科学家来说，始终是个启迪的源泉。①

---

① 参见何兆武、柳卸林主编：《中国印象：外国名人论中国文化》，中国人民大学出版社2011年版，第426页。

第 十 章

伟大相遇与对等较量：明清之际中西交流

明清之际的中西文化交流对于东西双方来说都可谓是一场伟大相遇，这是西方文明面对中国文明与之相争的时代：西学东来，带来了西洋技艺、思想文化，在文人士大夫中产生广泛影响，引起中国本土文化回应；中学西传，中国作为一个文化的"他者"深刻参与了欧洲文化与思想的进程，推动了欧洲启蒙运动的发展。如果说明清以前中西交流过程中中国对西方的影响主要体现在技术的传播、器物的流通上，那么到了明清之际，这种影响则体现在更深层次的思想文化与政治文化上。

第一节　西学与明清之际中国文化思想的变迁

明清之际，耶稣会士来华，揭开了"西学东渐"的序幕，与之相伴而来的西学、西教在中国本土的传播引起很大反响，西方文化的传入与中国近代思想文化自身的变迁相交融，从而对中国近代思想的发展产生影响。

一、西人东来——传教士入华

明末清初之际，中国人了解外国渠道较之前已大大增多，东南亚的诸个朝圣国、远赴南洋往来贸易的中国商人、欧洲使团、传教士等都带来域外的消息。明清时期西方传教士们来到中国，开展传教活动，实际上促成了中西方文明一次面对面的直接碰撞。

首先进入中国内陆，在本土顺利宣教的是耶稣会士。耶稣会自创始人罗耀拉时便确定了两大传教宗旨，一是走上层路线，与主流社会保持良好的关系；二是本土化方针，倾向于以学习传教地区的语言和风俗为必要条件的灵活传教方针。[1] 在华耶稣会士的传教策略实际上正是基于这样的大原则展开的，即推行一种相对变通的传教政策，基督教信仰在不改变自身本质的情况下逐渐进入当地文化内部并生根。

第一位定居中国的耶稣会士，是意大利人罗明坚（Michele Ruggieri）。1578 年，他乘船自葡萄牙里斯本出发，经历了长达六个月的艰难航行，最终到达澳门。抵澳不久，他便跟随葡萄牙商人一起，多次往返于两地，其间也曾在广州作长时间停留，因为有一定的语言基础，他积极与当地官员、文人建立友谊，为日后在中国的发展奠定了良好的基础。1582 年 12 月 27 日，罗明坚定居肇庆。随后，他向上级几次写信请示，希望视察员神父能派遣另一位耶稣会士来到广东，这个人，是他在罗马公学院的同学，也是日后在中西关系交流史上大名鼎鼎的意大利传教士：利玛窦。

初入中国，神父们的住所是一座鲜花寺。为了尽快融入当地的生活，他们的穿着也跟和尚并无二致，从外表看来就是西洋的和尚。然而这只是权宜之计，即使身着袈裟，他们也一直希望与僧侣有所区别，仍然行基督教之礼、讲授基督教义。1589 年 8 月，利玛窦迁往韶州，与汤显祖在内的众多士人都有过交往，其中包括一位令利玛窦作出积极改变的重要人物：官宦子弟瞿汝夔（瞿太素）。利玛窦正是听从了瞿太素的建议，改戴纶巾、着儒服，以文人士大夫的形象示人，变"西僧"为"西士"。这一转变无疑提升了传教士们在中国儒士们心中的地位，成为利玛窦"和儒政策"的关键一步，也是基督宗教中国化的有效尝试。利玛窦以真挚谦虚的态度对待中国人与中国文化，在传教形式方面也作出符合当时中国实

---

① 参见张国刚：《中西文化关系史》下卷，北京大学出版社 2019 年版，第 542 页。

际情况的调整，遵循本土化的适应路线，耶稣会在华传教事业得以持续性发展。

自明万历年间开始，西方传教士陆续进入中国，在传教的同时，也将西方的自然、社会、人文知识带入中国。

二、西技在中国的传播

（一）西洋历法与算数

明清之际由在华耶稣会士撰写并在中国出版或供中国人使用的天文、历法著作至少有五十多种，其中的大多数是历算类，可见当时中国人关注的重点，还在于历法。

由传教士所作的第一本介绍关于西方天文学的书，是利玛窦的《乾坤体义》，他初步把托勒密的"九重天说"、亚里士多德的"四元论"介绍给中国人，后来经由他口述，李之藻将其译为《浑天通宪图说》，并在其中糅进了很多中国古代天文学的知识。继利玛窦之后，葡萄牙传教士阳马诺（Emmanuale Diaz Junior）写了《天文略》，这本书以问答的方式，介绍了托勒密的天文学，还配图说明太阳、月亮等天体的运行。正是这本书，首次向中国介绍了伽利略的最新著作《星际使者》，向中国人展示了伽利略发现的木星的四个小卫星，值得一提的是，当时伽利略的这本书在欧洲刚刚出版不过5年。

传教士汉学家们向中国介绍西方的天文学知识最为成功、在中国产生重大影响的是他们和徐光启等中国科学家一起编写的《崇祯历书》。明代一直使用的是大统历和回回历，然而由于年月日久，误差逐年增大，月食和日食都常常算不准，嘉靖和万历年间一度出现改历的呼声。到了清朝，耶稣会士汤若望为清廷所接受，成为钦天监监正，这也是历史上第一次由西洋人主持钦天监。在此之后，这种局面一度持续长达二百年之久。汤若望还将《崇祯历书》改为《西洋新法历书》在全国发行，西洋历法由此正式在中国登场。

明末的传教士在为中国修历的同时也引进了西方先进的数学。利玛窦

与李之藻合译《同文算指》被认为是介绍欧洲笔算的第一部著作；1607
年，利玛窦又和徐光启等人译成刊行了古希腊数学家欧几里德的经典之作
《几何原本》前六卷，这本书中创造了大量数学名词，对中国数学思想和
数学方法的发展也产生了不容小觑的影响。康熙年间，又有《数理精蕴》
成为传教士数学译著集大成之作。

西洋数学的传入对中国数学的发展产生了不小的影响，晚明以后，中
国文人中研究西方数学的人明显增加，一大批中国数学家脱颖而出，如梅
文鼎作《历算全书》，方中通作《数度衍》、黄宗羲作《割圆八线解》
等。在西方近代数学的启发下，中国的数学研究再现生机，进入一个新的
时代。

（二）机械物理学在中国的传播

1. 造炮技艺

金庸《鹿鼎记》中曾描述过汤若望和南怀仁监造大炮：两个身材高
大的外国人，南怀仁年纪稍轻，一口地道北京腔，给康熙皇帝讲解大炮发
射的道理。事实上，这段描述并非完全杜撰，传教士带来欧洲火器技术，
在历史上确实有迹可循。1607 年，利玛窦作《译几何原本引》时，就介
绍了欧洲的兵防思想与火器技术。1619 年，明朝军队在萨尔浒被后金打
败，朝廷上下大惊，次年派兵增辽并命徐光启练兵。徐光启以聘请炮师为
名，邀请龙华民、杨玛诺等数名传教士入京，先后筹划多次购炮募兵计
划，因受到保守派的抨击最终未能付诸实施，就此搁置。直到 1636 年，
锦州失守，危及京城，汤若望提出用大型火炮防守北京。崇祯帝遂召令汤
若望铸炮，在皇宫旁设铸炮厂。汤氏历时两年，制成大炮二十门、小炮十
五门，同时授焦勖撰写《火攻挈要》，详细介绍了火器制造的工艺、种
类，也一并谈及西方关于冶铸、机械、物理、化学等方面的知识。然而当
时明朝大厦将倾，国势已去，欧洲火炮最终没有挽救明朝的危亡。徐光启
不会想到，他曾煞费苦心大力引进的洋炮洋师，日后竟帮助清廷在清初的
平定战争中贡献颇多，功不可没。

继汤若望之后，帮助中国人制造火炮出力尤甚的，当数南怀仁。平定

三藩之乱初期，南怀仁称修复了 150 门明末旧炮。1680—1687 年间，他又铸造各种大中型炮以助清军进剿台湾、收复东北失地。据《南怀仁先生行述》中的材料记载，南怀仁前后造炮共计 566 门。康熙朝所造的 905 门火炮中，半数以上与南怀仁直接有关。康熙皇帝在南怀仁死后曾说："自吴三桂变乱以来，制造炮器有他的军功。"①

中国历史博物馆藏有武成永固大将军炮，为国家一级文物。其上有铭文："大清康熙二十八年铸造武成永固大将军，用药十斤，生铁炮子二十斤，星高六分三厘。制法官南怀仁，监造官佛保、硕思泰，作官王之臣、匠役李文德、颜四。"② 这门炮，体型巨大，纹饰精美，上面还刻有南怀仁和制造工匠等人的名字，代表了当时铸造火炮的最高水平。时至今日，当年轰鸣的大炮早已喑哑，穿过几百年时间的长河，它向今人展现着南怀仁与中国工匠的高超技艺与材质，是中西科技交流的历史见证。

2. 钟表与工程机械技术

钟表可以说是由西洋人带到中国的。罗明坚在最初与广东官员结交时，靠着寓所内的自鸣钟收获了当地文人的一众好奇，人们争相观看，视为一宝。他曾向两广总督陈瑞献上一座自鸣钟，与总督建立良好的关系并最终得以定居广东。利玛窦曾提到，在此之前中国人从没有听说过钟表这种东西，他们觉得它既新鲜又神秘。利玛窦得以走进皇宫也是因为他献给万历皇帝的礼物中包括了自鸣钟，万历皇帝颇为喜爱，准许他入宫修钟，还命人修建木阁楼专门陈设大钟。

到了清朝，包括自鸣钟在内的西洋机械制品仍然是传教士们用以获得皇帝和官员们好感的重要物件，怀表、沙漏等计时器，望远镜、天文镜等各式测量仪器都大大博得了皇帝及后妃们的欢心。据费赖之描述，葡萄牙传教士安文思为讨好年幼的康熙，曾献上一个左手持剑、右手持盾的机器人，能够自行行走大概十五分钟。康熙朝时有四位耶稣会士作为机械钟表

---

① 中国人民大学清史研究所编：《清史研究集》第 4 辑，四川人民出版社 1986 年版，第 95 页。

② 李正华：《武成永固大将军炮考》，《收藏家》2009 年第 2 期。

师，专事钟表修造，为皇宫制作西洋机械新奇物品。传教士们用自己的智慧和妙想打造出了一件件奇巧精美的工艺制作，令人赞叹。只是这些机巧装置始终囿于宫墙之内，不得为外人所见。

自晚明时，西方的机械便开始陆续传入中国。邓玉函与王徵合作完成的《远西奇器图说》是晚明时期将西方物理学介绍到中国的重要著作。其中详细叙述了力学的基本知识及西方古典物理学、机械学的相关内容，也第一次向中国人介绍了阿基米德浮力原理。同为耶稣会士的熊三拔（Sabbatino De Ursis）作为西方水利科学技术的专家，是在中国科学传教的先驱，深得利玛窦的赏识与重用。熊氏留下了《泰西水法》《简平仪说》等科学著作，在当时一度引起很大反响："都下诸公闻而亟赏之，多募巧工，从受其法。器成，即又人人亟赏之"①。熊三拔介绍的这些水利机械直接展现了17世纪欧洲科学的最新成就，只是在当时，国人大多追逐的是炫技与新奇，鲜少有人专心于技术的精深和在实践中的运用，因此熊三拔和徐光启等士大夫着力翻译介绍的西方水利、机械知识并没有产生更为现实、深远的影响。

（三）地理学：天下之外又见坤舆

中国人的天下观，从地理空间上说，中华为中心，周边是四裔。几千年来的"夷夏之分"使中国人认为，在世界上只有自己的国度是最文明的，其他地方都是蛮荒之地，中国处于世界的中心，也自然是文明的中心。然而传教士们带来的地图展示的却完全是另一番图景：地球是个圆形体，中国居然并不在世界的中心，泱泱大国在整个世界来看只是其中的一小部分。

中国人对于地理学的了解，概始自利玛窦的《山海舆地全图》，其后利玛窦为了使中国人更容易接受，重新绘制地图，将中国放在了地图的中心位置。利玛窦的地图激起了中国文人、官员极大的兴趣，先后被翻刻了12次之多，其中最著名的版本，是《坤舆万国全图》。据说，万历皇帝让

---

① （明）徐光启撰，王重民辑校：《徐光启集》上册，中华书局1963年版，第67页。

利玛窦将地图做成分图，贴在屏风上，成了屏风上的图案，"每天坐卧起居之时，他都要将身边的这幅屏风地图看上几遍"①。

继利玛窦之后，艾儒略在中国天主教徒杨廷筠的帮助下撰成《职方外纪》，不仅展示了世界地图，还更为详细地介绍了当时西方最新的地理知识。最初与罗明坚、利玛窦接触的文人士大夫们对于西洋与中国的实际距离并不甚了解，直到艾儒略的《职方外纪》问世，中国人才有了五洲概念。值得一提的是，艾儒略在书中还介绍了哥伦布（阁龙）发现新大陆的情况，展现了15世纪以来地理大发现的成果。

康熙年间，传教士们奉命开始全国性测量，白晋、雷孝思、杜德美等人与满汉官员一起，经历数年测绘，于1719年初，上呈《皇舆全览图》。该图经增版后被马国贤（Matteo Ripa）神父刻成44幅铜版，在其1723年返回欧洲时被献给法国国王，这一版本地图的副本目前在意大利有名的汉学研究机构那不勒斯大学东方研究所仍然可以看得到。

地图绘制的过程，也就是中西交流的过程。传教士们所带来的地图和地理学促进了中国地理学的发展，产生广泛影响，但同时需要注意到，传教士们所制作的中国地图虽一度有数个版本，但总体而言在中国的流传并不广泛；中国传统的制图法依然存在，"地方上的地图绘制者总体上说未被朝廷所引进的新的测绘方法和观念所触动"②。传教士们所绘制的地图逐渐传到欧洲，成为欧洲人绘制中国地图的蓝本，《皇舆全览图》便被耶稣会士寄往欧洲，成为杜赫德《中华帝国全志》中投影地图的范本。

（四）西洋艺术

图画中寄托艺术家的思想，以图画的形式展现《圣经》中的故事，以艺术来表现宗教思想在西方早有传统。

万历二十八年利玛窦献给神宗皇帝的礼物中，便包括了天主像一幅、圣母像两幅。传教士们带来的图画一度吸引了很多中国人的注意，一方面

---

① 张西平：《欧洲早期汉学史》，中华书局2009年版，第134页。
② 孙喆：《康雍乾时期舆图绘制与疆域形成研究》，中国人民大学出版社2003年版，第62页。

因其内容上与中国画所描绘的内容迥然不同，另一方面是因为西方人运用透视与明暗法所表现的写实主义风格与中国的绘画风格差异巨大。

"南怀仁自谓尝作画三幅，呈圣祖御览，于透视执法，遵守惟谨，并作副本悬堂中，全国官吏之进京者，必以一睹为快。"[①] 据统计，明清之际的传教士（修士）画家就有30多人。到了清朝，西洋画在宫廷中一度流行，甚至形成一个独立的画派。1711年，康熙接见意大利人马国贤并任命其为宫廷画师，还为他专门设置了"西洋画房"。马国贤先是作西洋人物画，转而绘制风景图，他用铜板雕刻了《热河行宫三十六景》，将西洋铜版画技艺传入中国。

马国贤之后西方画师的代表人物是意大利耶稣会士郎士宁（Giuseppe Castiglione）。郎士宁于康熙五十四年来中国传教，担任宫廷画师长达五十余年，备受皇室青睐，是康、雍、乾三朝宠臣。早在来中国之前，郎士宁就已在欧洲艺术界崭露头角，他将中西技艺相融合，1728年的《百骏图》最为著名。在内廷供职的西洋画师中，除郎士宁外，较为著名还有艾启蒙、王致诚、潘廷璋、安德义和贺清泰等。

西洋美术的影响范围，终以宫廷为主，民间画家所受的影响相对较小。亲教人士吴历作为清初六大画家之一，在绘画上却并不采用西法。在西方绘画艺术东传的过程中，澳门占有重要地位，中国画师们在这里用中国画的传统技法来描绘西方宗教主题的壁画，兼有东方写意画的神韵与西方油画的美感，是中西文化交流、完美融合的典范。

传播教义的同时，这时的西洋宗教画在内容上有了本土化的创新，开始出现了比照西方圣母子像的中国圣母子图，圣母显现出东方女性的特征，其怀中的耶稣俨然中国儿童。这种艺术上的"调和"可以说是天主教适应中国文化的有效尝试，其在推动教义的传播和天主教在华发展上的积极意义至今不减。

雍正禁教后，中外文化交流受到严格的限制，嘉庆时期，清朝国运由

---

① 方豪：《中西交通史》，岳麓书社1987年版，第913页。

盛入衰，嘉庆帝本人对于西方绘画、音乐等艺术并不像他的祖父那样有兴趣；到了道光时期，中西文化艺术的交流几乎完全中断了。

（五）西方经院哲学在中国的介绍

托马斯·阿奎纳（Thomas Aquinas）被公认为是最伟大的经院派哲学家，中世纪著名神学家。他追随亚里士多德的哲学思想，是自然神学最早的提倡者之一，死后被封为"天使博士"，尊为"圣师"。一名天主教的神职人员要学习哲学，就必须认可阿奎纳，可见他对于教会的影响之大。托马斯·阿奎纳的集大成之作为《神学大全》，其中论证了上帝的存在、人的灵魂、伦理道德等内容，是"一部认识体系论、逻辑思想的杰作，其见解深刻而温和，其中几乎涉及了神学和道德的每一个问题"[1]。

早期来华传教士大多为耶稣会士，耶稣会创始人罗耀拉在最初创建罗马学院的时候，曾规定阿奎纳的《神学大全》（*Summa Theologiae*）为耶稣会的基本教科书。罗马学院是耶稣会的神哲学中心，为来自欧洲各地的修士们提供系统完整的教育，罗明坚和利玛窦便曾经一同在这里学习。年轻的耶稣会士在教授纪念课程之后才学习托马斯神学。[2] 因此，作为经院哲学作品的《神学大全》成为耶稣会士们最重要的知识背景之一。

最早向中国介绍托马斯·阿奎纳思想文本的，应该是利玛窦于1595年在江西南昌初刻的《天主实义》。利玛窦这本书的神哲学思想基础，正是亚里士多德哲学以及阿奎纳的经验论哲学。学者李天纲在文中提到："《天主实义》的基调是托马斯的经验论哲学。它强调人的认识来源于感官和心灵对外界的感悟……但是，利玛窦好像没有机会提到阿奎那。"[3]

艾儒略被中国人称为"西来孔子"，他的中文著作《性学觕述 》和

---

[1] ［英］大卫·瑠尔斯：《中世纪思想的演化》，杨选译，商务印书馆 2012 年版，第 336 页。

[2] 参见 ［美］柏里安：《东游记：耶稣会在华传教史 1579—1724》，陈玉芳译，澳门大学出版社 2014 年版，第 155 页。

[3] 李天纲：《简论明清"西学"中的神学和哲学》，《复旦学报（社会科学版）》1999 年第 3 期；陈启伟：《"哲学"译名考》，《哲学译丛》2001 年第 3 期。

《西学凡》中都包含了阿奎纳的哲学理论，他还第一次在中文文本中提到了托马斯·阿奎纳的名字，写作"多玛"或"多玛斯"。明清鼎革之际，意大利人利类思入华，成为第一个入四川传教的耶稣会士。其《超性学要》是《神学大全》的第一个中译本，被认为是对于《神学大全》的系统翻译，也是将亚里士多德哲学推介给中国人的重要作品，可以视作当时亚里士多德哲学翻译的顶峰。

西方经院哲学的经典作品自利玛窦始，经艾儒略，最终到利类思三代传教士才得以东传完成。中国文人在此基础上沟通中西哲学，为本土哲学的发展注入了新的活力。

到了清初，士人对于西学的态度已不似晚明那样充满热情，因此，虽然《超性学要》是《神学大全》的第一个中译本，也是将亚里士多德介绍给中国人的重要作品，其价值迟至19世纪末才被人所挖掘。

三、文化冲击与本土回应

中国文化在历史上与外来文化大规模接触、碰撞主要有两次：一次是东汉初年开始的佛教传入中国，另一次就是明清之际基督教代表的西方文化的传入。① 西方文化的传入与中国近代思想文化自身的变迁相交融，从而对中国近代思想的发展产生重大影响。由传教士们所带来的异质文化的到来必然带来文化冲击，引起本土文化与之相应。

（一）南京教案与反教浪潮

利玛窦于1610年去世，他的继任者龙华民旋即站到了他的对立面，并没有继承他的遗志：龙华民不同意利玛窦的合儒路线，反对教徒祭孔祭祖。在利玛窦去世6年后，明神宗万历四十四年（1616年）发生南京教案，掀起了反教的浪潮。礼部侍郎沈㴶首先发难，上呈《参远夷疏》，谓远夷"暗伤王化"，列举传教士罪状：传教士修历，其实是要变更尧舜以来的帝王之法，有意变更传统；传教士教人不祭祀祖先，实为不孝，是儒

---

① 参见张西平：《欧洲早期汉学史》，中华书局2009年版，第248页。

之大贼。因此应该将其立刻驱逐。① 8 月，沈潅上呈《再参远夷疏》，历数传教士王丰肃罪状，仍然没有得到万历的明谕，沈潅于 12 月第三次上疏，又有南京的晏文辉、何宗彦等人都有奏疏与沈潅相呼应。这次万历皇帝终于"纳其言，至十二月，令（王）丰肃及（庞）迪我等，俱遣赴广州，听还本国"②。一时间风云突转，形势大变。

南京教案由明朝官员发动，代表了当时一部分官方人士对天主教的态度，而《圣朝破邪集》的集结成书则是明末民间士人阶层反教的集中反映。《圣朝破邪集》，崇祯十二年（1639 年）刻于浙江，书中汇集了明末中国儒生及佛教僧人反对天主教的言论。这些文人反对天主教理论的主要依据便是"夷夏之变"和儒家传统思想。

从"华夏中心论"出发，他们认为天主教文化是一种邪教，传教士们"欲以彼国之邪教移我华夏之民风，是敢以夷变夏者也"（《圣朝破邪集》卷五）。同时，儒家知识分子难以理解天主论。宋明理学中，天即理、即道、即心、即性，对于人格神的天和道成肉身的耶稣，一般的儒士不能接受。今天看来，儒家思想和基督教思想是东西方不同文化的表达，并无高低之分。③"传教士同中国文人一样，无意中也成了一整套文明的代表者。"④

到了清朝，天主教一度获得长足发展，进入势头正盛的黄金时期，但旋即经历了康熙朝前夕的历狱乃至后来的禁教。而最初将中国天主教引入几近覆灭低谷的人，是有回人背景的杨光先。当时清廷的钦天监一直由西洋神父汤若望掌官印，回人因主张回回历当时在钦天监受到排挤。顺治十六年五月，杨光先呈《摘谬论》于礼部，指出汤若望所制历书有十大谬误，违背中华古法。次年，杨光先又作《辟邪论》《邪教三图说评》《正

---

① 参见钟鸣旦、孙尚阳：《一八四零年前的中国基督教》，学苑出版社 2004 年版，第 258 页。
② 《列传》，《意大利亚传》，《明史》第 326 卷。
③ 参见张西平：《欧洲早期汉学史》，中华书局 2009 年版，第 203 页。
④ ［法］谢和耐：《中国和基督教——中国和欧洲文化之比较》，耿昇译，上海古籍出版社 1991 年版，第 3 页。

国体呈》，最后都以"礼部准奏"了事。当时顺治帝尚亲政，对汤若望颇为善待。然而1661年顺治帝崩，康熙8岁即位，大权旁落于鳌拜手中，当朝政策不再开明，转为保守。康熙三年（1664年），杨光先再次上疏，控告汤若望等西方教士邪说惑众、密谋造反、历法荒谬。结果汤若望被判凌迟（后被孝庄皇太后救下），南怀仁被流放，钦天监监副李祖白被处决。康熙四年（1665年），杨光先写成《不得已》自明心志，其中收录了他批判、攻击西洋传教士、西洋立法和天主教的言论。"宁可使中夏无好历法，不可使中夏有西洋人。"[1] 这句话使得很多后来的学者认为，杨光先对于天主教的批判完全是情绪化的，说他无赖、市侩、"红眼病"。[2]实际上，杨光先所发起的"历案"之争其实质并不在历法是否真的有误，而是对于基督教对中国传统宗教、伦理、治国理念的冲击，反对的是"以夷变夏""异类间之"。

（二）理学与天学之争

早在罗明坚初到澳门开始学习中文之时，修习"四书"便成为来华耶稣会士的入门课。随着对中国古代经典的学习、研读，他们将其中一些中国固有概念的解释塑造为一个能够指向基督教神学的体系。以利玛窦为代表的耶稣会士在中国传教确立了"合儒易佛"的路线，所合的是以孔、孟等早期儒家为代表古儒，他们翻遍古书，发现在古儒的学说中早就存在"天主"的概念，称西方的"陡斯"（"上帝"一词拉丁文中译）在中国便是"生天生地万物之大主宰"，中文简称"天主"。利类思在《不得已辨》中认为儒家所说的"天"含义有二，一个是有形之天，一个是无形之天，而无形之天便是中文里的天主，西方人的上帝。法国耶稣会士李明用儒家早期经典来论证中国古代存有天主神迹，儒家早期的典籍中就可能含有前基督时期的各种启示，更进而指出中国上古时期存在宗教信仰，这种宗教就是天主教。他们附会"先儒"排斥"后儒"，目的是为传播天主

---

[1] 转引自顾卫民：《基督教与近代中国社会》，上海人民出版社2010年版，第46页。

[2] 参见谢景芳：《杨光先与清初"历案"的再评价》，《史学月刊》2002年第6期。

教拓清道路。只是这样的牵强附会并没有得到中国皇帝和罗马教廷的认可，罗马教廷认为耶稣会士的做法是对圣教的曲解；康熙皇帝曾批"援引皆中国书，反称系西洋教，荒唐可笑"。在中国的文人士大夫阶层中，传教士们对"后儒"的否定和对西学的大规模翻译介绍为同样反理学思想的士人所欢迎，但也同时遭到了宋明理学一众拥趸的猛烈攻击。传教士们对于宋明儒学采取的是批判的态度，尤其是程朱理学中的根本性概念"太极""理"。这两个概念虽在先秦典籍中便已存在，只是在宋儒之后才建立起系统的理论体系。在程朱理学家眼中，"太极"便是"理"，是万物的本源也是宇宙中的最高主宰。对中国的文人士大夫来说，对于天主的认识不仅是神哲学的问题，更是一个政治问题。

清初接过明末的讨论，明确提出"西学中源"说，由崇拜"西学"转为崇拜"汉学"。究其原因，朱维铮先生指出：18世纪中欧文化交流"断裂"，清代汉学家难辞其咎。清初黄宗羲、王夫之、方以智等遗民说"西学中源"贬低汤若望、南怀仁，其实是对清朝时在学术上联合欧洲传教士共同"用夷变夏"的反感。

这场争论的背后，掩盖的是中西异质文化之下大不相同的文化体系和天人观。无论是当时耶稣会士的"中学西源"说还是部分中国文人士大夫的"西学东源"说，都是试图将对方的文化纳入自己的文化体系之下，仍带有主观偏见与文化自大的心态。①

（三）传教士与实学思潮

当我们谈到明清之际中西文化关系的互动时，单一地只谈传教士所带来的西学及其产生的影响一定是片面的，这种立场忽视了中国社会本身社会条件的变化。晚明社会，正是处于中国从传统农业社会向近代社会转变的时期。清入关后，社会政治生活虽然变动，但整个社会的发展仍然沿着晚明的方向前进，中国社会所发生的变迁在继续进行。②

---

① 参见李天纲：《天儒同异：明末清初中西文化评述》，《复旦学报（社会科学版）》1997年第3期。
② 参见张西平：《欧洲早期汉学史》，中华书局2009年版，第249页。

事实上，是中国自身思想的变迁，使传教士们介绍的西方思想在中国发酵。晚明时期，士人抨击王学的空疏，他们极力反对空谈，主张实学。持此主张的主要是以顾宪成和高攀龙为代表的东林党人。他们希望借助疏远的形式来恢复儒家道德理想，从而形成了一个诗人团体。顾宪成为东林书院撰联道："风声雨声读书声，声声入耳；家事国事天下事，事事关心。"[①] 这些人将学术的追求和对国家政治命运的关心结合起来，举起经世致用的大旗，强调做实事，求实功，与当时阉党一派进行斗争。很多学者研究认为，耶稣会传教士和东林学派人士交往密切，比如叶向高，曾任礼部尚书，两度入内阁为首辅，为人善决断，与利玛窦和艾儒略有很深的交往；东林党人曹于汴，遇事敢言，致力于肃清魏忠贤党羽，曾为利玛窦修改过给万历皇帝的奏疏，为庞迪我神父的《七克》作《七克叙》；张问达官至吏部尚书，曾弹劾李贽邪说惑众，晚年遭魏忠贤阉党劾问。张问达为金尼阁作《刻西儒耳目资序》，称赞其学问渊博。

传教士们所介绍的物理学、水力学、铸炮技术乃至音韵学知识属于经世致用的"实学"范畴，与晚明时期奉行的"实学"主张一拍即合。

到了清初时期，实学思想得到进一步的发展。在明清易代的大背景下，空谈心性的王学被认为是导致明朝最终走向灭亡的原因之一，就在这个时候，传教士们所介绍的西学以科技为主，这恰恰使得他们与积极反思、重新审视中国社会的士大夫们一同站在了王学心学的对立面。

（四）对中国文人士大夫的影响

晚明至清初，社会思潮动荡起伏，文人士大夫身处其间，如浪花随着社会大潮的波涛一起翻涌、沉浮。从当时文人的字里行间中，我们得以窥见其思想状态。

在俄罗斯圣彼得图书馆，藏着一份稀见文献：《天学集解》。《天学集解》是一部汇编了明末清初大量"天学"书籍序跋的文献，共收录284篇涉及西学或西教的文字，被称为"搜集明清天主教序跋的宝典"。其中

---

① 刘伯南、刘福元：《中国史话》（下），上海古籍出版社2016年版，第789页。

有一篇序是文人邵捷春为天主教传入福建的关键人物艾儒略的《灵性篇》而作。

一篇序言中，既可以看到中国士大夫与传教士的交往，同样也可以反映传统中国文人在接受西学的同时，思想认识所发生的变化。邵捷春是己末进士，曾经官至稽勋郎中，是深谙孔孟之道，深受儒家思想影响的传统知识分子，然而在《灵性篇序》中，他却发出了不同于以往儒家知识分子的声音。《灵性篇》开篇便称道："华夷之所分者中外也。以天地观之，无中外也，等人也，等心也，等理也。"① 邵捷春的这番话，不同于一贯的华夷之论，对他来说，以天地同为一体的观点来看，并没有中外、华裔之分。这样不分华夷、不论中外、等人等心的观点直接颠覆了中国知识分子的传统观念。三柱石之一的杨廷筠在《绝徼同文纪序》中也称："地有中边，人分夷汉，此各囿方隅，自生畛域之见。上帝视之，同在地球之上，同覆圆盖之中，何西何东，何内何外？"

另外还有一点值得关注。在西学文献题跋中，有一种现象在行文中很常见，即亲善西学的士人为了证明西学可以补儒、本质与儒家经典中的思想暗合会列举先儒的观点予以佐证。邵捷春在序中也一样，他谈到了"孔子曰：'虽之夷狄，不可弃也。'"也提到吾儒云："有物有则，民之秉彝也。"以此来谈中、西思想其实是相通的。

明末传教士入华，被越来越多的学者认为是"全球化"时代的开端。西学东来的过程，绝不是单向输入传播的过程，文化交流与异质文化产生深远影响的关键，除了需要外来文化的冲击以外，还需要本土文化对其的接受、阐释与回应。无论是全盘吸收西方宗教思想，希冀以西学补儒、西技强国来壮大自身，还是完全否定排斥传教士所带来的科技和文化，抑或是在中西之间摇摆不定，误读教义歪解天主教思想，这些都是在文化交流、传播的过程中所不可避免的，而真正行之有效的沟通和对话，需要建

---

① 汤开建汇释、校注：《利玛窦明清中文文献资料汇释》，上海古籍出版社 2017 年版，第155 页。

立在平等交流、相互尊重、彼此借鉴的开放心态之上。

明末士大夫李之藻曾感慨"东海西海，心同理同"，被大多数视野开阔的士大夫所认同，这句话表达了他们对中西文化沟通的信心，也体现了中国文化中一以贯之的大同理想。

第二节　汉学的兴起与欧洲近代思想的形成

中学西传，早期传教士汉学家将中国文化传到欧洲，也促使欧洲汉学兴起，中国作为一个文化的"他者"参与并影响了欧洲文化与思想的进程。

一、中国文化西传欧洲

1588 年，罗明坚离开中国，返回欧洲。他首先与西班牙国王菲利普二世会面，为国王带去了中国的书籍，向国王汇报了中国的风土人情、道德礼仪、国家地理等情况。随后，罗明坚赴罗马参见教皇，与当地学界频繁交流，在罗马公学院开展讲座。他用拉丁文翻译了《大学》的部分内容，当时在罗马的另一位耶稣会士波塞维诺（Antonio Possevino）将其编入《历史、科学救市世研究丛书选编》。直到临去世，他仍然在从事四书的翻译并向耶稣会呈上报告，翔实而完整地记录了他在中国的生活情况、所见所闻。

比利时耶稣会士柏应理于 1658 年入华，陆续传教江西、福建、浙江、湖广等省，1681 年离开中国。在欧洲期间往来于教廷、皇室和学者中，宣讲中国教区的情况，为中国文化西传作出了贡献。[①] "清初六大家"之一的著名画家吴历同柏应理交情很深，吴历晚年写诗感念同柏应理的交往，在《墨井诗抄》中写道："凤舶奔流日夜狂，谁能稳卧梦家乡？计

---

① 此处参考张西平：《欧洲早期汉学史》"柏应理与中国儒学西传"，中华书局 2009 年版。

程前度太西去，今日应过赤道旁。"① 字里行间透露出对友人柏应理的牵挂之情。柏应理在中国传教二十余年，对中国的文化和社会生活有着相当的了解。若论传教士翻译四书，当以柏应理的拉丁文本《中国哲学家孔子》（*Confucius Sinarum Philosophus, sive Scientia Sinensis*）最为著名。

来华传教士们不仅留下了关于中国的介绍文字，同时在中国搜集了大量的典籍文献，一批批运回欧洲。1682 年，柏应理（Philippe Couplet，1623—1693）和沈福宗到欧洲时，曾携带一批中国书籍到罗马，其中包括中国经典著作、传教士译著的中文书籍以及宗教书籍的中译本，如弥撒经、伦理神学纲要等，总共近 400 册。他们把这些中文图书赠给教皇，这批书籍后被藏入梵蒂冈图书馆 "成了梵蒂冈图书馆中国部分中最古老的收藏"②。康熙皇帝曾托付传教士洪若翰（Jean de Fontaney）在 1699 年回国时向法国国王路易十四赠送过图书，这些图书也成了国王图书馆最初的藏本。在位于罗马市中心的意大利国家图书馆（Biblioteca Nazionale Centrale di Roma）仍然有专门的书目帮助人便捷地查找翻阅到来华传教士们带回或用中文翻译的文本。这些被带回欧洲的典籍形成了西方早期汉学研究的第一手文献资料。

传教士们回到欧洲与欧洲知识分子互通信件、交往讨教，广泛传播关于中国的知识。欧洲大学中早期的汉学家也多为传教士，后来一些传教士汉学家转入大学授课，欧洲知识分子阶层中对汉学研究的兴趣愈发浓厚，传统汉学向专业汉学过渡。

1814 年，雷慕沙受命主持法兰西学院第一个汉满鞑靼语言文学讲席，并于 1815 年 1 月 16 日开课，专业汉学就此诞生。汉学作为东方学的一个分支，开始进入西方的近代学术体系。

---

① 陈永正编：《中国古代海上丝绸之路诗选》，广东旅游出版社 2001 年版，第 227 页。
② ［法］伯希和编，［日］高田时雄校订、补编：《梵蒂冈图书馆所藏汉籍目录》，郭可译，中华书局 2006 年版，第 11 页。

二、礼仪之争与儒学西传

谈到明清之际中国与西方的关系，有一个最重大的历史事件不得回避，那就是发生在清朝康熙年间的礼仪之争。这场争论之后，西方由此推开了东方文明的大门。它使得中国文化在西方广泛传播，一并推动了启蒙运动在欧洲的发展。

狭义的礼仪之争是指从 17 世纪 30 年代到 18 世纪 40 年代将近一百余年间发生的关于中国礼仪和译名问题的争论，广义的礼仪之争则在时间上跨越了从 17 世纪 30 年代到 1939 年近三百余年的历史。

自罗明坚、利玛窦开始，早期来华汉学家们开始有意识地向西方介绍儒家思想，直到今天，西方社会对于孔子、孟子的兴趣依然浓厚。

利玛窦最初在中国实行"合儒"的传教政策，全是为了传教的便利，可以说纯粹是一种策略。1604 年，利玛窦给耶稣会会长的信中写道："我认为在这本书（《天主实意》）里，最好不要抨击他们所说的东西，而是把它说成同上帝的概念相一致。这样，我们就可以按照我们的概念去解释中国人的意思，而不必依着他们的观念。同时，为了不冒犯统治者和中国的士大夫，我们宁可对这种解释提出问题，而不要针对原理（太极）本身。而如果到头来，他们始终把太极解释为基本的、智力的和无限的物质原理，那么我们也就认同说这正是上帝。"①

实际上，利玛窦的适应政策是秉持了耶稣会的传统，在耶稣会创始人沙勿略两大基本原则的基础上，利玛窦根据中国社会文化的实际情况，制定了适应中国的传教路线。利玛窦尊重中国的传统文化，相信中国人很有智慧、高度重视伦理道德并且充满理性。首先，在宗教用语上，他用中国古籍中的"上帝"和"天"来指代基督宗教中的天主"Deus"（拉丁语：神）。其次，以儒家的道德概念解释基督教伦理，在礼仪方面，他认为中

---

① 转引自［法］谢和耐：《中国和基督教——中国和欧洲文化之比较》英译本，耿昇译，上海古籍出版社 1991 年版，第 27 页，信原件存罗马 casanatense 图书馆，手稿第 2136 页。

国人的祭祖祭孔是政治性和社会性的行为，采取平和态度对待；在生活方面，饮食起居雇有仆人，穿儒服、乘轿子、吟诗唱和，行止间俨然一位儒士。他的这种适应策略在当时看来颇有成效，利玛窦时期的在华传教显然是成功的。

利玛窦去世后，龙华民接任在华耶稣会会长。如果说之前罗明坚、利玛窦所走的是上层传教路线，使文人士大夫们迂回地接受信仰，龙华民则是发展下层传教方法，到社会底层去，跟农民、商人直接讨论信仰。这种方法收效显著，受洗人数大增，被称为"龙华民方法"。利玛窦在世时曾多次向罗马写信汇报，称赞龙华民在韶州的工作，肯定他的民众传教方法，然而他却没有料到，龙华民对自己的传教策略早已心生不满。

作为利玛窦的继任者，龙华民成了第一个反对他的人，其《关于上帝、天神和灵魂之争论的简单回答》（*Reposia breve sobre as Controversias do Xamty，Tien Xin，Lim horn，e outrot Nome e termossinicos*）成为耶稣会内部关于礼仪之争的导火索。礼仪之争最初争论的核心是译名问题。据统计，自1603年至1665年间，中国耶稣会举行过74次内部会议，讨论决定是否要采纳儒家的"上帝"来翻译"Deus"[1]。在这个过程中，龙华民一直坚持自己的主张，反对使用"上帝"译名，提出用"太初"对应"Deus"。随着道明会、方济各会、奥斯丁会陆续进入中国，这些修会不断批评耶稣会在中国本土采纳上帝译名和中国礼仪的做法。龙华民文章的抄本后来被利安当翻成拉丁文送到罗马教廷档案馆和巴黎外方传教会。从17世纪70年代开始，关于"上帝译名""中国礼仪"以及"中西文化"的争议，在欧洲猛然爆发。[2]"受争论双方影响，欧洲本土自17世纪末掀起一场大规模介绍中国礼仪，介绍中国哲学与宗教，介绍中国历史与文化

---

[1] J. Metzel, *Die Synoden in China，Japan und Korea，1570—1931*, Paderborn, 1980, p. 12,转引自李天纲：《龙华民对中国宗教本质的论述及其影响》，《学术月刊》2017年第5期。

[2] 参见李天纲：《龙华民对中国宗教本质的论述及其影响》，《学术月刊》2017年第5期。

的著作的热潮，这可以说是欧洲文化思想界全面关注和认识中国的起点。"①

来华传教士远渡重洋来到中国，为的是广传上帝的福音，希望"中华归主"，为此他们带来了西学、西技，翻译了大量介绍西方思想文化的作品。而礼仪之争又将这些传教士变成了将中学传播到西方的主要力量，成为中西文化沟通的重要桥梁。礼仪之争首先发生在耶稣会内部，随后演化为在华传教的各个修会对于在华传教的策略和关于中国文化的争论。当争论演化为一个欧洲文化史和思想史的问题时，中国作为一个文化的"他者"参与了欧洲文化与思想的进程。②

三、中国古典思想与西欧启蒙运动的发展

（一）中国文化进入欧洲启蒙思想家的视野

在以往的历史叙述中，启蒙运动是继文艺复兴之后又一次反封建的思想解放运动，宣传了民主、自由的思想，为欧洲资产阶级革命奠定了思想基础。然而通过梳理中学西传的历史过程，传教士们的工作与留下的文献记载为我们翻开了不为人知的另一面。历史学家方豪曾经认为："此运动之来源，中国实多于希腊。"③

为中国人所推崇的启蒙思想家们，曾经真诚地仰慕中国，受到中国文化的滋养。几乎所有著名的启蒙思想家都接触过有关中国的消息，并且在他们的著作中谈论中国。他们从中国的历史、宗教中寻找打破欧洲旧社会权威的武器，将儒家伦理和中国的政治制度当成欧洲的救世良方。

诠释中国典籍的欧洲人大体可以分为两类，一类是前面提到的来华传教士们，他们通晓中文，依据中文文本、依靠中国本土知识分子的帮助进行典籍的翻译；另一类则是未曾到过中国、不懂中文的欧洲人，他们依据传教士们的翻译和介绍资料对于中国文化进行阐释，可以说是对阐释文本

① 张国刚：《从中西初识到礼仪之争》，人民出版社2003年版，第504页。
② 参见张西平：《儒学西传欧洲导论》，北京大学出版社2016年版，第69页。
③ 方豪：《中西交通史》下卷，上海人民出版社2008年版，第733页。

的再次阐释。这两条线互相交错又各自延伸。1777 年冯秉正翻译的《中国通史》在巴黎出版后，订购者包括王后和其他王室、大臣、科学院院士等，充分说明这部史料翔实的著作在法国知识阶层所受到的关注和欢迎。当时最正式、最学术的刊物《学者报》在 1770 年至 1780 年间，共发表 24 篇与中国有关的论文，而 1780 年至 1790 年间，相关文章达到了 27 篇之多。

启蒙运动以反教会、反封建和弘扬人文精神为其思想宗旨，中国文化与从阿拉伯人那里新发现的希腊文化汇合起来，弥补了以基督教启示、神学为主流的欧洲思想传统在人文主义方面的短板。从 16 世纪到 18 世纪，整个欧洲出现了中国文化热。李明在《中国近事》中说："中国遵循最纯洁的道德教训时，欧洲正陷于谬误和腐化堕落之中"①，伏尔泰说："当高卢、日耳曼、英吉利以及整个北欧沉沦于最野蛮的偶像崇拜之中时，庞大的中华帝国政府各部门正培养良俗美德，制定法律。"② 狄德罗在《百科全书》中对中国做出了很高的评价："中国人以其历史的悠久，精神和艺术的先进，对哲学的爱好，以及他们的智慧而优于一切亚洲民族。"③ 孟德斯鸠与同时代的伏尔泰一样，对中国非常关注，只是他的观点与伏尔泰相左，孟德斯鸠批评中国的商贸，赞赏中国的农垦。在他著名的《论法的精神》中，他专门谈到了中国的政治、法律、道德及中国人的勤劳和礼仪。"他们把宗教、法律、风俗、礼仪都混在一起。所有这些东西都是道德。"④

除了阅读中国游记和传教士们的著作和书信，启蒙思想家们还与熟悉中国文化的人直接交往，孟德斯鸠曾经在罗马与法国传教士傅圣泽多次会

① 转引自［法］伏尔泰：《路易十四时代》，吴模信、沈怀洁、梁守锵译，商务印书馆 1982 年版，第 397 页。
② ［法］伏尔泰：《路易十四时代》，吴模信、沈怀洁、梁守锵译，商务印书馆 1982 年版，第 598 页。
③ 转引自许明龙：《中国古代文化对法国启蒙思想家的影响》，《世界历史》1983 年第 1 期。
④ ［法］孟德斯鸠：《论法的精神》，张雁深译，商务印书馆 1987 年版，第 312 页。

面。傅圣泽在中国生活了二十余年，博览群籍，曾协助白晋翻译《易经》，对中国文化异常倾心且熟悉。而伏尔泰也在《风俗论》中谈到他与傅圣泽的数次晤谈。此外，孟德斯鸠和伏尔泰等启蒙思想家，与汉学家弗莱雷和博尔蒙等人经常往来，这些汉学家又与在华的传教士常常在书信中讨论汉学，这无疑是启蒙思想家们了解中国的又一条途径。①

（二）中国文化与欧洲启蒙运动

1. 中国文化传入英国

早在 17 世纪前期，英国人便开始借助谈论中国指摘当时的政治状况。1621 年伯顿（Robert Burton）《忧郁症的解剖》一书出版，这本书中关于中国的内容是依据 1615 年利玛窦撰写、金尼阁译的《基督教远征中国史》和《珀切斯游记》汇编而成的。伯顿在书里对中国人的财富、优良品质及中国良好的政府多有称赞，并常常把中国的好处同英国的坏处作对比，他提到中国人通过科举考试选贤任能，英国的贵族却不务正业。

从此书的出版时间中我们可以看出，传教士们带往欧洲的中国知识很快就引起欧洲人的兴趣，关于中国的内容充分展现了大航海时代的文化交汇如何影响到欧洲知识分子，中国的文化图景在欧洲人面前徐徐展开。伯顿的这本书一经出版，便受到极大欢迎，多次再版，17 世纪总计问世八个版本，其流行程度可见一斑。

在伯顿的叙述中，旁征博引古今中外的例子，关注宗教问题。书里既有对中国的称赞，又有关于中国人傲慢的批评，我们从中或许并不能得到一个完整的中国观，但却能感知到一种关注中国的风气在 17 世纪上半叶正通过耶稣会士的叙述悄然形成，谈论中国成为当时社会中一个新鲜而时髦的事情。

洛克②是英国 17 世纪著名的哲学家，被认为是自由主义的奠基人，

① 参见许明龙：《中国古代文化对法国启蒙思想家的影响》，《世界历史》1983 年第 1 期。
② 此处参考韩凌：《洛克与中国：洛克"中国笔记"考辨》，北京大学出版社 2019 年版。

其思想影响了后期的法国启蒙思想家伏尔泰、卢梭等人。其著作中引用的关于中国的书籍，其中包括拉丁文本的《利玛窦中国札记》。有学者作过研究，在洛克藏书中，至少有 41 种关于中国的书籍，其中就有李明的《中国近事报道》、基歇尔的《中国图说》、莱布尼茨的《中国近事》、卫匡国的《中国上古史》和《鞑靼战记》、门多萨的《中华大帝国史》以及大量的书信，主要分为地理游记类书籍和涉及"中国礼仪"的争论类文献两大类，可见洛克对于中国的认识不是基于一家之言的成见，而是综合了解关于中国文化的大量信息后得出的审慎结论。①

洛克的关注重点在中国本身，而并不是礼仪之争。《人类理解论》中对于中国宗教信仰的结论肯定而明确：中国的统治阶级士大夫们——都是纯粹的无神论者，证明像中国这样的有高度发达的文明的国家也没有上帝的观念，因此上帝观念并不是天赋的，以此驳斥天赋观念说。②

2. 中国文化与启蒙时代的法国

伏尔泰的《风俗论》中，第一次把整个人类文明史纳入到了世界文化史中，从而打破了以欧洲历史代替世界历史的"欧洲中心主义"史学观。"当你以哲学家身份去了解这个世界时，你首先把目光朝向东方，东方是一切艺术的摇篮，东方给了西方一切。"③

在《哲学辞典》中，伏尔泰借一个荷兰人之口说："我明白看出了所谓'光荣'之为何物了。因此我说——因为中国，这一举世最优美、最古老、最广大、人口最众和治理良好的国家，不知有凯撒和朱庇特，你们一个小国的官吏，你们一个小村或小镇的教士，你们撒拉曼喀和布尔日大学的博士，你们肤浅无聊的著作家，你们笨拙烦琐的注释家，便可妄自尊大了。"他还说，当中国已经是广大繁庶，而且有完备而明智的制度治理

---

① 参见韩凌：《洛克与中国：洛克"中国笔记"考辨》，北京大学出版社 2019 年版，第 235 页。
② 参见韩凌：《洛克与中国：洛克"中国笔记"考辨》，北京大学出版社 2019 年版，第 210 页。
③ 张西平：《中国与欧洲早期宗教和哲学交流史》，东方出版社 2001 年版，第 371 页。

国家时，"我们（法国人）尚是一小撮在阿尔登森林中流浪的野人"①。伏尔泰似乎是不遗余力地推举中华文明。

孟德斯鸠密切地注视着中国的礼仪之争，法国汉学家艾田蒲将其分散于《论法的精神》各卷中的对中国的论述汇集起来，以图了解孟德斯鸠对中国到底持有什么样的看法。孟德斯鸠十分欣赏中国文化特色之一的礼仪制度，他称中国的立法者"极其巧妙地将宗教、法律、习俗和行为规范融为一体：这一切就是道义、就是美德。而有关以上四个方面的箴语格言便构成了所谓的礼仪。正是严格要求遵守礼仪，中国统治才能取得如此出色的成绩。中国人整个青少年时代都用来学习礼仪，并且一生以礼行事。读书人教授礼仪，官员们宣扬礼仪。由于礼仪涉及生活的各个细小方面，因此，当中国人找到严格遵守礼仪的方法时，中国也就统治好了"②。在他看来正是因为有了"礼"竖立出共同的行为规范，即使遭受外来的侵占，中国也能使征服者最终被改变，比如蒙古人和满族人的汉化。

魁奈提出重农主义思想，并自称借鉴自中国。他认为中国是以自然法为基础的国家制度的最佳典范，重视农业，坚持认为只有从事农业的民族才能在一个综合、稳定的政治统治下保证国家的稳固和持久，并遵从自然法则的不变秩序。可以说中国人的重农传统与他的重农思想不谋而合。

正如法国汉学家谢和耐先生所言"发现和认识中国，对于 18 世纪欧洲哲学的发展，起到了决定性的作用，而正是这种哲学，为法国大革命作了思想准备"③。

3. 德国哲学家莱布尼茨的中国启示

莱布尼茨在德国哲学史上有着承前启后的重要作用，他历来被认为是中西文化交流的典范，且其对待中国哲学的态度比较客观公正。他曾编辑

---

① 《伏尔泰全集》（*Oeuveres Competes de Volatie*），巴黎，1865 年，第 3 卷，第 76 页，转引自沈福伟：《中西文化交流史》，上海人民出版社 2006 年版，第 421 页。
② ［法］艾田蒲著：《中国之欧洲·下》，许钧、钱林森译，河南人民出版社 1994 年版，第 28 页。
③ ［法］谢和耐：《关于 17、18 世纪中国与欧洲的接触》，《亚洲学报》，东京学会 1972 年版，第 72—92 页。

《中国近事——为了照亮我们这个时代的历史》（*Novissima Sinica*：*Historiam Nostril Temporisillustratura*）并想推动普鲁士与清朝之间的文化与科学往来。在此书的序言中，莱布尼茨对比中西文化，认为西方"在思辨科学方面要略胜一筹"而在实践哲学即"伦理以及治国学说方面"，西方与中国相比"实在是相形见绌了"。

在莱布尼茨看来，中国已接近了"理性化国家"这一理念。成熟的人类文明正处在欧亚大陆的两端：中国文化注重实用技术，经验总结，再配以被他称作"自然神学"的儒家哲学，可以说是跟有科学理论与天启真理的欧洲思想文化形成了互补。他认为，欧洲所一直盼望的具有普遍慈爱之心的、公正的、有知识和智慧的政治家在中国已经出现了。而他给欧洲人开出的药方就是，盛赞中国的伦理道德，呼吁中国派传教士来欧洲挽救基督教世界的道德的没落。①

1716 年，莱布尼茨发表论文《论中国人的自然神学》（*Discorse on the Natural Theology of the Chinese*），这篇论文被认为是其对中国思想的集大成之作。在此之前，莱布尼茨曾写过《关于中国礼仪与宗教的评论》并提到他在此问题上的资料来源是龙华民和利安当。② 莱布尼茨对于龙华民的观点一直持批判的态度，对于其有关上帝、灵魂的论著逐一进行批注，甚至曾在信中极力批驳龙华民。可以说，莱布尼茨是十分维护利玛窦路线的，他试图将"上帝"与中国哲学家们的"理"联系在一起。也正因如此，在 1700 年前后，也就是礼仪之争时表明态度的所有哲学家中，只有莱布尼茨对中国表示了他的理解与热情，1710 年 4 月 11 日，莱布尼茨致函布尔盖，明确写道："在造成今日罗马动荡不安的有关中国的大争论中，我是站在耶稣会士们一边的，而且我早就站在他们一边，人们若阅读

---

① ［德］G. G. 莱布尼茨：《中国近事——为了照亮我们这个时代的历史》，梅谦立、杨保筠译，大象出版社 2005 年版，第 6 页，转引自张西平：《西方汉学十六讲》，外语教学与研究出版社 2011 年版，第 148 页。

② 参见吴莉苇：《天理与上帝：诠释学视角下的中西文化交流》，宗教文化出版社 2013 年版，第 184 页。

我的《关于中国的最新消息》，就能发现这一点。"①

　　莱布尼茨经常向传教士们索求有关中国的消息与资料，他发现二进制和《易经》相契合便始于他与来华传教士白晋建立的通信联系。自1701—1707年间的书信中，莱布尼茨的重点是同白晋讨论《易经》卦象同二进制的关系，他认为他的二进制算术与《易经》中的八卦有着惊人的相似性，在八卦中，他看到了一幅创世的美好图景。白晋在1701年11月4日的信中附寄了一幅"伏羲先天卦序图"，莱布尼茨收到后立刻对图进行了研究，他惊喜地发现卦图中方图、圆图的排列顺序与二进制级数是相一致的。

　　获得了对六十四卦图符号的二进制解释这件事使莱布尼茨下决心立即发表他自己关于二进制算术的论文。他随即对1679年所写的文稿用法文作了修改和补充并把论文的标题改为《关于仅用0与1两个记号的二进制算术的说明并附有其效用及关于据此解释古代中国伏羲图的探讨》(*Explication de l' Aritheetiquebinaire qui se sert des Seulscaracteres* 0 *et* 1, *Avec des Remarques sur son Utilite, et sur ce Quelle Dcnne le sens des Aneiennes Figures Chinoisese de Fohy*)，于1703年5月5日发表在法国科学院院报。②

　　发现易图与二进制相通，这在当时具有数学和宗教学的意义。二百多年过后，二进制成为电子计算机技术的数学基础。在这一点上莱布尼茨把东西方两大文明拉近了。

　　（三）中国文化对欧洲的影响

　　1. 中国文化对西方近代政治体制的影响

　　中国的贤能政治在历史上早已深刻影响了西方的文官制度。

　　中国文化投映到启蒙思想家们的政治理想当中，关于中国的官员制度，最为欧洲启蒙思想家们所称道的便是科举制。魁奈在《中国：欧洲

---

① 吴莉苇：《天理与上帝：诠释学视角下的中西文化交流》，宗教文化出版社2013年版，第315页。

② 孙小礼：《关于莱布尼茨的一个误传与他对中国易图的解释和猜想》，《自然辩证法通讯》1999年第2期。

的楷模》中说："中国无世袭贵族，官爵仅靠功绩与才能获得"又说中国的科举制"使工匠的子弟也能当上总督"①。

科举制度被认为是中国古代社会中最具独创性的官吏选拔制度，它通过分科考试来选官，为出身中下层人才进入统治阶层开辟出一条公平的上升渠道。这一制度在隋唐时期正式形成并完备起来。科举制度的推行，对于教育事业的发展也起到了很大的推动作用，隋唐时期，科举考试的内容以儒家经典为主，对于结束魏晋以来学校教育所流行的清谈学风和玄虚思想，对于统一教学内容和标准的一致，形成社会读书、尚文的风气有着积极的意义。

由于中西政治形态差别显著，所以西方人来华之后很快就注意到中国特殊的选官、任官制度，并且都用了相当的笔墨来介绍中国的科举制。

利玛窦曾经这样描述中国的政府官制："中国政府的形式与世界上任何别的国家都不同。虽然帝国并不由知识阶级即'哲人'在进行管理，但须承认他们对帝国的统治者有着广泛的影响。"② 随后他花费了大量的笔墨详细介绍了中国古代的科举制度，一一描述中国是如何通过考试选出秀才、举人和进士的。"他们全国都是由知识阶层，即一般叫做哲学家的人来管理的。井然有序地管理整个国家的责任完全交付给他们来掌握。"③

由于耶稣会士们大多为博学之士，有些人本身就是学者和教育家，再加上自利玛窦时起便奉行与上层人士结交往来的方针政策，所以中国的教育情况、科举制度，学者在中国社会中的地位、作用，官员的选拔和晋升等问题都是他们极为关注和感兴趣的。他们注意到科举考试制度对于选拔社会优秀人才，促进社会不同阶层的合理流动所发挥的重要性。在介绍中国科举制的时候毫不吝惜笔墨，也大多赞美钦羡之辞。在当时来华传教士

① 张岱年主编：《孔子百科辞典》，上海辞书出版社2010年版，第767页。
② ［意］利玛窦、［比］金尼阁：《利玛窦中国札记》，何高济、王遵仲、李申译，中华书局2010年版，第27页。
③ ［意］利玛窦、［比］金尼阁：《利玛窦中国札记》，何高济、王遵仲、李申译，中华书局2010年版，第59页。

的描述中，中华帝国秩序井然、稳定富足，其原因就在于古人所制定的这套独特的选官任官制度。

传教士们对中国科举制度的介绍在欧洲各国特别是英国和法国引起了高度的重视，许多启蒙思想家和学者纷纷对这种考试制度表示赞扬。1755年，英国《绅士杂志》上曾载文写道："文章是一个希望接受考试的思想家必须经过的唯一考验，所有作者都同意这种看法，中国人在治国术方面超过了其他所有民族。"①

曾经担任英国驻广州领事馆翻译和领事的密迪乐（Meadows）在1847年于伦敦出版的《中国札记》一书中说：中国奉行由贤能之士组成政府的原则，"对于以此原则为基础的科举考试制度的存在，每一位受过教育的欧洲人都了如指掌"②。美国汉学家卜德（Bodde）在《中国思想西入考》一书中则说："科举制无疑是中国赠予西方的最珍贵的知识礼物。"③《剑桥中国隋唐史》一书的编者崔瑞德（Twichett）也认为：唐代的科举制度经过以后的长期发展几乎被全世界所接受，"许多世纪以后，这一制度为我们所有西方国家以考试录用人员的文官考试制度提供了一个遥远的榜样"④。1983年，美国卡特总统任内的人事总署署长区伦·坎贝尔应邀来北京讲学时曾说："当我被邀来中国讲授文官制度的时候，我感到非常惊讶。因为在我们西方所有的政治学教科书中，当谈到文官制度的时候，都把文官制度的创始者归于中国。"

经由传教士们的介绍以及欧洲各国启蒙思想家们的大力宣传，中国的科举制对于日后欧洲各国建立文官考试制度产生了直接的影响。1791年，

---

① ［法］安田朴：《中国文化西传欧洲史》，耿昇译，商务印书馆2000年版，第718页。

② Thomas Taylor Meadows, *Desultory Notes on the Government and People of China and on the Chinese Language*, London, 1847, p. 124.

③ Derk Bodde, *Chinese Ideas in the West*, Washington D. C.: American Council on Education, Fourth Printing, 1792, p. 31.

④ Denis Twitchett, *The Birth of the Chinese Meritocracy: Bureaucrats and Examinations in T'ang China*, Printed by Bendles (Torquay) Ltd., 15/16 George Street, Torquay, London, 1974, p. 33.

法国率先实行了文官考试，接着 1853 年后，英国也推广了文官考试。在一些学者看来，科举制是最能激发其想象的中国制度之一，是政府公职向所有才能之士开放的理想象征。① 美国汉学家费正清高度评价唐代创立科举考试制度的意义："唐代的官僚制度标志着文官功勋制度的一个真正的开端，它是中国文明最伟大的成就之一。由于科举制度是政治财政最显明的成功之路，因此，一切试图跨入仕途者均被导引到同样的经学、文学教育形式中来，这样就产生了知识教育的统一。经典教育是一种发人深思的教育形式之一，它为近代的大英帝国培养了一大批成功的统治人才。"②

2. 全新的历史观：基督诞生前的历史叙事

17 世纪时的西方社会以基督教历史纪年作为整个人类史纪年，传教士们的著作传到欧洲后引起广泛的关注和讨论，西方人曾就其中一个问题展开激烈的争论，那就是中国的历史纪年。

意大利耶稣会士卫匡国（Martino Martini），著名传教士汉学家，著有《鞑靼战记》《中国新图志》，1658 年于德国慕尼黑出版《中国上古史》，这本书叙述了上自远古、下至公元前 1 年，也就是汉哀帝元寿二年的中国历史。

按照《圣经》中的说法，亚当诞生于公元前 4004 年，而大洪水时期是在公元前 2349 年，按照《旧约》的解释，诺亚一家是大洪水时唯一幸存的，全人类都是诺亚的后代。然而在这本书中，中国人的人文始祖伏羲早在诺亚方舟大洪水时期以前的公元前 2952 年便存在了。

中国的历史开端比《圣经》中所记录的新人类的历史早了六百余年，在耶稣基督诞生之前已经存在了三千年。如果中国的历史纪年是真的，那么欧洲的基督教历史纪年就有待商榷。这已不单是文化学术问题，而是一

---

① 参见武斌：《文明的力量——中华文明的世界影响力》，广东人民出版社 2004 年版，第263 页。
② ［美］费正清、E. O. 赖肖尔、A. M. 克雷格：《东亚文明：传统与变革》，黎鸣等译，天津人民出版社 1992 年版，第 105 页，转引自武斌：《文明的力量——中华文明的世界影响力》，广东人民出版社 2004 年版，第 263 页。

个关涉政治与信仰的大问题！如何解决《圣经》编年与中国纪年的冲突成了欧洲人关注的问题，17 世纪后半叶的欧洲学者试图从《圣经》的版本上寻找弥合点。简要来说就是通过不同版本的《圣经》，将大洪水记载的时间向前推，同时将中国历史的长度缩短。

启蒙思想家伏尔泰运用中国编年史这样坚固的新证据，猛烈抨击教会关于人类起源的说教。1738 年到 1770 年间，伏尔泰在多处论及中国历史，并坚持认为世界历史从中国开始，而不是从《旧约》中的犹太人那里开始的。① 他认为中国人的历史最为确实可靠："只有中国的编年史确凿无误地记载了中国人的过去，如同人们所说的那样，它把天的历史和地的历史统一了起来。与其他的人民都不同，他们常用日月食和行星的会合期来作为他们的纪元。我们的天文学家检查了他们的计算后，惊奇地发现：它们基本上是准确的。别的国家创造了寓言神话，中国人用笔和星盘书写历史，书写的简洁性在亚洲的其他国家中是看不到的。"②

在关于中国纪年的讨论中，同时接受推敲的，不仅仅是来自中国的知识，还有《圣经》纪年说本身的权威性。历史是由人而不是神创造的，这是中国历史带给启蒙思想家们的重大启示之一。

3. 中国文化激发更加丰富的文化、生活观

（1）语言

早期来华传教士最早向欧洲介绍汉字，罗明坚在 1581 年 11 月 12 日寄往罗马的信中曾谈道："汉字和我们的文字完全不同，也和其他国家的文字不一样。"③ 1667 年，德国学者基歇尔（Athanasius Kircher）根据在华耶稣会士提供的资料出版了《中国图说》（*China Ilustrata*），是欧洲书籍中第一次印刷汉字的著作，他认为汉语是初民语言后裔的一支。

① 参见张国刚：《胡天汉月映西洋——丝路沧桑三千年》，生活·读书·新知三联书店 2019 年版，第 260 页。
② 何兆武、柳卸林主编：《中国印象：外国名人论中国文化》，中国人民大学出版社 2011 年版，第 56 页。
③ Ruggieri, Lett., ARSI, Jap-sin., 9I, 12 November 1581, Macao, pp. 58–60.

文艺复兴晚期，欧洲的人文主义者便曾试图寻找一种人类最初的语言，他们设想当初在伊甸园中，上帝与亚当、夏娃和蛇对话所使用的就是这种语言。据《圣经》中记载，上帝见人类要修建一座巴别塔通往天庭，便扰乱了他们的语言，彼此之间各说各话、无法沟通。巴别塔之前，人类共同使用何种语言？直到 17 世纪，理性主义的哲人们仍然没有停止对于这一普遍语言的追寻。

莱布尼茨同样热衷于从汉语中研究普通语言，他听说传教士安德烈·米勒（Andreas Müler）发现了解读汉语的要义，试图撰写一部《中文之钥》（Clavissinica）特意写信提出 14 个问题，询问掌握中文的秘密。布兰登堡的医生门采尔在准备编撰他的《汉语入门》时，也收到了莱布尼茨的请教、询问信件。莱布尼茨如此执着地热衷于汉语的研究，背后的动机在于建立一种世界性语言。

地理大发现以来，西方社会面临着新的民族和文明，这些民族的语言同印欧语系几乎没有关联，拉丁语可以作为欧洲的通用语言，那么面对着世界上的其他文明，是否有必要创立一种普遍性的语言呢？

莱布尼茨在给 J. 托马斯的信中曾提到："Joh Webb, eques Anglus, scriptoanglicotueri conatus est, linguamsini-camesseprimitivam."[1]（英国骑士约翰·韦伯在他的英文著作中力图证明汉语是人类最初的语言。）在相当长的一段时间内，莱布尼茨都致力于实现世界性语言的设想，倾向于认为汉字能够为人类提供一门世界性的书面语言。

（2）生活习俗与艺术风格

中国文化传入欧洲后也一度影响着法国的风尚习俗。中国的丝织品、棉布、陶瓷器、茶叶被源源不断地运往欧洲，成为深受欧洲人喜爱的消费品，这些商品在潜移默化中影响着欧洲人的生活方式和艺术风格的变化。17 世纪后期，茶饮成为巴黎最高级的饮料；1717 年，东印度公司的每艘

---

[1] 拉丁文转引自［法］艾田蒲：《中国之欧洲》上卷，许钧、钱林森译，广西师范大学出版社 2008 年版，第 283 页。

船都要尽可能多地装载茶叶，到了 1720 年左右，中国茶叶的出口价值已超过丝织品的出口价值。明清时期，中国瓷器远销各国，在法国，无论是王室还是社会名流，客厅中都少不了中国的瓷器、花瓶。

"中国风格"在 17 世纪后期和 18 世纪的法国及欧洲弥漫开来，这种中国趣味，以使用中国物品，模仿中国式样为时尚，追求新奇与别致。欧洲当时的主要艺术风格由巴洛克转向洛可可，洛可可逐步受到中国艺术的影响，融入了大量东方艺术的特征和不对称组合，以其生动、轻快、精致、华丽、细腻为主要特色成为新时代艺术风格的代表。

4. 哲学思想：重农学派对"中国模式"的实践

启蒙思想家们赞赏中国的制度，标举中国的德治，谈论着中国的一切，对中国文化抱有极大的向往和热情，而在实践层面落实"中国模式"的，则是以魁奈为代表的重农学派。

法国自路易十三到路易十四时期奉行的都是重商主义，这样的社会思潮促成了法国在欧洲地缘政治领域的崛起和壮大，也使得法国拥有了强大的陆军和海军，但与此同时，这样的发展路线是以牺牲农业利益为前提的，也大大激化了当时的社会矛盾。自 18 世纪中期开始，法国的一些官员和学者开始针对本国的社会经济现状寻找出路，重农主义思想开始抬头。自然秩序是重农主义体系的哲学基础，该学派主张统治者应该按照自然法或自然秩序颁布法律、制定政策，倡导降低政府干预的自由市场经济主张。重农学派的创始人魁奈（Francois Quesnay）著有《自然的权利》和《农业国经济统治的一般准则》。作为重农主义学派的代表人物，魁奈的重农主义社会很大程度上是以中国为蓝本的。这一时期，有关中国的大量消息通过耶稣会士的书信、报告、著作源源不断地被介绍到西方，利玛窦就曾描述过中国的物产、作物的生长情况以及蔬菜和植物的栽培和种植情况。龚当信神父更是在信件中详细介绍过中国的重农政策："为了鼓励农民劳作，启发他们热爱有规律的生活，他（雍正皇帝）下令各市的都督每年向他禀报各个县里最勤于劳作、善于治家、和睦乡邻、简朴节约、远近闻名的农民。根据都督的禀报，皇上封这些农民为八品官，并发给他名誉官员的证书。这个封号使他有权穿官服，拜访都督。这种做法除了激起农民竞相认真劳作外，皇上还给国家必须的，在中国始终受尊重的农作增添了新的光辉。"①

来华耶稣会士对中国国情的介绍中有相当多的篇幅提到了中国农业社会、农业生产和农村状况，展示了一个理想型的政府："从来不重视对外贸易，也不渴望通过政府干预商业获得更多的贵金属，可是其国贸易量却超过了欧洲贸易的总和。"② 这恰恰是重农派思想家们政治理想图景的具体体现，是欧洲各个国家可以效仿推行的一个样板。

魁奈认为，农业才是社会财富的来源，他推崇一种开明的君主专制制度，在魁奈心中，中国当时的封建制度正是这种开明君主制度的典范。他的《中华帝国的专制制度》一书出版后，曾被认为是法国经济学家"崇尚中国运动的顶峰之作"。在魁奈看来，传统中国是一个自然法则高度完美的国度，中国封建统治者倡导的"重农"政策是宇宙自然秩序与人类自然法则高度统一的体现。他主张"一个繁荣和持久的政府应当按照中华帝国的榜样"，在他的建议下，法国国王路易十五以中国皇帝每年开春行"籍田礼"的形式，也在凡尔赛宫郊外驾犁亲耕。

重农主义思想可以说是17—18世纪西方的科学精神与中国崇拜共同作用的产物，尽管在如今看来，重农学派的一些思想主张已不合时宜，但仍不能忽视他们的理论贡献。尤其是"自由放任"这一经济政策和市场原则，经亚当·斯密创造性的继承与发展之后，已成为当代西方经济思想的神圣法则。③ 如今我们提到这一法则、谈到亚当·斯密的时候，也应该注意重农学派思想的影响以及中国的治理方式、社会伦理为其提供的借鉴意义。站在亚当·斯密背后的，正是魁奈；而站在魁奈这位"欧洲孔子"

① 龚当信神父致本会爱梯埃尼·苏西埃神父的信，载《耶稣会士中国书简集》卷 III。
② Lews Marverick, *China, A Model for Eurpoe*, Paul Anderson Company (San Antonio, Texas), 1946, p. 38, 转引自张弛：《重农主义与中国的"自然法"》，《学术界》2013年第2期。
③ 参见张弛：《重农主义与中国的"自然法"》，《学术界》2013年第2期。

背后的，是中国。

启蒙时代的西方思想家们将中国作为他们进行社会进步与改造的参照系之一，使得中国文化参与了促进西方走出中世纪、走向近代化的过程。在中西方这次"伟大的相遇"中，中西双方变得我中有你、你中有我，在交流中展开对话，在对话中审视自我、完善自我，彼此碰撞出人类文明智慧的闪光。

进入全面深化改革阶段以后，中国取得了世界瞩目的辉煌成就。2010年中国已经成为世界第二大经济体，综合国力不断增强，国际地位日益上升。继成功举办奥运会、世博会后，中国先后举办的 APEC 峰会、"一带一路"高峰合作论坛等大型主场外交活动，彰显大国风范。在国际事务方面，中国以更加积极主动的姿态参与其中，加入应对气候变化、打击恐怖主义、防范重大传染性疾病等重大议题的讨论与合作，引领解决全球共同面临的挑战。中国提出"人类命运共同体"理念得到国际社会的普遍认可，并被多次写入联合国大会决议。[①]

时至今日中国文化在世界文化中的价值越来越多地彰显，人们意识到，中国文化在世界现实生活中正在发挥着愈发广泛的作用，产生着愈发深刻的影响。越来越多的西方学者从中国的历史和文化中惊奇发现：孕育在中国文化中内在的活力和发展智慧正在成为中国崛起的最本质力量，中国思想和中国智慧有助于真正意义上全球性思想的产生。

文化自信是建立在对于历史自信的基础上的，对历史的认识，既要立足中国，加深对于本国史的深刻熟悉和理解，也要放眼世界，了解中西文明彼此沟通、互相交流互鉴的历史，了解不同文化发展、融合、互相滋养的历史。

细数中西交流的历史，从秦汉时期中西初遇、隋唐时期中西互识、宋元时期中西相通、明清之际的中西交流，中国文化在不同的历史阶段有着

---

① 参见李强：《中国国际话语权：演进逻辑、构建纬度与现实挑战》，《中央社会主义学院学报》2020 年第 2 期。

不同程度的辐射和影响。从古至今，无论是在器物层面上还是在文化思想层面上，中华文化在世界文化史中都曾作出重大贡献、产生重要影响，而这种影响力是孕育于中华文明自身的历史文化传统之中的。欧洲思想的成熟发展不是一个自我生成的过程，单一的希腊文化无法孕育出欧洲乃至整个西方社会的引以为豪的近现代文明。中华文明的优秀传统文化曾经深刻地滋养西方社会，影响了启蒙运动进而影响了西方现代文明的形成。

同时，这段历史又告诉我们，中国自古崇尚和平、始终秉持"多元一体"的和谐与包容理念，中国的传统与近现代社会并非完全冲突，不会导向大国霸权冲突的老路，而会为各个文明国家和平共赢探索新路。只有准确掌握了解中西文化及其各自的历史，才能达成有效的跨文化对话；中西文明只有通过交流互鉴才会淬炼出真正具有普遍意义的人类共同价值。

第 四 部 分

中华文明的世界意义

       1956 年，毛泽东同志在展望 21 世纪的中国时，满怀豪情地提出："因为中国是一个具有九百六十万平方公里土地和六万万人口的国家，中国应当对于人类有较大的贡献。"随着中国日渐走进世界舞台中央，中国不仅为国际社会提供了一条后来居上的中国道路，也为人类文明贡献出了一种历久弥新的中华文明。作为一个植根于五千年文明的古老国度，中华文明在呈现出现代活力的同时也彰显出世界意义。习近平总书记强调："中华优秀传统文化是中华民族的文化根脉，其蕴含的思想观念、人文精神、道德规范，不仅是我们中国人思想和精神的内核，对解决人类问题也有重要价值。"中华文明正是中国对世界的馈赠。现在，让国际社会倾听中国声音，让中华文明造福人类未来，正当其时。

第 十一章

中华文明对西方文明的借鉴意义

面向人类社会共同应对的全球困境，中华文明不断贡献中国方案与中国智慧，重新焕发现代价值与世界意义。与西方文明相比，中华文明以共同体为本位，有助于摆脱原子化个体的困境；中华文明奉行责任伦理，有助于化解权利过度膨胀的倾向；中华文明推崇和合精神，有助于弥合撕裂社会的伤痕；中华文明素有尚贤传统，有助于防止民粹主义的滥觞。因此，中西方文明应当彼此互鉴，取长补短，携手缔造与人类命运共同体相适应的人类共同价值与良政治理体系。

客观地说，中西方文明之间存在着巨大的差异。例如，中华文明推崇天人合一，西方文明主张天人相分；中华文明不断把小地方聚合成大中华，西方文明不断把大帝国分解成小邦国；中华文明以天下为尺度，西方文明以城邦为归宿；中华文明实现家国同构，西方文明固守家国两分；中华文明以共同体为本位，西方文明以个体为本位；中华文明强调责任伦理，西方文明注重权利伦理；中华责任伦理的核心是让，西方权利伦理的核心是争；中华宗教强调人间的现实性，而西方宗教强调上帝的绝对性；中华儒家重仁义，西方基督教讲忏悔；中国人的道德感来源于责任感，西方人的道德感来源于罪恶感；中华文明用历史推行教化，西方文明以宗教统领道德；中华文明坚信人性本善而注重德治，西方文明相信人性本恶而倚重法治。类似的差异还有很多，不胜枚举。

但是，这些差异并不是文明冲突的理由，恰恰相反，这正是文明交流互鉴的前提。在历史上，正如中华文明不断汲取并包容外来文化一样，西方文明也曾借鉴中华文明的思想光华。在西方进入启蒙运动之时，中华文明也曾为西方启蒙思想家照亮理性的灯光。"启蒙时期正是中国清朝的早期和中期，这时中国在世界历史上的影响达到了巅峰。……世界历史上任何一个时期都没有像启蒙时期这样，使得中国的商业贸易相对而言如此重要，世界知识界对中国的兴趣如此之大，中国形象在整个世界上如此有影响。"① 当西方陷入第一次世界大战之时，西方文明在哀叹"西方的没落"的同时也将目光转向了古老的东方。梁启超曾在《欧游心影录》中记录了当时欧洲流行的"东方文化救世论"思潮的一幕："后来到处听惯了，才知道他们许多先觉之士，着实怀抱无限忧危，总觉得他们那些物质文明，是制造社会险象的种子，倒不如这世外桃源的中国，还有办法，这就是欧洲多数人心理的一斑了。"②

"今天，中国和西方又一次站在了解彼此的十字路口。"③ 值此百年未有之大变局之际，聚焦人类社会共同关切的重大时代问题，中国应向世界贡献中华文明的中国方案，西方也应倾听来自中华民族的古老智慧。

第一节　共同体本位对个体本位的超越

中西方文明存在一个极为显著的差异：中华文明以共同体为本位，西方文明以个体为本位。事实上，没有一种文化能把个体或共同体完全排除在外，问题在于，个体与共同体何者优先？对这个问题的不同解答便形成不同的文化取向。在马克思看来，"真正的共同体"是相对于"市民社会"而言的，二者的区别正是个体与共同体的关系。在市民社会，个体

① ［英］S. A. M. 艾兹赫德：《世界历史中的中国》，姜智芹译，上海人民出版社 2009 年版，第 275—276 页。
② 梁启超：《欧游心影录》，《饮冰室合集》第 7 册，中华书局 1989 年版，第 15 页。
③ 潘岳：《战国与希腊：中西方文明根性之比较》，《文化纵横》2020 年第 3 期。

凌驾于共同体之上。马克思强调，个人主义是西方文明的产物。很多人认为，个人主义只有在市场经济中才会出现，然而马克思却在基督教中发现了个人主义。按照马克思的说法，"市民社会只有在基督教世界才能完成。基督教把一切民族的、自然的、伦理的、理论的关系变成对人来说是外在的东西，因此只有在基督教的统治下，市民社会才能完全从国家生活分离出来，扯断人的一切类联系，代之以利己主义和自私自利的需要，使人的世界分解为原子式的相互敌对的个人的世界"①。马克思在此揭示了个人主义的关键因素，即个体摆脱诸如家庭等各种社会联系而成为原子化的个人。

与"原子化个体"不同，"真正的共同体"则是把共同体视为个体发展的前提条件，"个人才能获得全面发展其才能的手段，也就是说，只有在共同体中才可能有个人自由"②。马克思曾将西方资产阶级国家称为"虚幻的共同体"，由此呼唤"真正的共同体"的出场与建构。那么区分"虚幻的共同体"和"真正的共同体"的标准是什么呢？马克思的回答是：看个体利益与普遍利益的关系。"虚幻的共同体"是个人利益的战场，"正是由于特殊利益和共同利益之间的这种矛盾，共同利益才采取国家这种与实际的单个利益和全体利益相脱离的独立形式，同时采取虚幻的共同体的形式……其中一个阶级统治着其他一切阶级"③。相比之下，"真正的共同体"不仅能够实现普遍利益，而且还能保护个人利益。正如马克思所说，"在过去的种种冒充的共同体中，如在国家等等中，个人自由只是对那些在统治阶级范围内发展的个人来说是存在的，他们之所以有个人自由，只是因为他们是这一阶级的个人。从前各个人联合而成的虚假的共同体，总是相对于各个人而独立的；由于这种共同体是一个阶级反对另一个阶级的联合，因此对于被统治的阶级来说，它不仅是完全虚幻的共同体，而且是新的桎梏。在真正的共同体的条件下，各个人在自己的联合中

---

① 《马克思恩格斯文集》第 1 卷，人民出版社 2009 年版，第 54 页。
② 《马克思恩格斯文集》第 1 卷，人民出版社 2009 年版，第 571 页。
③ 《马克思恩格斯文集》第 1 卷，人民出版社 2009 年版，第 536 页。

并通过这种联合获得自己的自由"①。根据马克思的这一区分，我们可以把中西方处理个体与集体关系的不同文化模式概括为"个体本位"和"共同体本位"。

根据马克思的区分，中华文明显然是以共同体为本位，其中的一个重要原因是中华文明也有个体意识，然而这种个体意识始终处于社会联系之中，没有像西方文明那样出现那种完全斩断伦理联系的"原子化个人"。对此，法国著名汉学家谢和耐敏锐地指出："中国的基本传统（政治、宗教、美学和法学的）都与印度社会、伊斯兰世界、西方基督教社会完全不同。……中国根本不懂先验论的真谛、利己思想和严格意义上的财产所有权观念。"② 中国人之所以不懂所谓"先验论的真谛、利己思想和严格意义上的财产所有权观念"，就是因为中华文化没有培育出诞生原子化个体的土壤。

相比之下，西方文明是以个体为本位，形成了发达的个人主义传统，甚至形成了个人至上的极端思潮。客观地说，个人主义对于保障个体权利、彰显主体地位具有一定的积极意义，但是过度发达的个人主义也会出现一系列困境：首先，个人主义的泛滥会导致个体与社会之间的对抗关系，只看到个体利益，漠视社会公义。对此，马克思曾说过："首先应当避免重新把'社会'当做抽象的东西同个体对立起来。个体是社会存在物。"③ 进一步而言，个人主义的泛滥还将导致个体与个体之间的社会冲突。如果一个社会过分强调个人至上，那么容易陷入弱肉强食的丛林状态。对此，恩格斯曾有过犀利而又生动的描绘："每个人都只顾自己，并为了自己而反对其他一切人。他是否要伤害其余所有被他看做死敌的人，那纯粹取决于自私自利的打算，就是说，看怎样才对他最有利。没有人还想通过和平的方法来和自己的同伴达成谅解，一切分歧都要用威吓、自卫或法庭来解决。一句话，每个人都把别人看做必须设法除掉的敌人，或者

---

① 《马克思恩格斯文集》第 1 卷，人民出版社 2009 年版，第 571 页。
② ［法］谢和耐：《中国社会史》，耿昇译，江苏人民出版社 1995 年版，第 26 页。
③ 《马克思恩格斯文集》第 1 卷，人民出版社 2009 年版，第 188 页。

最多也不过把别人看做一种可供自己利用的手段。而且这个战争，正如犯罪统计表所表明的，一年比一年更加激烈、残酷和不可和解了。"① 由于每个人都把个体地位上升到绝对高度，因此也就会把他人视为达成自己目的的手段和工具，由此形成"一切人反对一切人"的社会分裂图景。

正因为个人本位存在着这些思想困境，所以当代西方很多思想家都希望借鉴中华文明的共同体智慧。美国汉学家郝大维和安乐哲曾指出："如果一个人企图在社会财富中获取多于他自己的份额，这种行动总会使各种方式的互动无效，惟有这种互动才能导致共享意义（shared meanings）的交流。没有这种交流，个人就会被切断与供参与和交流的社群的联系，惟有这种社群才能促进文明。侵犯性的自主导致疏远。只有在一个人把社会看成是已经个体化了的、富有个体性的成员组成时，此人才可能促进我们经常在西方民主社会所看到的那种自主权。"② 要想走出个人主义的困境，应当借鉴中华文明的共同体本位。

2020 年，新冠肺炎疫情的全球应对凸显了中华文明共同体本位相对于西方个体本位的巨大优越性。西方抗疫模式遵循的是"个体本位"的文化逻辑。在西方政治哲学传统中占据主流地位的自由主义普遍认为，人是独立个体，趋利避害是人的基本天性。无论是霍布斯的"战争状态"，还是洛克的"温情的自然状态"，政治社会的建构都是孤立个体计算利益的结果。为了摆脱人与人的相互冲突，各自独立的个体根据趋利避害的本性，决定让渡部分权利，建构社会公共权力。这便是西方政治哲学中契约论的主流叙事。根据契约论的观点，独立个体是政治社会的逻辑起点，个体先于社会而存在，社会是独立个人的集合体而已。

西方社会把个体主义上升到方法论高度，形成"方法论个体主义"，进而建构"经济理性主义"，最终经济理性主义成为社会制度的评价标准。在经济理性主义看来，个体性是人的基本属性，而个体性主要表现为

---

① 《马克思恩格斯文集》第 1 卷，人民出版社 2009 年版，第 446 页。
② ［美］郝大维、安乐哲：《汉哲学思维的文化探源》，施忠连译，江苏人民出版社 1999 年版，第 26 页。

人的自利性，这是社会行动的出发点。照此逻辑，社会群体的相互合作是理性个体的博弈结果。于是西方社会一旦遭遇类似新冠肺炎疫情的公共性危机，就会出现个体性与公共性的巨大矛盾，最终形成美国生态学家加勒特·哈丁所总结的"公地悲剧"。由于个体利益是社会合作的逻辑起点，所以很难要求西方民众做出为公共利益牺牲个人利益的选择。在西方世界，以公共利益的名义限制个人利益的行为必须得到独立个体的充分授权。由于个体理性的有限性，特别是在信息不对称的情况下，这种授权往往具有严重的滞后性，这正是许多西方政府应对疫情反应迟缓的体制性原因和结构性矛盾所在。

相比之下，中国在此次抗疫中展现出"共同体本位"的文化逻辑。全国各地千里驰援，举国上下勠力同心，各界民众守望相助。一个千万级人口的大型城市能够迅速"封城"，一个国土面积接近整个欧洲、人口占世界五分之一的大国能够迅速形成一呼百应的协同力，关键在于中华文明的共同体本位。

在此次疫情中，共同体本位首先体现为"令行禁止"的大局观念。人类应对瘟疫的历史事实一再证明，在没有研发出防治病毒的疫苗之前，隔离传染源头、切断传播途径是人类应对流行病最原始也最有效的方式。然而，这离不开人们自觉支持配合，甚至需要让渡和牺牲个人短期利益。在此次疫情中，武汉人民为疫情防控做出巨大牺牲，这也是武汉人民之所以是"英雄的人民"的重要原因。

其次，共同体本位体现为"人人尽责"的责任本位。中华文明历来推崇"责任高于权利，集体先于个人"的精神，更有"天下兴亡，匹夫有责"的觉悟。在此次抗疫中，举国上下步调一致，共克时艰，形成了"抗击疫情，人人有责"的协同格局。奔赴前线是战斗，居家隔离也是战斗。饱经患难的中国人明白，一旦失去共同权利与共同自由，个体权利与个体自由将无从谈起。

再次，共同体本位体现为"守望相助"的家国情怀。湖北武汉以封城闭省的方式报国，而国家则倾举国之力救援。从白衣天使到快递小哥，从社区干部到工地民工，每个普通中国人以融入集体的方式，扛起突破极限的艰巨任务，在短期内完成看似不可能完成的各项挑战，充分体现了"一方有难、八方支援"的互助精神。对中国人而言，大禹治水不是遥远记忆，愚公移山不是神话传说，而是融入我们血脉的文化基因。

最后，共同体本位体现为"不漏一人"的底线伦理。国家要人民"顾大局、识大体"，人民则要求国家"不放弃、不抛弃"。这种底线伦理体现在中华文明的"鳏寡孤独皆有所养"的传统，体现在海外撤侨时"你身后是强大的祖国"的底气，体现在精准扶贫时"一个都不能少"的承诺，体现在疫情防控时"应收尽收，不漏一人"的要求。当西方人讨论老人是否该把活下去的机会让给年轻人的伦理难题时，中国人认为，不让民众直面这样的伦理难题才是国家的首要伦理。

值得注意的是，如果说"共同体本位"为中国抗疫起到了巨大的精神支撑作用，那么也应看到，"共同体本位"的形成，也离不开中华民族迭遭患难的历史过程。换言之，"共同体本位"不是中国人民的天生偏好，而是在历史中应对危机所形成的集体记忆。历史学家魏特夫曾注意到黄河水患治理在中华民族建构共同体意识中的重要作用。[1] 为什么中国能在相互分散、彼此隔绝的小农生产方式的基础上建构出一个超大规模共同体，原因之一便是出于灾害应对的需要。有论者指出，正是在治理黄淮水患和应对北方游牧民族侵袭的过程中，"中原农耕区的民众一直面对两个无法彻底消除的重大生存威胁，促使他们必须超越村落或部落，逐步向四周扩展，最终构成一个超大型政治共同体"[2]。由于中国农耕文明"靠天吃饭"的生产特点，所以中国人在面对水旱、蝗虫等频仍发生的灾害中积累了荒政经验，也塑造了"共同体本位"的文化逻辑，值得西方文明借鉴吸收。

---

[1]　参见［美］卡尔·A. 魏特夫：《东方专制主义》，徐式谷等译，中国社会科学出版社1989年版。

[2]　苏力：《大国宪制：历史中国的制度构成》，北京大学出版社2018年版，第13页。

第二节　责任伦理对权利伦理的纠偏

西方社会的个体本位必然出现"权利为本"的价值取向。正如西方学者德沃金所说，"个人权利是个人手中的政治护身符"①。所谓权利，是指个体依法享有的权力和利益。从权利的内涵来看，权利的确认离不开两个关键要素：一是个体的确立，如果没有个体，也就谈不上权利；二是法律的保障，这是社会对个体权利的承认。值得注意的是，社会通过法律对权利的确认，只是确定个体权利不妨碍另一个体权利的边界。这意味着，法律只为个体不能做什么划出界限，但不干涉个人在法律界限之内的充分自由。在此意义上，有论者指出："现代创造了个人，个人需要各种权利来保护，权利使个人有了自治权，权利就是个人的政治边界，它划定了个人的主权范围。在个人所辖范围内，个人想怎么想就怎么想（无论多么愚蠢），想做什么就做什么（无论多么无耻）。"② 既然权利以个体为尺度，因此个体本位必然会使西方社会推崇权利意识。

毫无疑问，个体权利是现代社会的必需品。没有个体权利，就谈不上个人的主体地位和自由解放。然而，值得注意的是，"个体权利"和"权利伦理"却是两回事。所谓"权利伦理"，是指把权利作为处理人与人关系的主导准则，权利获得了相对于义务、责任和道德的优先地位，亦即所谓的"权利为本"或"权利本位"。权利为本是西方文明进入现代以后的产物，肇端于霍布斯和洛克的自由主义理论。以霍布斯的《利维坦》为例，霍布斯把权利规定为"利用一切可能的办法来保卫我们自己"③，这在霍布斯看来是第一位的。与之相比，所谓的义务和责任都是从权利派生

---

① ［美］罗纳德·德沃金：《认真对待权利》，信春鹰、吴玉章译，中国大百科全书出版社 1998 年版，第 6 页。
② 赵汀阳：《坏世界研究：作为第一哲学的政治哲学》，中国人民大学出版社 2009 年版，第 235 页。
③ ［英］托马斯·霍布斯：《利维坦》，黎思复、黎廷弼译，商务印书馆 2017 年版，第 98 页。

出来的。霍布斯对于义务的看法是："一个人不论在哪一种方式之下捐弃或让出其权利之后，就谓之有义务或受约束不得妨害他所捐弃或允诺让出权利的人享有该项权益。"① 对于责任，霍布斯则是这样定义的："他应当不使自己处于自愿的行为归于无效，这是他的责任。"② 在霍布斯看来，所谓义务和责任，都是在权利转让或放弃时候产生的，而不是与权利相伴而生，也无法与权利相提并论。这意味着，当权利和责任或义务发生冲突时，人们可以为了权利而放弃义务和责任。这便是权利本位的逻辑。换言之，与义务和责任相比，权利无条件地获得绝对性的优先地位。正如美国政治哲学家列奥·施特劳斯所说："由以自然义务为取向转到以自然权利为取向的根本性变化，在霍布斯的学说中得到了最为明晰有力的表达。他直截了当地使一项无条件的自然权利成为一切自然义务的基础，因而义务就不过是有条件的。……而以人的权利来界定的社会秩序的实现，其情形则大为不同。因为此类权利表达了、而且旨在表达每个人实际上都欲求着的某些东西；它们将人人所见而且很容易就能看到的每个人的自我利益神圣化了。对人而言，最好指望他们为了他们的权利而战，而不是履行他们的义务。"③ 在此，施特劳斯用"自我利益的神圣化"精准地刻画了权利本位的实质性内涵。一旦"自我利益的神圣化"，被过度拔高的权利伦理便会出现一系列负面效应：

首先，权利本位将会导致各自为战的撕裂局面，破坏社会团结。对此，马克思曾在《论犹太人问题》中一针见血地指出了现代权利的本质。在他看来，"任何一种所谓的人权都没有超出利己的人，没有超出作为市民社会成员的人，即没有超出封闭于自身、封闭于自己的私人利益和自己

① ［英］托马斯·霍布斯：《利维坦》，黎思复、黎廷弼译，商务印书馆 2017 年版，第 99 页。
② ［英］托马斯·霍布斯：《利维坦》，黎思复、黎廷弼译，商务印书馆 2017 年版，第 99 页。
③ ［美］列奥·施特劳斯：《自然权利与历史》，彭刚译，生活·读书·新知三联书店 2016 年版，第 186—187 页。

的私人任意行为、脱离共同体的个体"①。马克思认为，权利意识只能使人们封闭在各自的孤立的原子化状态中。当社会把权利赋予给个体时，也就把个体之间的界限赋予给个体，于是个体和个体之间画地为牢。更为严重的是，权利伦理还极其容易将个体权利置于共同体之上。用马克思的话说，"正如我们看到的，公民身份、政治共同体甚至都被那些谋求政治解放的人贬低为维护这些所谓人权的一种手段"②。自由主义者洛克把国家看成保护私有财产等权利的工具，便是如此。霍布斯把国家看成人们为了自我保存这项权利的产物。这将会出现一个深刻的悖论：一旦国家遭遇外敌入侵而需要国民流血牺牲，如果国民选择牺牲也就违背了保全性命的自然权利，因而可以坐视国家灭亡。利字当头，谈何舍生取义?! 这必然会出现义与利的失衡。

其次，权利本位将会削弱道德在社会中的必要作用，从而任由"无道德的权利"冲破社会的道德防线。按照列奥·施特劳斯的说法，西方世界从传统到现代的转型同时也就是从"自然正当"到"自然权利"的转型。权利所对应的英语单词是"right"，既有"正确"的含义，也有"权利"的含义。在施特劳斯看来，权利本位只凸显"权利"，而不再追问"正确"或"正当"。换言之，这也是一个从美德为本的时代转变为权利为本的时代。从此，人们只关心某件事能不能做，而不再关心这件事情该不该做。正如英国著名思想家柏克所说："可是既没有智慧又没有美德，自由又是什么呢? 它就是一切可能的罪恶中最大的罪恶了，因为它是缺乏教养和节制的愚蠢、邪恶和疯狂。"③ 即使违背公序良俗的事情，只要没有妨碍他人的自由，便是我的权利。照此看来，权利本位的代价必然是社会道德的日益稀薄。有论者深刻地指出："'权利为本'的现代制度以权利压倒美德，以自由压倒权威，生活就失去了标准，自由就失去了方

---

① 《马克思恩格斯文集》第 1 卷，人民出版社 2009 年版，第 42 页。
② 《马克思恩格斯文集》第 1 卷，人民出版社 2009 年版，第 43 页。
③ ［英］埃德蒙·柏克：《法国革命论》，何兆武、许振洲、彭刚译，商务印书馆 1998 年版，第 315 页。

向和控制。……颠覆美德的结果是，义薄云天的高尚行为难得一见，不计得失的高远境界百年不遇，爱情、友谊甚至亲情都大幅贬值，生活失去美感。"①

再次，权利伦理将导致权利泛化现象的出现，进而引发权利与权利之间的冲突，最终沦为虚无主义。在初期，人们所追求的诸如人身自由、私有财产、生命安全、政治参与等权利都是基本权利。随着时代的发展和社会的进步，当今西方社会出现了各种各样的权利，甚至出现了"动物权利"。权利主体的随意置换、权利范围的无限扩大、权利名目的不断翻新，结果是各种新权利层出不穷，令人眼花缭乱。权利伦理虽然规定了权利相对于义务、道德和责任的优先地位，但却没有规定：当权利与权利发生冲突时，哪种权利更加基本和优先？这是权利伦理所没有解决的问题，也是西方社会陷入各种纷争的重要原因之一。由于权利与权利相互冲突的情况愈演愈烈，于是人们只能以相对主义的态度对待多元权利，承认权利之间没有高下之分。只要是权利，怎么做都可以。于是，权利和权利之间也就失去了互相权衡比较的价值尺度。这意味着，权利狂欢的最终代价必然是虚无主义的降临。

最后，权利伦理会抹杀人的自由个性，从而陷入到权利的"平等悖论"。马克思在《哥达纲领批判》中指出："权利，就它的本性来讲，只在于使用同一尺度；但是不同等的个人（而如果他们不是不同等的，他们就不成其为不同的个人）要用同一尺度去计量，就只有从同一个角度去看待他们，从一个特定的方面去对待他们。"② 马克思在此深刻地指出了现代权利的平等悖论：权利伦理旨在维护人们的平等，结果用同一尺度去衡量不同个体，最终结果必然是不平等。这种平等悖论同时也是"自由个性"的悖论，权利伦理旨在维护主体的自由个性，结果却在权利体系中接受同一套权利尺度而丧失自己的自由个性。权利伦理之所以会出现

---

① 赵汀阳：《坏世界研究：作为第一哲学的政治哲学》，中国人民大学出版社2009年版，第235页。

② 《马克思恩格斯文集》第1卷，人民出版社2009年版，第435页。

的悖论，究其根源是权利的抽象同一性和个体的现实多样性之间的矛盾。这是现代社会权利伦理所无法克服的痼疾之一。

西方权利伦理的这些困境恰恰折射出中华文明责任伦理的优越性。与西方从自我出发的权利伦理不同，中国的责任伦理则是从对方出发。在中国的责任伦理中，人们首先想的不是"我能得到什么"，而是"我该做些什么"。更为重要的是，中国的责任担当首先要求人们明确自己的角色定位，扮演什么角色，就要承担什么责任，这与西方权利伦理首先明确自我的利益地位的做法大相径庭。相比较而言，如果说权利伦理强调权利的优先地位，那么责任伦理则要求义务与权利的平衡，进而要求责任高于权利。也就是说，想要获得什么样的权利，首先就要承担相应的责任。无论是古代士大夫的"先天下之忧而忧，后天下之乐而乐"，还是当代中国共产党人的"吃苦在前，享受在后"，都是这种责任伦理的生动写照。

更为重要的是，西方权利伦理注重契约精神，根据契约，所有权利主体所承担的责任都是有限责任；然而中华文明的责任伦理不同，人们对特定对象往往承担无限责任。父母对孩子承担无限责任，孩子对父母也承担无限责任；执政者对人民群众也要承担无限责任，正所谓"全心全意为人民服务"。在中国古代的政治生活中，无论是儒家的"为政以德，譬如北辰，居其所而众星共之"（《论语·为政》），还是道家的"圣人无常心，以百姓心为心"（《道德经·第四十九》），都在强调责任伦理。最终，中华民族的责任伦理体现为忠孝节义的道德要求，体现为人伦关系的相互要求，体现为修齐治平的贯通理念，体现为人人有责的担当精神。

在当今时代，与西方权利伦理相比，中华民族的责任伦理具有如下优越性：

第一，责任伦理是一种面向未来的新伦理形态，具有代际正义的显著优势。西方伦理学家约纳斯曾说："以前没有一种伦理学曾考虑过人类生存的全球性条件及长远的未来，更不用说物种的生存了。"[1] 约纳斯之所

———————————

[1] 转引自程东峰：《责任伦理导论》，人民出版社 2010 年版，第 358 页。

以这么说，是因为权利伦理的主体只能是目前活着的人，尚未出世的后代是无法享受相应权利的。所以权利伦理无需为子孙后代负责，正所谓"我死之后，哪管洪水滔天"。相比之下，责任伦理的显著优势之一便是强调当代人对后代人所承担的无限责任，正所谓"功在当代，利在千秋"，必须兼顾子孙后代的利益，这显然有助于代际正义。

第二，责任伦理是一种面向整体的新伦理形态，具有协同共生的显著优势。如果说权利伦理是利己主义伦理，那么责任伦理就是利他主义伦理，这是二者最为明显的区别。正因为责任伦理具有利他倾向，因此责任伦理更能兼顾个体权利和整体利益。中国古人的"民胞物与""天下一家"等精神理念都是责任伦理向外推演的担当意识。在此意义上，责任伦理是与人类命运共同体相匹配的伦理形态。可喜的是，国际社会已经意识到责任伦理的世界意义。2001年在法国里尔召开的"第一届全球公民大会"通过了《人类责任宪章》，堪称继《人权宣言》和《联合国宪章》之后的第三份世界性重要文件。这标志着，责任伦理在全球化时代的积极意义和正面价值日渐获得国际社会的尊重和承认。

第三，责任伦理是一种面向自然的新伦理形态，具有生态友好的显著优势。人们在权利伦理中只看到自己的欲望和利益，而遗忘了一个基本事实：权利也是有成本的。2013年4月1日，《人民日报》发表署名"任仲平"的评论员文章《筑就民族复兴的"中国梦"》，文中出现这样一组数据："在能源消耗上，美国人均年消费石油22桶多，中国只能在人均年消费石油两桶多的情况下，以不断降低能耗求得发展。"[1] 设想一下，如果中国人主张过上和美国人一样的高能耗、高质量的美国式生活，同样人均年消费22桶石油，这将会对地球生态和资源负载造成什么样的后果？相比之下，责任伦理强调欲望的节制，而非欲望的膨胀，显然更有助于生态文明和可持续发展。

责任伦理的显著优势表明：在生态文明深入人心、科技发展一日千里

---

① 任仲平：《筑就民族复兴的"中国梦"》，《人民日报》2013年4月1日。

的当今时代，古老的中华民族责任伦理反而焕发出别样的生机活力，这是值得世界倾听的中国智慧，更是值得西方汲取的中国方案。站在人类共同居住的同一个地球，面向困扰人类社会的全球性问题，如果人们能把中华民族的责任伦理与西方社会的权利伦理加以糅合，便能创造出权利与义务相匹配、利己与为他相平衡、奉献与索取相协调的新社会秩序，这将开启人类文明的崭新纪元。

第三节　和合精神对社会分裂的诊疗

个体至上与权利膨胀，必将导致西方社会的文化撕裂，社会冲突频仍，文化矛盾凸显。德国著名哲学家黑格尔曾经意味深长地指出："一般说来，现代世界是以主观性的自由为其原则的，这就是说，存在于精神整体中的一切本质的方面，都在发展过程中达到它们的权利的。"① 黑格尔在此所说的"主观性的自由"也就是个体的自由意志和主观认识。黑格尔深刻地意识到，个体的解放是现代社会与传统社会相区别的重要标志。个体解放在带来人的自我觉醒的同时，也带来了各种各样的主观性认识。个人的"偏见与傲慢"的横行，必将带来社会共识的断裂与崩坏。于是，人们发现，社会撕裂已经成为西方社会难以弥合的伤痛。

现代西方不仅是充斥"主观性的自由"的时代，也是多元文化的时代。全球化的人口流动带来了族群多元；不同阶层、肤色、族裔等群体的汇聚构成了身份多元。这些多元文化最终呈现为文化多元主义，并且上升成为西方世界的"政治正确"。然而令人感到遗憾的是，多元主义并未带来不同文化的和谐相处，反而加剧了西方社会内部的文化冲突。在西方社会内部，文化冲突不仅表现为大众与精英的阶层分化，也表现为自我与他者的族群差异，也表现为主流和边缘的身份区隔，也表现为信教徒与异教

---

① ［德］G. W. F. 黑格尔：《法哲学原理》，范扬、张企泰译，商务印书馆 1961 年版，第 291 页。

徒的宗教对抗，还表现为前辈与后生的代际鸿沟，更表现为本土与他乡的地区差别。各种文化矛盾相互勾连，共同构成令人无所适从而又布满裂痕的"文化战况图"。

以美国为例，自20世纪60年代以来，美国社会始终深陷在"文化内战"的状态。以"新教福音多数派"为主的保守派和推崇社会多元的民主派之间互相攻讦，以至于寻常普通的文化问题或社会问题都会成为整个美国政治生活的讨论焦点，例如同性恋婚姻合法化问题、堕胎权利问题、黑人权益问题、持枪自由问题等等。这些议题在每届美国大选期间都会成为选民高度关注的议题，甚至成为美国联邦最高法院判决的案例，并周而复始地不断循环。这一现象表明，美国的文化分歧已经固化而难以弥合，从"少数服从多数"走向"半数与半数的对决"。对此，有位美国作家在解答"为什么美国人恨政治"问题时给出了一个启人深思的答案："民主政治的目的是解决问题，解决争议。但是自从1960年代以来，赢得选举的诀窍，却是一次又一次地重启同一批引起分裂的议题。这些议题本身并没有得到重新辩论，没有任何新的解释。有的，只是旧的憎恨，旧的愤怒，一遍遍搅起来，其企图不过是得到选民又一次投下的愤怒抗议的选票。政治谋士们特别擅长发现一些充满创意的法门，及其民众对犯罪的怒火。然而他们的着眼点并不是解决问题，关于死刑好不好的没完没了的辩论，并没有让更多的警察部署到街头，并没有让刑事司法制度更加合理化，也没有针对暴力的深层原因提出任何解决方案。"① 文化矛盾在民主选举制度的绑架下日渐根深蒂固。

西方社会陷入文化冲突困境的原因固然有许多，比如文化多元主义停留在形式上而未能推动实质性的对话与交流，再如美国放弃了各种异质性文化相互交融的"大熔炉"模式而转向"你归你，我归我"的"沙拉碗"模式，这些原因不一而足。然而，在诸多原因中，有一个原因却是

---

① ［美］小尤金·约瑟夫·迪昂：《为什么美国人恨政治》，赵晓力等译，上海人民出版社2011年版，第8页。

至关重要的：西方文明缺少中华文明的和合精神，以至于各种文化、不同身份、各自诉求在不断撕裂着社会共识，乃至瓦解社会的有机团结。关于这一点，美国著名政治学家亨廷顿在忧虑世界范围内此起彼伏的文明冲突的同时，他更忧心美国社会内部的"文化冲突"。写完《文明的冲突与世界秩序的重建》后，亨廷顿才惊觉美国的麻烦并非来自外部文明的挑战，而是内部文化的瓦解，于是他写下了《我们是谁：美国国家特性面临的挑战》。他不无忧虑地警告美国：如果任由各种移民文化和身份政治撕裂美国主流的清教—盎格鲁传统，那么美国的国家认同将会遭遇严峻挑战，甚至有分崩离析的可能。所以，亨廷顿向美国发出了"我们是谁"的深刻追问。亨廷顿的"我们是谁"的问题关涉国家认同与文化整合，关涉价值观上的"合众为一"问题，自然也就关涉中华民族和合精神的现代价值。

对中国人而言，亨廷顿所说的"我们是谁"文化难题其实不难应对，"龙的传人"或"炎黄子孙"成为大家共同的文化标志和历史记忆，也是最为深入人心的认同纽带和身份符号，因为中华文明有着深厚的和合传统，最终塑造出一体多元的文明体系。中国人的和合精神是汇多元于一体、融冲突为一炉的"美美与共"，而不是用一元取代多元的"同化兼并"。早在先秦时期，中国古人便把"和"与"同"相区分。据《左传·昭公二十年》记载，晏婴和齐景公曾有过这样一段对话：

> 公曰："和与同异乎？"对曰："异。和如羹焉，水、火、醯、醢、盐、梅，以烹鱼肉，燀执以薪，宰夫和之，齐之以味，济其不及，以泄其过。君子食之，以平其心。"

晏婴通过烹调汤羹的生动例子，向齐景公阐释了和与同的差异：和是在多元性前提下的统一，而"同"则是无差别的同一性。更为重要的是，中国古人在先秦时就意识到：和比同更具有生命力，千篇一律只会过早衰落，百花参差才能行稳致远。正所谓"和实生物，同则不继"，只有在多元碰撞的基础上才能激发出新的火花，延展开新的生命。由此可见，生生的精神与和合的智慧相互交融，共同构成了中国古人的和合传统。

　　在人际关系上，中华民族的和合精神体现为"己所不欲，勿施于人"的恕道精神。对此，曾对马克思有过巨大影响的德国著名哲学家费尔巴哈曾经高度赞扬这条儒家准则："中国的圣人孔夫子说：……'己所不欲，勿施于人'。……在许多由人们思考出来的道德原则和训诫中，这个朴素的通俗的原理是最好的，最真实的，同时也是最明显而最有说服力的，因为这个原理诉诸人心，它使自己对于幸福的追求，服从良心的指示。当你有了所希望的东西，当你幸福的时候，你不希望别人把你不愿意的事施诸于你，即不要对你做坏事和恶事，那么你也不要把这些事施诸于他们。"①推己及人的同理共情，设身处地的换位思考，将心比心的感同身受，使人际关系趋向和谐，从而将不同个体整合为一个有机整体。

　　在民族关系上，中华民族的和合精神体现为"华夷一家、五族共和"的包容精神。中华民族之所以能融合各个民族为共同体，其根基在于，以文化而不以种族区别夷夏关系。也就是说，文化认同是民族认同的最深厚根基。无论是何种种族、血缘、体质、地域或宗教，只要接受了大一统的中华文化和典章制度，就是中国人。中华民族共同体的包容伟力由此铸就。正如习近平总书记所说："一部中国史，就是一部各民族交融汇聚成多元一体中华民族的历史，就是各民族共同缔造、发展、巩固统一的伟大祖国的历史。各民族之所以团结融合，多元之所以聚为一体，源自各民族文化上的兼收并蓄、经济上的相互依存、情感上的相互亲近，源自中华民族追求团结统一的内生动力。正因为如此，中华文明才具有无与伦比的包容性和吸纳力，才可久可大、根深叶茂。"②

　　在宗教关系上，中华民族的和合精神体现为"政主教从、多元通和"的宽容精神。世界上多数国家和地区，由于复杂的原因，各宗教之间，各教派之间，经常出现紧张关系，伴随人类文明发展的整个历程，是今天世界各地动荡不安的重要历史因素。相比之下，中华民族的各大宗教多元通

① 《费尔巴哈哲学著作选集》上卷，生活·读书·新知三联书店1959年版，第578页。
② 习近平：《在全国民族团结进步表彰大会上的讲话》，《人民日报》2019年9月28日。

和，和谐共生，形成了"宗教联合国"的奇观。对世界而言，各大宗教在中国的多元并存并不令人惊讶，真正令人惊讶的是各大宗教的对话互动，历史上的佛教中国化、"以儒诠伊"、三教合一等现象时有发生，生动体现了中华文明和而不同、尊重差异、包容多样的博大胸怀和开放精神。

在文明关系上，中华民族的和合精神体现为"美人之美，美美与共"的兼容精神。在20世纪90年代初，费孝通在亨廷顿抛出"文明冲突论"的前一年就已关注到文明冲突问题，然而他给出了完全不同于亨廷顿的思考："我们这个时代，冲突倍出，海湾战争背后有宗教、民族的冲突，东欧和原苏联都在发生民族斗争，炮火不断。……我在孔林里反复地思考，看来当前人类正需要一个新时代的孔子了。新的孔子必须是不仅懂得本民族的人，同时又懂得其它民族、宗教的人。他要从高一层的心态关系去理解民族与民族、宗教与宗教和国与国之间的关系。目前导致大混乱的民族和宗教冲突充分反映了一个心态失调的局面。我们需要一种新的自觉。考虑到世界上不同文化、不同历史、不同心态的人今后必须和平共处在这个地球上，我们不能不为已不能再关门自扫门前雪的人们，找出一条共同生活下去的出路。这使我急切盼望新时代的孔子的出现。"① 在费孝通先生看来，孔子的仁爱精神是化解文明交锋的理论法宝，决无挑起文明冲突的文化基因。

在宗教战争、族群对抗、人际紧张、文明冲突等"愤怒遍地"的变局时代，中华文明的和合精神不啻为一剂清热解毒的"清凉散"，也不啻为一块反求诸己的"提示牌"，更不啻为一条求同存异的"缓冲带"，这正是中华文明应对当今世界难题所绽放的借鉴意义！

第四节　贤能政治对西方民主的补充

以"一人一票"为标志的西式民主曾是西方社会引以为傲的所谓

---

① 《费孝通学术文化随笔》，中国青年出版社1996年版，第242—243页。

"普世价值"，如今却显得黯然失色，究其根源，如今的西方民主正在深陷民粹主义的泥潭之中。早在古希腊时期，当雅典城邦在推行古典公民民主时，便遭遇了民粹主义的困境。按照雅典的公民民主制度，城邦内部的所有的公民享受同等的权利，都可以直接参与城邦事务的管理，这也就形成了"大民主"的模式。然而古希腊的公民民主却发生了"苏格拉底之死"的悲剧。一代哲人苏格拉底被雅典民主制度以票决方式判处死刑，由此引发了苏格拉底的弟子柏拉图等人对民主制度的反思。反思的结果便是，城邦不能没有"哲人王"的统治。也就是说，中国的贤能政治也曾出现在柏拉图的"理想国"之中。

正因为古典民主的民粹痼疾，西方现代民主采取代议制民主形式，古典民主由公民直接行使权力，代议制却是由人民的代表代表人民管理人民。代议制民主的初心便是避免出现民粹悲剧。然而时至今日，民粹主义的阴影始终漂浮在西方选举民主的上空而挥之不去，"少数服从多数"的票决制度不断刺激并催生出"多数人的暴政"的民粹精神。有学者向我们描绘了近年来西方民主的表现："反观所谓'先进'的自由民主国家，它们的表现如何呢？在过去的几年里，一个缺乏经验却善于煽动选民的候选人问鼎了美国总统宝座；那个曾经是世界上最为成熟、温和的自由民主国家——英国，它的选民们却鲁莽地通过投票决定退出欧盟，脱欧危机至今仍在延续。在某种程度上，这些事件暴露了一人一票的选举制度在赋权选民和选择政治领导人时容易忽视他们在能力与道德方面的缺陷。"① 这便是西方民主的困境。如果说"选贤与能"是选举制度的目标，那么西方民主选举的大众投票制度则是手段。问题在于，目标与手段未必统一。钱穆先生指出："西方选举制度，只在选举人方面加以限制。在美国，曾有一博学的大学教授与一汽车夫竞选，而失败了。选举原意，在如何获取理想人才，俾可充分代表名义。单凭群众选举，未必果能尽得贤能。"②

---

① ［加］贝淡宁、由迪：《中国的垂直民主尚贤制及其启示》，《探索与争鸣》2020年第6期。

② 钱穆：《国史新论》，生活·读书·新知三联书店2005年版，第242页。

照此看来，如今的西方民主"民粹化"困境的实质是目标与手段的脱节，即大众选举与选贤目标之间南辕北辙。

于是，不少西方有识之士开始将目光转向中国。选贤与能的尚贤精神始终是中华政治文明的核心理念之一。有学者指出："在历史上国家治理者的产生机制中，世袭制是最坏的，因为其排除选举，治理权被血缘所决定；对国民开放的选举制，明显优于世袭制。但是，选举制度也可有不同类型，历史地看，至少有两种：西方实施的大众选举制、中国长期实施的贤能选举制。从历史的长时段来看，后者优于前者。"① 早在上古时期，《尚书·皋陶谟》便记载了皋陶的"德位相应"理论。皋陶列举了治国理政者的九种品德，根据拥有这些品德的多寡，决定授予官职的高低，这种德位相配的理念便是中国贤能政治的先声，奠定了"有德者居其位，在位者有其德"的选贤传统。

事实上，中国的贤能政治在历史上早已深刻地影响西方的文官制度。不少学者认为，中国的科举制度经过传教士的传播而为西方所熟知，最终为西方世界建立文官制度提供了灵感。自隋唐时期开始，中国便实行了长达1300余年的科举制度。科举制度秉持"学而优则仕"的精神，把一批有才能的贤能人士输送进政府部门，赋予底层读书人"朝为田舍郎，暮登天子堂"的向上流动通道，彻底打破了世家大族对组织人事的垄断把持，确保了中国古代维系政权运转的人才来源和开放格局。与此同时，欧洲的官员选用制度主要有贵族世袭制（按照血缘关系继承贵族的爵位和领地）、君主恩赐制（君主通过恩赐的方式分封诸侯，诸侯也以此任命下属官吏）、个人赡徇制（将公职当作私人物品私相授予给他人）和政党分肥制（竞选获胜的政党将官职作为酬劳，分配给本党骨干）。这些官员选用方式始终存在着公器私用、裙带腐败、权力垄断、德不配位等弊端。在传教士的传播下，中国的科举制度开始进入西方人的视野。"曾旅居中国的英国人格尔斯惊叹道，科举制度是一项伟大的制度发明，可以与中国古

---

① 姚中秋：《世界历史的中国时刻》，海南出版社2019年版，第172页。

代造纸术、指南针、火药的发明相媲美。"① 关于科举制度的西传情况，钱穆先生曾有一段颇为深刻的公允之论：

> 西方人在十八世纪时，却看重中国考试制度。但他们自有他们的历史渊源，不可能把中国制度彻底抄袭。英国最先模仿中国考试制度，但只事务官须经考试，各部门行政首长，则仍由政党提名。照理论言，海军应用海军人才，外交应用外交专长，都该经政府客观考试录用。但西方却只采用了中国考试制度之下半截，海军外交各部之事务官，须经考试，其主持海军外交各部行政首长，却不须考试，仍由政党提名，岂非在理论上像似讲不过。此正为政党政治，乃西方历史渊源中自生自长的东西，若连此废了，势必发生政治上大摇动。此是政治元气，不可遏塞。任何一种外国制度，纵其法精意良，也只可在本国体制中酌量运用。西方人懂得此层，采取中国考试制度之一枝半截，成为他们今天的文官制。中国何尝不可也采取西方制度的一枝半截，把皇帝废了，再加上国会代表民意，而考试制度则依然保留。政府一切用人，仍该凭考试，只在内容上方法上再酌量改进。②

如果说科举制度是中华文明贤能政治赠送给西方世界的第一份礼物，那么民主尚贤制则是中华文明贤能政治在新时代向西方世界赠送的第二份礼物。长期生活在中国的加拿大学者贝淡宁发现，中国模式之所以成功，秘密之一便是"基层民主、上层尚贤"的选贤模式："在过去 30 年间，中国在更高政府层面上建立了复杂和全面的政治人才选拔制度：简单地说就是政治尚贤制。有野心的政府官员通常要通过公务员考试，往往是几千个申请者竞争一个岗位，他们必须在基层政府表现突出，沿着政治阶级阶梯向上爬，每迈上一个台阶都要经过越来越严格的考试和考核。"③ 尽管中国目前的干部选拔体制还存在有待完善的空间，但不可否认的是，中国

---

① 中共中央宣传部理论局：《中国制度面对面》，学习出版社、人民出版社 2020 年版，第 8 页。
② 钱穆：《国史新论》，生活·读书·新知三联书店 2005 年版，第 260 页。
③ ［加］贝淡宁：《贤能政治》，吴万伟译，中信出版社 2016 年版，第 151—152 页。

干部选拔体制继承了中华文明的尚贤传统，实现了贤能政治的现代转化，完成了大众民主与选贤任能的有机结合，对西方片面的选举民主提供了有益的借鉴。

除了贝淡宁之外，越来越多的西方人发现，中国的贤能政治能够有效纠偏西方的大众民主制度。有西方人士指出，美国民主正在沦为"消费者民主"，其特征便是选民的自私与短视，在民主选举过程中只考虑个人的短期利益，而无法关注真正的长远问题。所以他们提出了一种设想："民主西方可持续的关键是借鉴中国选贤任能的治理经验，建立能够胜任的、在治理时体现长远利益和公共利益的制度。我们的论点是：要在东西方各自的体制中恢复均衡，必须通过结合'有见识的民主'与'可问责的选贤任能'，形成混合体制，重新调整政治环境。"① 这便是贤能政治对西方民主的纠偏功能与借鉴意义，这也正是中西政治理念与文明传统相互对话的美好图景。

我们坚信，地球是圆的，东西方文化终将相遇相知，中西文明也必将互鉴互融。正如当年梁启超所说，"拿西洋的文明来扩充我的文明，又拿我的文明去补助西洋的文明，叫他化合起来成一种新文明"②。令人欣慰的是，如今这已不再是一种奢望，而逐渐成为激动人心的现实图景。

---

① ［美］尼古拉斯·伯格鲁恩、内森·加德尔斯：《智慧治理：21 世纪东西方之间的中庸之道》，朱新伟等译，上海人民出版社 2013 年版，第 6 页。
② 《梁启超全集》，北京出版社 1999 年版，第 2986 页。

第十二章

中华文明对人类命运共同体的重要贡献

人类命运共同体是中国向人类社会提供的中国方案与中国智慧，具有深厚的中华文明底蕴与历史根基。在博大精深的中华文明思想体系中，协和万邦的天下观念、修文偃武的和平主义、和而不同的包容精神、推己及人的伦理准则、不往而教的文化自信等内容始终是中华文明对待人类命运和处理国家关系的重要内容与核心理念。在全球化境遇中弘扬中华文明的积极价值，有助于建构人类命运共同体，有助于纠正当前全球化的不合理之处，有助于开启世界历史的新文明起点。

在党的十九大报告中，习近平总书记指出："我们生活的世界充满希望，也充满挑战。我们不能因现实复杂而放弃梦想，不能因理想遥远而放弃追求。没有哪个国家能够独自应对人类面临的各种挑战，也没有哪个国家能够退回到自我封闭的孤岛。我们呼吁，各国人民同心协力，构建人类命运共同体，建设持久和平、普遍安全、共同繁荣、开放包容、清洁美丽的世界。"① 从 1840 年开始中国以被动的方式被西方的坚船利炮拖入世界历史而陷入历史低谷，到今天中国以主动的方式捍卫人类共同发展的全球化方向并构建人类命运共同体，人类命运共同体的历史性出场，不仅是中国走向世界舞台中心的庄严宣告，也是当代中国在"世界观"上从被动

① 《中国共产党第十九次全国代表大会文件汇编》，人民出版社 2017 年版，第 47 页。

转向主动的重要见证。

人类命运共同体不仅是马克思的世界历史理论与共同体思想相结合的理论产物，也是马克思主义与中华文明相结合的理论成果。在资本全球化逐步陷入"反全球化"、孤立主义抬头等困境时，人类命运共同体正在为国际社会开启新的文明类型：这一新文明类型的主体是作为类本质而存在的"人类"，这要求人类社会告别"以物为本"的旧文明形态，建立"以人为本"的新文明形态，这正是中华文明的人文精神的当代回响；这一新文明类型的纽带旨在强调人类生存处境共同性的"命运"，这要求人类社会告别狭隘本位主义的旧文明形态，建立休戚与共、和谐共生的新文明形态，这正是中华文明的大同理念的当代激活；这一新文明类型的载体是与各自为政相区别的"共同体"，这要求人类社会告别自然状态、丛林法则的旧文明形态，建立互相依赖、合作共赢、普惠发展、包容和谐的新文明形态，这正是中华文明的共同体本位的当代赓续。从各个维度来看，作为新文明类型的人类命运共同体，植根于中华文明的深厚传统，闪耀着中华文明的当代价值。应当说，人类命运共同体是中国向人类社会提供的中国方案与中国智慧，具有深厚的中华文明底蕴与历史根基。人类命运共同体在有效激活了中华民族优秀传统文化的合理因素的同时，中华文明也在助力人类命运共同体的当代构建，为构建人类命运共同体作出重要贡献，使人类命运共同体呈现出中国风格与中国气派。

第一节　协和万邦的天下观念

在如何看待人类政治秩序的问题上，中西文明在强调国家的同时也呈现出一个深刻的差异：源于古希腊城邦政治的西方文明始终强调国家本位，而以大同理念为根基的中华文明在家国之上还有"天下"，这就体现在《礼记·大学》的三纲八目之中。在中国古人看来，修身齐家治国的最终目标是"平天下"，最高理想是"欲明明德于天下"（《礼记·大学》）。这正是中华文明的天下观念，这是中华文明对世界秩序的根本看法。与西方文明相比，中华文明追求协和万邦的天下观念，更有助于维系人类命运共同体的持久和平。

对构建人类命运共同体而言，协和万邦的天下观念蕴含着"天下为公"的公共性原则，有助于抑制国家本位的私利性原则的过度膨胀。中华传统文明素来推崇"大同"理念，秉持《礼记·礼运》中所载的"大道之行，天下为公"的理念。"天下为公"的理念在孟子思想中发展为王道政治，并与霸道政治相区别。按照现代政治哲学的观念看，王道政治与霸道政治的原则性区别：王道政治强调天下整体的公共性，霸道政治看重民族国家的私利性。

霸道政治推崇弱肉强食的丛林法则，信奉"力量即正义"的实力原则，秉持"非敌即友"的二元观念，最终必然表现为冷战思维与霸权政治，最终对国际社会的持久和平构成严峻的挑战。对此，黑格尔在《法哲学原理》中已经做出了深刻的分析，"可是国家是个体，而个体性本质上是含有否定性的。纵使一批国家组成一个家庭，作为个体性，这种结合必然会产生一个对立面和创造一个敌人"①。黑格尔在此指出，国家之所以会不断创造"敌人"，究其根源是因为国家在本质上是个体性，也就是仅从自我利益出发，这正是霸道政治的内在原则。"个体性"的内在原则也被黑格尔称为"特殊性"，所以黑格尔指出："国家在它们的相互关系中都是特殊物，因此，在这种关系中激情、利益、目的、才德、暴力、不法和罪恶等内在特殊性和外在偶然性就以最大规模和极度动荡的嬉戏而出现。"②

与霸道政治的强调个体性和特殊性的内在原则相比，中华传统文明的王道政治更加注重普遍性与共通性，因而天下为公的王道政治理念必然强调"协和万邦"的理想国际秩序。具体而言，从古希腊的城邦到现代的

① [德] G. W. F. 黑格尔：《法哲学原理》，范扬、张企泰译，商务印书馆1961年版，第342页。
② [德] G. W. F. 黑格尔：《法哲学原理》，范扬、张企泰译，商务印书馆1961年版，第351页。

民族国家，西方文明始终强调"国家本位"，然而中华民族自古以来却有源远流长的"天下传统"。与西方的"国家本位"相比，中华民族的"天下传统"恰恰超越了国家本位，在"治国"之上还有"平天下"的广袤志向和历史抱负。如果说，西方文明"国家本位"的霸道政治正如黑格尔所说那样是在不断地制造"敌人"，那么中华民族的"天下为公"的大同理想与王道政治就是在不断地制造"兄弟"，正所谓"四海之内皆兄弟"。前者必然导致以邻为壑的对峙格局，化比邻为天涯；后者却能化干戈为玉帛，化天涯为比邻。

更为重要的是，协和万邦的天下观念蕴含着"仁爱感通"的平等性原则，有助于抑制自我中心的等级化秩序的全球蔓延。中国传统文明认为，治国与平天下是相互贯通的关系，而非彼此断裂的关系。中华文明之所以认为"治国"与"平天下"可以贯通，无论是"治国"还是"平天下"，都应当贯彻同一条原则，即仁爱。仁爱原则的核心精神是万物一体、民胞物与、感通平等。唯有如此，才能形成"天下一家""人类大同"的平等格局。反观西方文明，西方文明也曾提出过类似"协和万邦"的世界平等理念，康德就曾提出过"永久和平论"的理论构想，寄希望于通过理性原则实现世界的普遍和平。对此，黑格尔予以了辛辣的讽刺，康德的"永久和平论"只是一种主观愿望，而不具备历史的现实性。对此，黑格尔认为："尽管如此，当事物的本性要求时，战争还是会发生的；种籽又一次发芽了，在严肃的历史重演面前，饶舌空谈终于成为夸夸其谈。"[①] 在黑格尔看来，康德的"永久和平论"之所以是"饶舌空谈"，国家间的战争之所以会发生，因为这是依据"事物的本性要求"。黑格尔所谓的"事物的本性要求"其实就是西方国家的自我中心主义。

西方国家的自我中心主义源于西方文明的二元对立传统。在基督教世界，整个世界被划分为此岸与彼岸、人间与天国、罪恶与救赎、信徒与异

---

① ［德］G. W. F. 黑格尔：《法哲学原理》，范扬、张企泰译，商务印书馆 1961 年版，第342 页。

教徒等二元对立图景，最终引发宗教战争。1618 年至 1648 年的"三十年战争"席卷整个欧洲后，欧洲建立威斯特伐利亚体系，形成了民族国家雏形。依据威斯特伐利亚体系，所谓"国际社会"也就是由各个民族国家组成的体系，依旧以民族国家为本位，而不是各个民族国家结成的共同体。这正是西方"国际社会"与中国"天下观念"的最大区别：中国的"天下观念"要求打破国家之间的藩篱隔阂；西方的"国际社会"要求坚守自己国家的绝对地位。

民族国家体系建立后，西方文明的二元传统又体现为国家内部和国家外部，内外之间往往实行不同的治理体系，由此形成"内外有别"的双重标准。意大利著名哲学家多尼米克·洛苏尔多发现，诸如约翰·斯图亚特·密尔、伍德罗·威尔逊等许多西方自由主义者在本国内部强调自由、民主、平等，然而他们也同样支持在国外推行战争、奴役和暴力。之所以出现这种"二律背反"，这是因为自由主义继承了基督教的二元结构，自由主义把自己所在的国家塑造成"神圣空间"，而把外部世界视为"渎神空间"，在"神圣空间"可以推行自由主义，在"渎神空间"则必须诉诸暴力手段。① 西方文明的二元对立结构使西方文明具有对抗性的特征。正如马克思所说，"当文明一开始的时候，生产就开始建立在级别、等级和阶级的对抗上，最后建立在积累的劳动和直接的劳动的对抗上。没有对抗就没有进步。这是文明直到今天所遵循的规律"②。

在二元对立结构的支配下，必然会产生一种具有压迫性的等级化秩序，此即马克思在《共产党宣言》中所描绘的"使未开化和半开化的国家从属于文明的国家，使农民的民族从属于资产阶级的民族，使东方从属于西方"③ 的图景。在马克思之后，列宁看到了帝国主义的全球扩张，把整个世界划分成宗主国与殖民地的二元等级体系。在列宁之后，当代国际

---

① 参见［意］多米尼克·洛苏尔多：《自由主义批判史》，王崟兴、张蓉译，商务印书馆 2014 年版。
② 《马克思恩格斯全集》第 4 卷，人民出版社 1958 年版，第 104 页。
③ 《马克思恩格斯选集》第 1 卷，人民出版社 2012 年版，第 405 页。

学者也看到了资本主义的全球扩张，进而把整个世界又划分成了"中心—半边缘—边缘"，此即资本主义的依附体系。于是，全球化在二元结构的主导下画出了发展的"断层线"，与人类共同发展的美好愿望背道而驰，最终使资本全球化难以为继，呼唤人类命运共同体的历史性出场。总的来看，由于西方文明往往强调二元结构而非一体意识，难以兼顾"治国"与"平天下"。因此，与西方文明相比，中华文明更有助于形成一个平等互利的人类命运共同体，这正是中华文明对人类命运共同体的重要贡献。

第二节　修文偃武的和平主义

中华文明修文偃武的和平主义理念有助于落实人类命运共同体的普遍安全。习近平总书记在十九大报告中指出："中国奉行防御性的国防政策。中国发展不对任何国家构成威胁。中国无论发展到什么程度，永远不称霸，永远不搞扩张。"① 这并不是中国的"外交辞令"或"权宜之计"，而是基于中华传统文明深厚传统的必然选择。

中华文明历来注重"和为贵"，崇尚"远人不服则修文德"，反对穷兵黩武与扩张征服。对此，明代著名传教士利玛窦曾经发出这样的感慨："虽然他们有装备精良的陆军与海军，很容易征服邻近的国家，但他们的皇上和人民却从未想过要发动侵略战争。……我仔细地研究了中国长达四千多年的历史，我不得不承认，我从未见到有这类征服的记载，也没听说过他们扩张国界。"② 中华文明之所以坚持修文偃武的和平主义精神，这与中华传统文明的生产方式有关。与"逐水草而居"的游牧文明和"面向大海"的西方文明相比，中华文明很早便进入农耕文明，成为追求自给自足的和平型文明，并不具备游牧文明与西方文明的流动性、征服性、

---

① 《中国共产党第十九次全国代表大会文件汇编》，人民出版社 2017 年版，第 48 页。
② ［意］利玛窦、［比］金尼阁：《利玛窦中国札记》，何高济、王遵仲、李申译，中华书局 1983 年版，第 58—59 页。

进取性的文明特征，因而也不会重蹈西方国家"国强必霸"的历史覆辙。在中国历史上，人们很少能看到中国主动挑起对外战争的历史案例，也很少能看到中国弱肉强食的殖民行为和霸凌行径。

同时，中华文明修文偃武的和平主义理念还体现在对海外殖民事业的态度上。海外殖民在西方历史上屡见不鲜。黑格尔曾在《法哲学原理》中强调："市民社会被驱使建立殖民地。单是人口增长就有这种作用。"① 在黑格尔看来，海外殖民是解决西方资产阶级社会内在矛盾的需要，用黑格尔的话说，"市民社会的这种辩证法，把它——首先是这个特定的社会——推出于自身之外，而向外方的其他民族去寻求消费者，从而寻求必需的生活资料，这些民族或者缺乏它所生产过多的物资，或者在工艺等方面落后于它"②。为此，诸如黑格尔等西方哲人都曾为西方文明的海外殖民事业赋予玫瑰色的浪漫色彩。按照黑格尔的说法，"在近代，殖民地居民并不享有跟本国居民的同等的权利；于是从这种状态中发生战事，最后乃至解放，正如英国和西班牙的殖民地历史所表明的。殖民地的解放本身经证明对本国有莫大利益，这正同奴隶解放对主人有莫大利益一样"③。这便是西方文明对待海外殖民的态度。

与西方文明相比，中华民族对海外殖民始终缺乏西方人的狂热态度。从事东西方经济发展比较的著名学者彭慕兰指出："早在1600年时，马尼拉的中国城，规模就和日后20世纪70年代时纽约或费城的中国城一样大，且附近有许多未开垦的农地，但乡间却未形成大型的华人聚落，原因何在？"经过研究，彭慕兰的结论是："有个简单但重要的因素，那就是中国政府不支持这类冒险事业。……还有一个同样重要的因素，那就是中

---

① ［德］G. W. F. 黑格尔：《法哲学原理》，范扬、张企泰译，商务印书馆1961年版，第247页。

② ［德］G. W. F. 黑格尔：《法哲学原理》，范扬、张企泰译，商务印书馆1961年版，第246页。

③ ［德］G. W. F. 黑格尔：《法哲学原理》，范扬、张企泰译，商务印书馆1961年版，第247—248页。

国政府无意对外殖民，致使海外侨民几乎得不到祖国的安全保障。"① 无独有偶，我国也有学者指出："然而，与西方社会海外殖民事业最大的不同是，明朝官方的相关态度不是鼓励和嘉奖，而是抑制和惩罚。……像科尔特斯那样，因为惊人的海外征服行动而受到国王嘉许、授予徽章的事情，在当时的明朝是不可能发生的。"② 中国即使是在综合实力最强的时候，也没有对外扩张、没有殖民掠夺、没有炮舰政策、没有强加于人的不平等条约，这是中国崛起之所以和平共赢的文明基因，也是中国为世界范围内文明对话所提供的中国智慧与中国方案。

然而令人遗憾的是，许多西方学者不相信中华文明具有"强而不霸"的文明逻辑。在他们看来，中国崛起必然需要诸如能源等大量物质财富，在本土物质匮乏有限的情况下，中国一定会以武力手段掠夺资源。于是，西方国家把我国在南海、钓鱼岛维护国家利益的正当行为曲解为"新帝国主义"，把我国对非洲国家的友好援助丑化成"新殖民主义"，把我国的"一带一路"扭曲为谋求地缘政治利益的"新马歇尔计划"，在全球范围内大造"中国威胁论"的舆论。

事实上，这种论调是把西方国家的崛起过程投射到中国。持有这种观点的学者却忽视了至关重要的一点，数千年农耕文明的深厚传统使中华文明追求自给自足、自力更生，依靠自己的力量实现发展，而不是对外转移矛盾或攫取资源来发展。同样面对"人口多、资源少"的困境，西方国家在历史上应对"马尔萨斯陷阱"的方式是通过海外殖民，将本国矛盾转移到国际上去；然而中国却从来都是依靠农业上的"内卷式"发展来提高农业生产率，由此在有限的中国耕地上养活日益增长的中国人。直到今天，中国依然依靠袁隆平的杂交水稻技术来解决中国人的饭碗问题，而不是对外侵略。同样，面对中国自身的经济难题，当代中国也是依靠东部、中部和西部的地域差异，由此不断激活中国的内需，来实现中国经济

---

① ［美］彭慕兰、史蒂文·托皮克：《贸易打造的世界：1400 年至今的社会、文化与世界经济》，黄中宪、吴莉苇译，上海人民出版社 2018 年版，第 31 页。

② 文扬：《天下中华——广土巨族与定居文明》，中华书局 2020 年版，第 283 页。

的升级换代，而不是对外转移经济矛盾，这便是中国的大国规模的优势，也是中国经济自我消化的能力，更是中国和平崛起的历史定力。中华文明由此铸就了崇尚和平的文明基因。

中华民族始终是热爱和平的民族，中华文明始终是追求和谐的文明。中华文明的和平根性决定了中国必然走和平发展的道路，而不会重蹈"国强必霸"的历史覆辙。由此可见，"中国走和平发展道路的自信和自觉，来源于中华文明的深厚渊源，来源于对实现中国发展目标条件的认知，来源于对世界发展大势的把握。自古以来，中华民族就积极开展对外交往通商，而不是对外侵略扩张；执着于保家卫国的爱国主义，而不是开疆拓土的殖民主义。对和平、和睦、和谐的追求深深植根于中华文明的精神世界之中，深深溶化在中国人民的血脉之中，'以和为贵'、'天下太平'等理念世代相传"①。总的来看，中华文明不是靠铁蹄和战舰向外征服，而是靠商贸和文化怀柔远人；不是靠殖民统治一味攫取，而是靠朝贡体系互惠互利；不是靠对外传教谋取文化霸权，而是靠有闻来学实现人心归附。正是在此意义上，中华文明修文偃武的和平主义为构建普遍安全的人类命运共同体提供了宝贵的思想启迪。

第三节　和而不同的包容精神

2013 年 3 月 23 日，习近平主席在莫斯科国际关系学院发表的演讲中特别强调："这个世界，各国相互联系、相互依存的程度空前加深，人类生活在同一个地球村里，生活在历史和现实交汇的同一个时空里，越来越成为你中有我、我中有你的命运共同体。"② 在社会制度、文化传统、政治结构、社会民情、发展水平等各方面参差不齐的当代世界，要想构建

---

① 中共中央宣传部编：《习近平新时代中国特色社会主义思想三十讲》，学习出版社 2018
　　年版，第 287 页。
② 习近平：《顺应时代前进潮流　促进世界和平发展——在莫斯科国际关系学院的演讲》，
　　《光明日报》2013 年 3 月 24 日。

"你中有我、我中有你"的人类命运共同体，这就离不开和而不同的包容精神。

和而不同的包容精神首先体现为"多元一体"的和谐共存理念。在人类命运共同体的语境中，所谓多元是指情况各不相同的国家和地区，而所谓一体则是各国相互联结的命运纽带和共同利益。中华文明始终具有"多元一体"的和谐共存理念，这是因为中国始终是一个超大规模的文明形态，在文明内部保持着丰富的多样性，因此，中华传统文明在漫长的历史发展过程中既强调统一性，也尊重差异性，由此形成了兼顾共同性与多样性的"多元一体"的和谐共存理念。

"多元一体"的和谐共存理念与追求整齐划一的同一性原则具有本质区别，即尊重差异性与多样性。例如，中国自秦汉开始就建立了从中央到地方相贯通的郡县制，这体现了中央集权的统一性；然而，中华民族的政治设计始终强调"寓封建于郡县"，在保持郡县制统一性的前提下，保留各个地方的差异性与多样性，强调"因地制宜"和"因俗而治"，从不追求千篇一律的"一刀切"，从而保持了相对合理的治理弹性，避免了过度集权的僵化缺陷。对此，有学者指出多元一体理念在构建中华民族超大规模共同体中的重要作用："'平天下'包括主动拓展，将山川隔离的农耕区逐步纳入并最终融入以中原农耕为中心的文明体制中，但最重要的部分可以说是各种'一国两制'的制度实践，即在农耕区坚持自秦汉以来的中央集权制，作为这个中华文明共同体的核心区，在周边地区，包括北部游牧区，南方、西南山区，西南高原地区，以及西域南部的绿洲地区，采取、接受和容纳各种类型的地方自治。"① 应当说，多元一体的和谐理念是中华文明自古以来的政治智慧，使中华民族在千篇一律和各行其是两个极端之外走出了一条中正平和的稳健道路。

值得注意的是，中华文明"多元一体"的和谐共存理念与马克思主义的共同体原则具有内在的一致性。马克思的"真正共同体"强调的是

---

① 苏力：《大国宪制：历史中国的制度构成》，北京大学出版社 2018 年版，第 25 页。

个性与共性的有机统一。正如马克思所说："在过去的种种冒充的共同体中，如在国家等等中，个人自由只是对那些在统治阶级范围内发展的个人来说是存在的，他们之所以有个人自由，只是因为他们是这一阶级的个人。从前各个人联合而成的虚假的共同体，总是相对于各个人而独立的；由于这种共同体是一个阶级反对另一个阶级的联合，因此对于被统治的阶级来说，它不仅是完全虚幻的共同体，而且是新的桎梏。在真正的共同体的条件下，各个人在自己的联合中并通过这种联合获得自己的自由。"①也就是说，在真正的共同体中，个人的全面而自由的发展是一切人全面而自由的发展的必要条件，这也正是个人与集体、个性与共性的和谐辩证法。注重个性与共性有机统一的共同体原则与中华传统文明的"和而不同"理念高度契合。因此，在新的历史条件下，中华传统文明的"和而不同"理念有助于实现人类命运共同体所坚持的共同体原则。

与此同时，和而不同的包容精神还进一步体现为"海纳百川"的兼容并包理念。中华文明"海纳百川"的开放精神有助于塑造人类命运共同体开放包容的鲜明特质。从文明角度看，建构人类命运共同体，不仅需要不同文明的共存、对话与交流，也需要不同文明的互鉴、包容与交融。换言之，作为文明转型方案的人类命运共同体应当在尊重文明多样性的前提下，积极构建会通不同文明的"文明共同体"。在此方面，中华文明具有"海纳百川"的文化包容力，为不同文明的有机交融提供了有益借鉴。

从族群交融的视角看，中国各民族虽然在历史上不乏冲突，但最终都在不同阶段融入中华民族共同体。在中国历史上，凡在军事上战胜中华的少数民族，最后都在文化上成为中华文明大家庭的一员。与西方文明的民族冲突相比，中华文明更加强调民族包容，更加强调各民族之间的交往交流交融，更加强调中华民族共同体意识。各族文化之所以能百川汇海，靠的就是中华文明的巨大包容力。因为我们的包容力基于中华民族的文化认同而非罗马帝国的武力征服，注重夷夏转化而非固守夷夏大防，所以少数

---

① 《马克思恩格斯文集》第 1 卷，人民出版社 2009 年版，第 571 页。

民族都主动选择融入中华文化。对此，习近平总书记指出："一部中国史，就是一部各民族交融汇聚成多元一体中华民族的历史，就是各民族共同缔造、发展、巩固统一的伟大祖国的历史。"①

从宗教融合上看，其他地区往往因为宗教的排他性特征而引发激烈的宗教冲突，但在中国历史上，先有印度佛教传入，后有西方基督教、伊斯兰教传入，中华传统文明均对其接纳吸收，进而出现了诸如中国禅宗等新型宗教思潮。以泉州为例，与世界其他各地频繁发生的宗教冲突相比，宋元时期的泉州却出现了"七教荟萃"的独特景观。各种宗教在泉州等地不仅多元并存、相安无事，并且相互学习、彼此交融。这不仅是宋元时期开放的贸易政策与宽容的宗教政策的结果，更是古代中国虚怀若谷、磅礴大气的文化情怀与海纳百川、兼容并包的开阔胸襟的生动写照。正是基于"海纳百川"的兼容并包精神，中华文明与多元宗教之间不断互动：一方面，各大宗教在宗教中国化的历史进程中汇入中华文明的洪流；另一方面，中华文明也在吸收各大外来文化和宗教的过程中，不断包容创新，不断发展壮大。

从中外汇通上看，中华民族始终能够接纳外来文化，从唐代的"万国来朝"到宋代的犹太人入华，再到明清的传教士来华，中华民族始终做到兼容并包。宋元海上丝路的"蕃客"命运便是其中的一个缩影。海上丝路在宋代兴起后，许多"蕃商"（国外商人）定居中国，成为"蕃客"，其中以阿拉伯人最多。公元661年，阿拉伯的大食帝国不断扩张，成为当时世界上仅次于中国的最大帝国。阿拉伯人开始取代波斯人，成为印度洋贸易的主导群体。来华贸易的阿拉伯商人，因为海路遥远或贸易之需，不少人居留当地不归，名曰"住唐"。由此出现了中西文明交融的独特景象，即"蕃学"与"华化"。朝廷设立蕃学，让蕃商子女学习汉语与中华文化，允许蕃客子弟参加科举考试，还为他们提供便利，实行蕃汉有别的录取方案，蕃客子弟可享受低分录取等特殊待遇。蕃学的兴办，向入华蕃商传播儒家文明，促进不同文明的相互交融，使蕃客获得同等国民待

① 习近平：《在全国民族团结进步表彰大会上的讲话》，人民出版社2019年版，第7页。

遇，为蕃商融入中国社会提供通道，成功实现蕃客的华化。这充分说明中华文明具有开放包容的品格，而没有"非我族类其心必异"的狭隘观念。

正是凭借着中华文明"海纳百川"的包容力，中华文明成为一个巨大的"文明漩涡"，融多种族群于一体，汇多元文化于一炉，最终使中华传统文明有效保持了与时俱进的顽强生命力。中华文明具有无与伦比的包容力，这是构建人类命运共同体的重要资源。习近平主席在亚洲文明对话大会上强调："中华文明是在同其他文明不断交流互鉴中形成的开放体系。从历史上的佛教东传、'伊儒会通'，到近代以来的'西学东渐'、新文化运动、马克思主义和社会主义思想传入中国，再到改革开放以来全方位对外开放，中华文明始终在兼收并蓄中历久弥新。"因此，中华传统文明的包容力将为推动中西文明融合、建构全人类共同价值提供历史镜鉴，从而为人类命运共同体系上文化纽带。

第四节　推己及人的伦理准则

中华文明的"推己及人"的他者主义理念有助于建构人类命运共同体的协商伦理。共同协商是建构人类命运共同体的重要机制。从协商程序上看，民主协商必须经由对话环节，而对话是否成功有效的关键在于倾听，进而倾听势必需要尊重他者。这意味着，如果缺乏尊重他者的伦理观念，倾听就会沦为充耳不闻的自我封闭，对话就会陷入一家独大的自说自话，协商也就蜕变为徒有其表的外在形式。所以，构建人类命运共同体离不开"推己及人"的伦理准则。

中华文明"推己及人"的伦理准则比西方文明的自我中心主义更具有合理性和优越性。在进入现代以后，个体自我中心成为西方文明的核心原则。在个体层面，西方社会日益分裂为"原子化的个体"，用马克思的话说，"人作为孤立的、自我封闭的单子"[1]。马克思在《论犹太人问题》

---

[1]　《马克思恩格斯文集》第1卷，人民出版社2009年版，第40页。

中进一步指出，个体利益至上成为原子化个体所组成的社会的"绝对命令"："市民社会只有在基督教世界才能完成。基督教把一切民族的、自然的、伦理的、理论的关系变成对人来说是外在的东西，因此只有在基督教的统治下，市民社会才能完全从国家生活分离出来，扯断人的一切类联系，代之以利己主义和自私自利的需要，使人的世界分解为原子式的相互敌对的个人的世界。"① 由此，西方现代文明最终形成了以自我为中心的社会逻辑，并从个体层面扩展到整个国家与国际社会。以自我为中心的社会逻辑必然导致一个"碎片化的世界"。有位学者耐人寻味地谈道："二十一世纪的社会世界既是一个单一体系的世界，也是一个碎片化的世界。全球化体现了一种张力，一方面是全球经济和技术的相互依赖及社会的相互联系，另一方面是文化的碎片化和政治分工。"② 由此可见，西方文明的以自我为中心的原则给全球治理带来了极大的困境，自我中心主义往往强调自身利益至上的绝对地位。

与西方文明不同，中华文明坚持"己所不欲，勿施于人"的理念，推崇"将心比心""推己及人"的同理心，反对"以眼还眼，以牙还牙"的狭隘观念，更反对"先下手为强，后下手遭殃""宁教我负天下人，休教天下人负我"等所谓"先发制人"的手段和"唯我独尊"的心态。这便是以他者为重的伦理观念，而不是以自我为中心的文明姿态。

中华文明的"推己及人"的伦理准则得到了西方人士的高度认可。早在 20 世纪上半叶，英国哲学家罗素来华访问就曾经说过："如果在这个世界上有'骄傲到不屑打仗'的民族，那就是中国。中国人天生宽容而友爱，以礼待人，希望别人也投桃报李。只要中国人愿意，他们可以成为天下最强大的国家。但是，他们所追求的只是自由，而不是支配。"③在罗素看来，中华文明的和平根性正是源于中国人的"以礼待人"。这种

---

① 《马克思恩格斯文集》第 1 卷，人民出版社 2009 年版，第 54 页。
② ［意］艾伯特·马蒂内利：《全球现代化——重思现代性事业》，李国武译，商务印书馆 2010 年版，第 162 页。
③ ［英］B. A. W. 罗素：《中国问题》，秦悦译，学林出版社 1996 年版，第 154 页。

"以礼待人"的精神实质便是推己及人，而非寻求建立起支配性的宰制关系。这便是西方人眼中的中国精神。

无独有偶，曾经亲身经历过第二次世界大战集中营和大屠杀的著名思想家列维纳斯也开创他者伦理学，这与中华文明"推己及人"的伦理法则殊途同归。在列维纳斯看来，整个西方传统伦理学的核心概念是"自我"，因而把他人看成是自我的附属品，是自我可以利用和控制乃至屠戮的对象，这正是西方暴力的思想根源。为此，列维纳斯要求伦理学的中心概念从自我走向他者，他者不是可以被自我主体化约的对象，而是与自我共生并存的对象。因此，列维纳斯强调，"我们把这种他者的在场所引发的对我的自发性的质疑，称为伦理学。他者的陌生性，他者被还原为我、我的思想和我的占有物的不可能性，最终被实现为对我的自发性的质疑，被实现为伦理学"[1]。法国哲学家列维纳斯的面向他者、尊重他者、承认他者、为他人负责的伦理学与中华文明"推己及人""克己复礼"等以他人为重的伦理精神是内在一致的。

最终，中华文明"推己及人"的伦理法则得到了全世界的广泛承认。在20世纪90年代中期世界范围内掀起的"世界伦理"运动中，大部分学者都认可中华文明"己所不欲，勿施于人"的伦理法则。在处理人己关系的问题上，中华文明有两条伦理法则，一条是"己欲达而达人，己欲立而立人"，另一条就是"己所不欲，勿施于人"。与"己欲达而达人，己欲立而立人"的伦理姿态相比，"己所不欲，勿施于人"的他者主义伦理观念看似消极，但在处理自我与他者的关系中具有积极意义，因而成为处理国与国关系和人与人关系的黄金伦理法则。这是因为，以他者为重的伦理观念反对强加于人的压迫姿态，进而形成了"反求诸己"的内敛性格，因而具有和平性与包容性，而不是自我中心主义的扩张性。因而，中华文明的"己所不欲，勿施于人"的准则最终成为各个国家、各种文明

---

① ［法］伊曼纽尔·列维纳斯：《总体与无限：论外在性》，朱刚译，北京大学出版社2016年版，第43页。

能够和谐共存的重要基石。

在此需要说明的是，"己所不欲，勿施于人"的伦理法则被联合国等机构视为推进全球伦理的"普世伦理"，然而这种"普世伦理"与所谓的"普世价值"却有着不容忽视的重要差别。在人类文明多元化的当今时代，所谓"普世价值"是把某种特定的狭隘价值冒充为具有普遍效力的普遍价值。换言之，这是用一种价值去排斥乃至代替其他价值，这完全背离了文化多元的当代现实与尊重多样性的现代价值。与之相比，"普世伦理"则完全不同，普世伦理不是用一种伦理观念去代替其他伦理观念，而是为不同伦理观念的碰撞、对话和互动提供平台和基础。也就是说，"己所不欲，勿施于人"本身并不是一种价值，而是处理价值和价值之间关系的规则。这便是"普世伦理"与"普世价值"的鲜明区别：前者是"推己及人"，而后者则是"强加于人"。在新的历史条件下，看似消极的"己所不欲，勿施于人"的他者伦理正是构建人类命运共同体协商伦理的平台基础。这正是中华文明为构建协商合作的人类命运共同体所作出的突出贡献。

第五节　不往而教的文化自信

构建人类命运共同体，离不开不同文明的相互对话。对此，习近平总书记强调："世界是在人类各种文明交流交融中成为今天这个样子的。推进人类各种文明交流交融、互学互鉴，是让世界变得更加美丽、各国人民生活得更加美好的必由之路。"[①] 在此方面，中华文明的"不往而教"的文化自信理念有助于促进人类命运共同体的文明对话。

人们看到，进入全球化时代，不同文化之间既有相互交融的可喜态势，也有交锋冲突的紧张局面。有学者指出："这也意味着，人类社会将

---

① 习近平：《在纪念孔子诞辰 2565 周年国际学术研讨会上的讲话》，《人民日报》2014 年 9 月 25 日。

同时面临两种可能的历史发展情境：一方面，全球秩序可能进入一个较长的崩解与重组时期，在这期间一定程度的失序与混乱很难避免，许多全球层次的公共治理议题可能出现巨大的真空。另一方面，我们也可能迎接一个更公正的全球秩序之来临：一个更符合对等与互惠原则的国际经济交换模式，一个更尊重文化与宗教多元性的全球公共论述领域；一个更能统筹兼顾地球上绝大多数群体的可持续性发展需求，以及更能体现'休戚与共'及'和而不同'理念的全球秩序。"① 问题在于，在这两种历史结局中，人类将作何选择？对此，习近平总书记的答案是："要尊重世界文明多样性，以文明交流超越文明隔阂、以文明互鉴超越文明冲突、以文明共存超越文明优越。"②

然而，文化霸权主义是阻碍乃至破坏不同文化相互交流互鉴的严重威胁。人们看到，资本全球化在文化上已经出现了以"文化殖民主义"为表现形式的文化霸权主义。资本权力要想转化为资本霸权，就必须要在保持经济支配地位和操纵政治权力的同时进行文化控制。这突出地表现为意识形态的全球布展，资本将有利于自己自由流动的新自由主义在全世界范围内加以推销，从而为自己的畅行无阻提供理论上的保驾护航。新自由主义在全球推行的同时也是新殖民主义的塑造过程，对于资本流出国而言，新自由主义是资本扩张的通行证；而对落后国家而言，新殖民主义则是外来资本在本土加以统治的"护照"。与传统的殖民主义不同，新殖民主义不是通过经济、军事和政治压力得以完成，而是通过文化输出而得以建构。这也是全球化时代资本主义文化霸权的突出表现。资本主义文化霸权所带来的结果必然是"文化热战"。人们已经注意到，"当今世界，世界各国普遍关注文化领域的较量，掀起了一场文化软实力竞争的热战，演绎出一幅'软实力竞争日趋激烈的世界图景'，文化软实力逐渐成为综合国

---

① 朱云汉：《中国崛起与全球秩序重组》，载孙正聿等：《我们为什么看好中国》，东方出版社 2017 年版，第 171 页。

② 《中国共产党第十九次全国代表大会文件汇编》，人民出版社 2017 年版，第 47 页。

力竞争的重要台前力量"①。

越是在文明冲突和"文化热战"愈演愈烈之际，越是在文化霸权主义大行其道之时，越是要弘扬中华文明的不往而教的文化自信精神。中华文明一直有"礼闻来学，不闻往教"的传统，从不主动对外进行价值观输出。正因为中华传统文明坚持"礼闻来学，不闻往教"的传统，于是形成了"桃李不言，下自成蹊"的文明性格。从历史上看，中国历史上只有"西天取经"的传奇，却没有主动"传经送宝"的故事。唐代玄奘法师曾历经千辛万苦，前往天竺学习佛法。完成西天取经的使命后，玄奘法师拒绝沿途各国的邀请，放弃优渥条件，一心返回大唐故土。玄奘法师的取经精神反映了中国文化基本特质，即海纳百川、虚心学习、开放包容、积极汲取其他地区的优秀文明成果。这与基督教的"炮舰传教"形成了鲜明对比，体现出中华文明"有闻来学未闻往教"的基本精神。由此可见，中华文明从不主张强加于人的文化输出，从不谋求文化霸权。

中华文明之所以坚持"礼闻来学、不闻往教"的精神，这是由中华文明的地理依赖性所决定的。西方文明的核心精神是基督教，尤其是在新教改革之后，每个信徒都可以与上帝建立直接联系。这种文化特性决定了西方文明可以摆脱地域限制而到处传教，无论身处何地，只要心中有上帝，哪里都是传教的热土。换言之，以基督教文明为代表的西方文明能够摆脱地理依赖性，而到处传播。由此反观，与"信仰上帝"的基督教文明相比，中华传统文明的儒家传统则是"重视家庭"。上帝可以无处不在，但是家乡只有一个。正因为家庭观念是中华传统文明的轴心，所以中华传统文明始终立足本土，依托熟人社会，因而形成了以家庭为中心的"同心圆结构"，由此构成了中国文化传播所独有的地理依赖性。正因为中华文明以家庭为中心，所以漂流在外的中国人始终追求"衣锦还乡"和"叶落归根"。也正因为中华文明以家庭为中心，所以中国人历来安土重迁，心系故土。所以，中华文明在历史上没有对外进行文化扩张的传

---

① 沈壮海等：《文化强国建设的中国逻辑》，人民出版社 2017 年版，第 172 页。

统。即使中国人漂泊海外异乡，也大多是以华人社区为主体，在小范围内形成"唐人街"，顽强地保留中华民族的生活方式与价值观念，而不会谋求将中华文明到处推广到异国他乡，更不会强加于人而引发文化冲突。在这方面，由于中华传统文明的地理依赖性，因而中华民族从不谋求超越地域限制的文化霸权，进而有助于推进不同文明与文化之间的交流互鉴，并将有效抑制不同文明与文化之间的冲突与隔阂。

坚持不往而教的文化自信，就是保持谦虚开放的平和心态，摈弃唯我独尊的文化心态。著名历史学家许倬云站在人类大历史的"万古江河"的高度做出精彩的总结："在各种文化相激相荡时，人类社会终于走向天下一家，其中各文化体系的精粹，将成为全体人类的共同文化资源。经过这一转折点，非西方国族重获活力，能与数百年来的'主流'进行有意义的对话，并且由此对话弥补彼此的不足。"[1] 因此，进入构建人类命运共同体的新时代，一方面，中华文明为了实现中华民族伟大复兴，仍然需要借鉴吸收西方文明的合理因素；另一方面，中华文明从未断流的独特优势、中国道路所开辟的新型现代化道路也日益为世界所瞩目，中华民族应当向世界贡献更多的中国智慧与中国方案，中华文明应当呈现更为宽广的世界意义。正如习近平总书记所说："文明因交流而多彩，文明因互鉴而丰富。"越是构建人类命运共同体，越是需要中西文明的交融互鉴，从而为人类社会贡献汇通中西的人类共同价值，为人类命运共同体奠定坚实的思想基石。

总的来看，正因为中华传统文明具有王道高于霸道、文治高于武功、和谐高于同化、他者高于自我、对话高于对抗、包容高于排他的文明性格，因而中华传统文明能够为人类命运共同体的文明转型提供宝贵的借鉴资源和深刻的思想启迪。值得注意的是，这并不意味着中华传统文明可以未经反思便被现成地照搬到人类命运共同体的当代建构的实践过程中，而

---

[1]　许倬云：《万古江河：中国历史文化的转折与开展》，上海文艺出版社 2006 年版，第 358—359 页。

是需要一系列的创造性转化与创新性继承。也就是说，人类命运共同体的文明转型过程激活了中华传统文明的现代活力，而不是对中华传统文明的因循守旧的简单抄袭。在此意义上，人类命运共同体的文明转型也为重新焕发中华文明的生机活力提供了宝贵的历史性契机。如果中华传统文明错失了参与建构人类命运共同体的历史机遇，那么中华传统文明就无法融入马克思所说的"世界文学"，而只能停留在"地方性知识"的尴尬境地。只有在介入人类命运共同体的建构历程中，中华文明才能与世界上其他文明携手并行，共同致力于文明融合与转型。

构建人类命运共同体，不仅需要中华传统文明的历史出场，也需要中华传统文明的创新更化。中华文明与社会主义文明的有机融合，最终能借助于人类命运共同体而创造出新的文明形态。正如英国著名历史学家汤因比所说："西方观察者不应低估这样一种可能性：中国有可能自觉地把西方更灵活、也更激烈的活力与自身保守的稳定的传统文化熔为一炉。如果这种有意识、有节制地进行的恰当融合取得成功，其结果可能为人类的文明提供一个全新的文化起点。"[1] 在此意义上，作为文明转型方案的人类命运共同体，正是使汤因比的预言成为现实的伟大实践。

---

[1] ［英］阿诺德·汤因比：《历史研究》，刘北成、郭小凌译，上海人民出版社 2000 年版，第 394 页。

参考文献

一、著作

习近平：《论坚持推动构建人类命运共同体》，中央文献出版社 2018 年版。

习近平：《决胜全面建成小康社会　夺取新时代中国特色社会主义伟大胜利——在中国共产党第十九次全国代表大会上的报告》，人民出版社 2017 年版。

[英] 阿伦·布洛克：《西方人文主义传统》，董乐山译，生活·读书·新知三联书店 1997 年版。

[英] 爱德华·泰勒：《原始文化》，连树声译，上海文艺出版社 2005 年版。

[法] 安田朴：《中国文化西传欧洲史》，耿升译，商务印书馆 2000 年版。

[加] 贝淡宁：《贤能政治》，吴万伟译，中信出版社 2016 年版。

[美] 本杰明·史华兹：《古代中国的思想世界》，程刚译，江苏人民出版社 2008 年版。

[美] 柏里安：《东游记：耶稣会在华传教史 1579—1724》，陈玉芳译，澳门大学出版社 2014 年版。

程东峰：《责任伦理导论》，人民出版社 2010 年版。

陈来：《传统与现代人文主义的视界》，生活·读书·新知三联书店2009年版。

陈来：《古代宗教与伦理：儒家思想的根源》，生活·读书·新知三联书店1996年版。

陈来：《中华文明的核心价值》，生活·读书·新知三联书店2015年版。

程颐：《伊川易传》，上海古籍出版社1989年版。

邓正来主编：《世界社会科学高级讲坛讲演录》，商务印书馆2010年版。

［英］大卫·瑙尔斯：《中世纪思想的演化》，杨选译，商务印书馆2012年版。

［法］杜赫德编：《耶稣会士中国书简集——中国回忆录》卷Ⅲ，朱静译，大象出版社2001年版。

［法］伏尔泰：《路易十四时代》，吴模信、沈怀洁、梁守锵译，商务印书馆1982年版。

方豪：《中西交通史》下卷，上海人民出版社2008年版。

费孝通主编：《中华民族多元一体格局》（修订本），中央民族大学出版社2003年版。

［美］费正清编：《中国的世界秩序——传统中国的对外关系》，杜继东译，中国社会科学出版社2010年版。

［美］弗朗西斯·福山：《政治秩序的起源》，毛俊杰译，广西师范大学出版社2014年版。

干春松：《重回王道———儒家与世界秩序》，华东师范大学出版社2012年版。

葛兆光：《古代中国文化讲义》，复旦大学出版社2018年版。

葛兆光：《何为中国》，牛津大学出版社2014年版。

郭庆藩：《庄子集释》，中华书局1985年版。

韩凌：《洛克与中国：洛克"中国笔记"考辨》，北京大学出版社

2019 年版。

韩星：《儒家人文精神》，陕西人民出版社 2012 年版。

何兆武、柳卸林主编：《中国印象：外国名人论中国文化》，中国人民大学出版社 2011 年版。

黄克剑：《先秦诸子十讲》，中国人民大学出版社 2010 年版。

姜义华：《世界文明视阈下的中华文明》，复旦大学出版社 2016 年版。

金耀基：《中国民本思想史》，（台湾）商务印书馆 1993 年版。

［美］康灿雄：《西方之前的东亚：朝贡贸易五百年》，陈昌煦译，社会科学文献出版社 2016 年版。

孔颖达：《十三经注疏》，中华书局 1980 年版。

［德］G. G. 莱布尼茨：《中国近事——为了照亮我们这个时代的历史》，梅谦立、杨保筠译，大象出版社 2005 年版。

黎汉基、李明辉：《徐复观杂文补编》第 1 册，台湾"中央研究院"中国文哲研究所 2001 年修订第二版。

［美］詹姆斯·C. 利文斯顿：《现代基督教思想》，何光沪译，四川人民出版社 1992 年版。

刘翔：《中国传统价值观诠释学》，上海三联书店 1996 年版。

李大钊：《平民主义》，《李大钊选集》，人民出版社 1956 年版。

［意］利玛窦、［比］金尼阁：《利玛窦中国札记》，何高济、王遵仲、李申译，中华书局 2010 年版。

［意］利玛窦：《畸人十篇》卷五，载朱维铮主编，邓志峰等编校：《利玛窦中文著译集》，复旦大学出版社 2001 年版。

梁漱溟：《中国文化要义》，上海人民出版社 2005 年版。

梁启超：《先秦政治思想史》，东方出版社 1996 年版。

李申：《中国儒教论》，河南人民出版社 2005 年版。

李云泉：《万邦来朝：朝贡制度史论》，新华出版社 2014 年版。

林存光：《文明以止：中华民族的人文精神与文明特性研究》，学习出版社 2016 年版。

刘安：《淮南子》，上海古籍出版社 1986 年版。

楼宇烈：《温故知新——中国哲学研究论文集》，商务印书馆 2004 年版。

路远：《景教与景教碑》，西安出版社 2009 年版。

［法］孟德斯鸠：《论法的精神》，许明龙译，商务印书馆 2012 年版。

［英］尼尔·盖曼：《美国众神》，戚林译，北京联合出版公司 2017 年版。

潘吉星：《中国古代四大发明——源流、外传及世界影响》，中国科学技术出版社 2002 年版。

潘维：《信仰人民：中国共产党与中国政治传统》，中国人民大学出版社 2017 年版。

忻剑飞：《世界的中国观》，学林出版社 2003 年版。

钱穆：《中国历代政治得失》，生活·读书·新知三联书店 2018 年版。

钱穆：《国史大纲》，商务印书馆 1996 年版。

钱穆：《国史新论》，上海三联书店 2001 年版。

钱穆：《论语新解》，生活·读书·新知三联书店 2002 年版。

钱穆：《人生十论》，生活·读书·新知三联书店 2009 年版。

［英］汤因比、［日］池田大作：《选择生命——汤因比与池田大作对谈录》，冯峰、隽雪艳、孙彬译，商务印书馆 2017 年版。

唐君毅：《中国人文精神之发展》，广西师范大学出版社 2005 年版。

［美］斯塔夫里阿诺斯：《全球通史：从史前史到 21 世纪》，吴象婴等译，北京大学出版社 2012 年版。

孙启治：《政论·昌言》，中华书局 2018 年版。

孙希旦：《礼记集解》，中华书局 1989 年版。

徐复观：《中国人性论史》，华东师范大学出版社 2005 年版。

徐复观：《中国人文精神之阐扬——徐复观新儒学论著辑要》，中国广播电视出版社 1996 年版。

薛瑄：《文清公薛先生文集》，山西人民出版社 1990 年版。

熊十力：《韩非子评论》，上海书店出版社 2007 年版。

［日］王柯：《从"天下"国家到民族国家：历史中国的认知与实践》，上海人民出版社 2020 年版。

汪晖：《现代中国思想的兴起》，生活·读书·新知三联书店 2015 年版。

王国维：《观堂集林》，中华书局 1959 年版。

王先谦：《荀子集解》，沈啸寰、王星贤点校，中华书局 1988 年版。

王阳明：《王阳明全集》，上海古籍出版社 2012 年版。

武斌：《文明的力量——中华文明的世界影响力》，广东人民出版社 2019 年版。

吴莉苇：《天理与上帝：诠释学视角下的中西文化交流》，宗教文化出版社 2013 年版。

韦政通：《荀子与古代哲学》，台湾商务印书馆 1992 年版。

叶秀山：《哲学的希望》，江苏人民出版社 2018 年版。

殷海光：《中国文化的展望》，台湾桂冠图书公司 1988 年版。

于铭松：《中国特色社会主义文化建设研究》，中共中央党校出版社 2014 年版。

姚中秋：《尧舜之道：中国文明的诞生》，中国文联出版社 2016 年版。

张岱年、方克立主编：《中国文化概论》（修订版），北京师范大学出版社 2004 年版。

许倬云：《说中国：一个不断变化的复杂共同体》，广西师范大学出版社 2015 年版。

许倬云：《中国古代文化的特质》，鹭江出版社 2016 年版。

许倬云：《万古江河：中国历史文化的转折与开展》，湖南人民出版社 2017 年版。

许倬云：《历史大脉络》，广西师范大学出版社 2019 年版。

苏力：《大国宪制：历史中国的制度构成》，北京大学出版社 2018 年版。

宋念申：《发现东亚》，新星出版社 2018 年版。

杨念群：《何处是"江南"？清朝正统观的确立与士林精神世界的变异》，生活·读书·新知三联书店 2010 年版。

张光直：《中国青铜时代》，生活·读书·新知三联书店 1990 年版。

赵汀阳：《坏世界研究：作为第一哲学的政治哲学》，中国人民大学出版社 2009 年版。

赵汀阳：《惠此中国：作为一个神性概念的中国》，中信出版社 2016 年版。

赵汀阳：《天下的当代性：世界秩序的实践与想象》，中信出版社 2016 年版。

张岱年、程宜山等：《中国文化精神》，北京大学出版社 2015 年版。

张灏：《幽暗意识与时代探索》，广东人民出版社 2016 年版。

郑开：《德礼之间：前诸子时期的思想史》，生活·读书·新知三联书店 2009 年版。

文扬：《天下中华——广土巨族与定居文明》，中华书局 2020 年版。

王介南：《中外文化交流史》，书海出版社 2004 年版。

张国刚：《中西文化关系通史》上卷，北京大学出版社 2019 年版。

张国刚：《胡天汉月映西洋——丝路沧桑三千年》，生活·读书·新知三联书店 2019 年版。

张立文：《和合学——21 世纪文化战略的构想》，中国人民大学出版社 2016 年版。

张星烺编注：《中西交通史料汇编》1，华文出版社 2018 年版。

［法］孟德斯鸠：《论法的精神》，张雁深译，商务印书馆 1987 年版。

朱熹：《四书章句集注》，中华书局 1983 年版。

二、论文

习近平：《在全国民族团结进步表彰大会上的讲话》，《人民日报》2019 年 9 月 28 日。

陈顾远：《中国政制史上的民本思想》，载《中国政治思想与制度史论集》，（台湾）文化出版事业委员会 1956 年版。

陈立胜：《人文主义的精神与有"精神"的人文主义》，载《儒学第三期的人文精神——杜维明先生八十寿庆文集》，人民出版社 2019 年版。

陈启伟：《"哲学"译名考》，《哲学译丛》2001 年第 3 期。

陈尚胜：《试论明成祖的对外政策》，《安徽史学》1994 年第 1 期。

陈垣：《火祆教入中国考》，载《陈垣学术论文集》，中华书局 1980 年版。

费孝通：《中华民族的多元一体格局》，《北京大学学报》（哲学社会科学版）1989 年第 4 期。

高永久：《西域祆教考述》，《西域研究》1995 年第 4 期。

韩东育：《"华夷秩序"的东亚构架与自解体内情》，《东北师大学报》（哲学社会科学版）2008 年第 1 期。

简军波：《中华朝贡体系——观念结构与功能》，《国际政治研究》2009 年第 1 期。

李景林：《儒家的丧祭理论与终极关怀》，《中国社会科学》2004 年第 2 期。

李景林：《义理的体系与信仰的系统——考察儒家宗教性问题的一个必要视点》，载《儒学第三期的人文精神——杜维明先生八十寿庆文集》，人民出版社 2019 年版。

李明辉：《儒家人文主义与宗教》，载《儒学第三期的人文精神——杜维明先生八十寿庆文集》，人民出版社 2019 年版。

李天纲：《简论明清"西学"中的神学和哲学》，《复旦学报》（社会科学版）1999 年第 3 期。

梁启超：《论政府与人民之权限》，《公法》第 1 卷。

林尚立：《论以人民为本位的民主及其在中国的实践》，《政治学研究》2016 年第 3 期。

刘正寅：《"大一统"思想与中国古代疆域的形成》，《中国边疆史地研究》2010 年第 2 期。

罗志田：《后现代主义与中国研究：〈怀柔远人〉的史学启示》，《历史研究》1999 年第 1 期。

吕福新：《建构新时代的乡贤文化》，《人民日报》2016 年 12 月 26 日。

吕存凯：《近代中国世界秩序观的转变》，《中央社会主义学院学报》2020 年第 3 期。

潘吉星：《论中国印刷术在欧洲的传播》，《传统文化与现代化》1996 年第 4 期。

潘岳：《中华文明要为建构人类共同价值提供重要支撑》，《山东省社会主义学院学报》2017 年第 1 期。

潘岳：《中华共同体与人类命运共同体》，《学习时报》2018 年 12 月 19 日。

庞朴：《和而不同与同而不和——世界文明走向的两种相反预测》，《文化中国》1994 年第 3 期。

权赫秀：《中国古代朝贡关系研究述评》，《中国边疆史地研究》2005 年第 3 期。

孙中山：《总统新年在桂之演说》，《民国日报》1922 年 2 月 23 日。

陕西省博物馆革委会写作小组、陕西省文管会革委会写作小组：《西安南郊何家村发现唐代窖藏文物》，《文物》1972 年第 1 期。

谭其骧：《什么是中国?》，《中国边疆史地研究》1991 年第 1 期。

汤一介：《道始于情的哲学诠释—五论创建中国解释学问题》，《学术月刊》2001 年第 7 期。

夏勇：《民本与民权 ——中国权利话语的历史基础》，《中国社会科学》2004 年第 5 期。

徐佳希：《荀子礼治文明思想研究》，北京大学博士研究生学位论文，2019 年。

许明龙：《中国古代文化对法国启蒙思想家的影响》，《世界历史》1983 年第 1 期。

伊斯拉菲尔·玉苏甫、安尼瓦尔·哈斯木：《古老的乐器——箜篌》，《西域研究》2001 年第 2 期。

王银泉：《中国农业的"中学西传"与法国重农思想的兴起》，《学海》2010 年第 3 期。

魏志江：《全海宗教授的中韩关系史研究》，《中国史研究动态》1999 年第 1 期。

张弛：《重农主义与中国的"自然法"》，《学术界》2013 年第 2 期。

赵鼎新：《中国大一统的历史根源》，《文化纵横》2009 年第 6 期。

周菁葆：《西域祆教文明》，《西北民族研究》1991 年第 1 期。

郑容和：《从周边视角来看朝贡关系——朝鲜王朝对朝贡体系的认识和利用》，《国际政治研究》2006 年第 1 期。

三、外文文献

Denis Twitchett，*The Birth of the Chinese Meritocracy*：*Bureaucrats and Examinations in T'ang China*，Printed by Bendles（Torquay）Ltd.，15/16 George Street，Torquay，London，1974.

DerkBodde，*Chinese Ideas in the West*，Washington. D. C.：American Council on Education，Fourth Printing，1792.

Ruggieri，Lett.，Arsi，Jap-sin.，9 I，12 November 1581，Macao.

Allport，G. W.，"The Religious Context of Prejudice"，*Journal for the Scientific Study of Religion*，1966（5）.

后　记

文化凝结历史，历史诉说文化，一个国家和一个民族走什么样的历史发展道路，信奉什么理论，建立什么制度，与其本国的历史文化传统密切相关。因此，"文化自信是一个国家、一个民族发展中更基本、更深沉、更持久的力量"。文化自信的根柢何在？文化自信源于"古"而成于"今"：文化自信是从中华文明从未中断的历史传承中积淀下来的；文化自信是在革命文化形成和马克思主义中国化的过程中确立起来的；文化自信是在建设社会主义先进文化的过程中确立起来的；文化自信是从中西文明比较中确立起来的。

本书从文化自信的历史文化根柢和现实依据的角度，深入探讨了中华文明的当代价值与世界意义，对内有助于人们了解国家治理能力和治理体系现代化的文明基础，理解中国文明型国家建构、超大型国家有效治理的历史文化根柢；对外有助于帮助西方世界了解中华文明与西方文明的差异，讲好中国故事，理解中国抗击疫情的逻辑，构建人类命运共同体。

本书是中央社会主义学院以"四个自信"学理体系为核心的学科建设项目之一。参加写作的有于铭松（第一、二、三章），王凯歌（第四、五、七章），郜建华（第六章），吕存凯（第八章），李青（第九、十章），孙明霞（第十一、十二章）。于铭松对文稿进行了总体修改，李青负责文稿的收集、整理。

把握这样一个宏大的主题，对于我们这个以青年学者为主体的团队，自感有些吃力，但职责所在，只能砥砺前行。书稿完成后，相关专家在审阅中对本书稿给予了高度的评价。在此，感谢专家们的肯定和鼓励！

当然，我们也根据专家们提出的宝贵修改意见，做了修改，才使此书以现在的面目呈现在读者面前。尽管如此，书稿还是难免有疏漏之处，敬请读者批评指正！

本书在写作过程中参考了有关专家学者的著述，附在书后"参考文献"，在此，向有关专家学者表示感谢！

学院领导对本书的出版给予了大力支持，教务部的同仁和出版社的编辑们为本书的出版付出了辛勤的劳动，在此深表谢意！

作　者

2020 年 10 月

责任编辑:毕于慧
封面设计:王欢欢
版式设计:周方亚

图书在版编目(CIP)数据

文化自信:中华文明的当代价值和世界意义/于铭松等 著. —北京:
　人民出版社,2021.11(2024.1重印)
(马克思主义中国化与统一战线)
ISBN 978-7-01-023599-8

Ⅰ.①文…　Ⅱ.①于…　Ⅲ.①中华文化-研究　Ⅳ.①K203

中国版本图书馆 CIP 数据核字(2021)第 140138 号

文化自信:中华文明的当代价值和世界意义
WENHUA ZIXIN ZHONGHUA WENMING DE DANGDAI JIAZHI HE SHIJIE YIYI

于铭松 等 著

人民出版社 出版发行
(100706 北京市东城区隆福寺街 99 号)

北京九州迅驰传媒文化有限公司印刷　新华书店经销

2021 年 11 月第 1 版　2024 年 1 月北京第 4 次印刷
开本:710 毫米×1000 毫米 1/16　印张:19.75
字数:280 千字

ISBN 978-7-01-023599-8　定价:68.00 元

邮购地址 100706　北京市东城区隆福寺街 99 号
人民东方图书销售中心　电话 (010)65250042　65289539